本书获上海外国语大学中央高校基本科研业务费出版资助（编号：2024WK05）

国际比较视野下
中学生数学直观素养测评研究

徐柱柱　著

上海交通大学出版社
SHANGHAI JIAO TONG UNIVERSITY PRESS

内容提要

  本书通过对义务教育阶段中学生的数学直观素养进行测评研究,主要调查现阶段中学生在数学直观素养测试上的表现、问题解决过程中犯直观错误的类型以及数学直观素养表现影响因素的预测作用,旨在为国际比较视野下中学生数学核心素养评价及其培养贡献中国教育学者的理论思考和实践路径。本书主要适合高校数学教育专业师生以及基础教育测评相关研究者阅读。

图书在版编目(CIP)数据

国际比较视野下中学生数学直观素养测评研究 / 徐柱柱著. -- 上海 : 上海交通大学出版社,2025.8.
ISBN 978-7-313-32803-8

Ⅰ. G633.602

中国国家版本馆 CIP 数据核字第 2025F8C970 号

国际比较视野下中学生数学直观素养测评研究
GUOJI BIJIAO SHIYE XIA ZHONGXUESHENG SHUXUE ZHIGUAN SUYANG CEPING YANJIU

著　　者:徐柱柱
出版发行:上海交通大学出版社　　　　　　地　　址:上海市番禺路 951 号
邮政编码:200030　　　　　　　　　　　　电　　话:021-64071208
印　　制:上海万卷印刷股份有限公司　　　经　　销:全国新华书店
开　　本:710 mm×1000 mm　1/16　　　　印　　张:15.5
字　　数:258 千字
版　　次:2025 年 8 月第 1 版　　　　　　 印　　次:2025 年 8 月第 1 次印刷
书　　号:ISBN 978-7-313-32803-8
定　　价:98.00 元

前 言
PREFACE

　　国际大规模测评发展跟世界经济全球化、信息全球化的步伐紧密相连。社会经济的发展,对于公民的素养提出更新、更高的要求,人本身也是社会财富的重要构成部分。社会对于人力资本的关注,延伸到关注教育结果的成效性。20世纪中后期,很多国家和地区为了提升人力资本,力求提高教育质量。测评成为检验教育质量和教育有效性的必要手段,特别是大规模测评为各个国家和地区在世界平台上检验其自身教育质量和有效性提供了广阔的平台。随着数学对科技,甚至公民素养的影响,国际大规模数学测评跟随国际大规模测评在20世纪中后期有明显的发展。尤其当前,如何正确地评价学生的数学能力一直是世界各国学者和数学教育工作者长期进行探索和研究的课题,而近年来以国际学生评估项目(Programme for International Student Assessment, PISA)和国际数学与科学趋势研究项目(Trends in International Mathematics and Science Study, TIMSS)为代表的大型教育测评研究的兴起以及国内核心素养理念的提出,使得我国数学教育领域出现了不同规模的数学学科素养或关键能力的测评研究。但到目前为止,学界关于数学核心素养的界定仍不够统一和细致。数学直观是一种重要的数学学科素养和核心能力,其中初高中数学课标提出的几何直观与直观想象都是数学直观的重要形式。但在教学实践中,人们普遍重视数学推理与证明,从而忽视数学直观在问题解决中的重要价值。并且,在这种教育观的引导下,教师在课堂教学中可能会过度强调形式化演绎,导致数学探索与发现的培养目标的缺失,学生不能有效利用图形表征和相对具体的思维背景开展数学学习,因而更容易出现错误认知。由此可见,当前有效评估学生的数学直观素养十分必要。但已有国外相关文献以及国内初高中数学课程标准对数学直观素养概念的相关描述都过于笼统,并且侧重于数学可视化等领域,如几何直观意在强调对图形图象的感知,而直观想象着重考察空间想象能力,从而不能作为一套系统全面、显性可测的评价框架。鉴于此,本书在借鉴国内外教育测评优秀经

1

验的基础上,将非图形直观形式纳入分析范围,从可操作性层面出发,对中学生数学直观素养展开全面系统测评,并在评价中把它定义为个人在不同数学问题情境下依托各类直观形式直接感知数学对象本质的能力。尤其是八年级作为我国义务教育承上启下的关键阶段,许多国际评价项目也都在测试中关注了这一年级的特征,故书中选择八年级学生为测试对象,希望能为我国义务教育中学数学直观素养的评价提供国际参照。

本书的目的在于通过对义务教育阶段中学生的数学直观素养进行测评研究,主要调查现阶段中学生在数学直观素养测试上的表现、问题解决过程中犯直观错误的类型以及数学直观素养表现影响因素的预测作用,旨在为国际比较视野下中学生数学核心素养评价及其培养贡献中国教育学者的理论思考和实践路径。尽管当前我国义务教育取得了举世瞩目的成就,中学数学教育也在不断适应国际评价的趋势以及国内课程改革的需要,但现有的评价方式仍然较为单一,也不够细致,难以发掘学生发展过程中核心素养和情感、态度等非智力因素。与此同时,目前开展的大规模教育测评活动的决策与服务意识还不够,基础教育质量监测体系也有待完善。因此,为全面贯彻落实国家关于立德树人的总体要求,中学数学应全面加强课程教学中核心素养的渗透,并重视以教育评价改革牵引育人方式变革,进一步加强区域教育决策与治理水平,不断完善具有中国特色的数学教育质量监测体系,并逐步提升我国国际教育竞争力。因此,本书将应用现代教育测评理论,通过使用项目反应理论和教育心理测评方法获取学生在各类真实直观情境下表现出的数学问题解决能力,以实现数学直观素养的间接客观测量。此外,本书还着重增加了对中学生数学直观错误类型的认知分析以及数学直观素养关键影响因素的集中考察,以便为中学生直观素养的培养和课堂教学改进提供可靠路径。

事实上,在中学课程标准所确定的数学核心素养中,数学直观素养兼具几何直观、空间想象以及思维的象征性等特征,因而需要从学生问题解决的依托形式、认知水平等多方面对其进行细致考察,以实现科学的评价。具体在内容安排上,本书共分为三篇,包含六章。前两章先后交代了本书的研究意义和中学生数学直观素养测评的理论基础,在逻辑结构上形成了理论价值篇。其中,第一章着重阐述了数学直观素养测评的研究价值和现实教育意义,包括加强数学课程教学中核心素养的应用价值、以数学教育评价改革牵引育人方式变革、进一步加强区域教育决策与治理水平、不断完善具有中国特色的数学教育质量监测体系以及以追求学业质量提升我国国际教育竞争力。第二章则侧重于梳理数学直观素养测评相关研究进展,如数学直观素养的内涵与特征以及数学直观的相关概念等。在第三章和第四章,为科学、系统、有效地评估中学生数学直观素养,先后介绍了现代测评理论下大规模教育测评工具开发的基本流程以及中学生数学直观素养测评框架构建和测评工具形成过程,从而形成了本书的操作技术篇。最后,为分析现阶段中学生数学直观素养现状及特征,本书针对不同学生群体中学生数学直观素养现状、差异以及形成各类错误数学直观认知的成因展开细致分析,同时从评价框架及评价工具质量保障、评价结果的解释与说明等方面进一步提炼和总结大规模数学教育测评经验及规律,又形成了本书的实践探索篇,包括第五章和第六章。由此汇成本书的中心思想,即在国际比较视野下,积极探索以教育评价改革牵引育人方式变革,通过使用科学、系统和稳定的测评框架进一步挖掘数学直观等学生发展中的核心素养及数学情感和认知过程,以促进学生身心健康发展。

与已有同类研究相比,本书具有一定的特色与优势。在研究主题上,本书中的研究在广泛吸收现代教育测评的优秀经验基础上,能够以更具时代特征的国际学业比较视野积极开展中学生数学直观素养评价的本土探索,进而丰富和完善数学教育评价这一广阔的研究领域。同时,书中还将介绍数学直观素养测试工具的编制以及相关测量学方法的检验,这将使教育测评研究具有重要推广价值。在研究方法上,本书使用了大规模抽样调查数据以及现代心理测评手段来剖析当前中学生数学直观素养现状、特征以及影响因素的作用机制,从而更有代表性和说服力。同时,本书还将以个体为中心,基于潜在类别分析方法将中学生群体表现出的数学直观错误的异质性追溯到一些存在但未观察到的个体亚群。此外,本书关注国家及教育部门重点提及的"教育评价改革"和"核心素养培育"等中学数学课程与教学领域的热点问题,政策性强,具有一定的前瞻性。总之,数学教育测评研究是一项长期复杂的系统工程,希望本书的出版能为学术界评价中学生数学核心素养提供更为全面、合理的分析视角,同时也能为我国乃至全球广大的发展中国家改进、提升数学教育质量以及制定完善课程改革政策提供学理支撑。

目 录
CONTENTS

理论价值篇

操作技术篇

理论价值篇

本篇以国际学生评价比较引入，着重从课程教学中数学素养应用价值、教育评价方式变革、区域教育决策与治理、教育质量监测体系完善以及国际教育竞争力提升等多个方面深入探讨当前进行数学直观素养评价研究的实践价值。另外，从已有研究中总结和提炼出数学直观素养的内涵和测评要素，进而对后续测评框架的构建提供理论基础。

第一章

国际比较视野下的数学直观
素养评价的研究价值

对于世界各个国家和地区的基础教育发展来说,开展科学、规范的数学教育测评研究不仅有助于加强数学核心素养的课程教学渗透,从而推动本国和本地区数学教育评价方式的变革,还将有助于进一步加强区域教育决策与治理水平[①]。同时,在实施中学生数学直观素养评价的契机下,可以不断完善具有中国特色的数学教育质量监测体系,最终以追求学业质量,提升我国国际教育竞争力。

第一节 加强数学课程教学中核心素养的应用

国际社会对学生核心素养及其培养的高度关注具有广阔深远的背景,是当今时代科技信息化、经济全球化、文化多元化、职业流动化、竞争白热化等特点的必然要求。但不可忽视的是,现实中学生核心素养培养面临各种困境。一方面,核心素养转化为学科核心能力操作性差,如有些国家和地区的课程与教学内容的选择易出现散乱、游离主题的偏差;另一方面,核心素养的评价相对滞后,传统的标准化测试以知识和技能的掌握程度为考量,而对兼具发展性、共同性以及可塑性的核心素养的评估仍然存在难度[②]。因此,当前数学教育亟须要以学科核心素养培育作为课程目标的指挥棒,持续加强核心素养评价的导向与应用价值,从而推进课堂教学改革,同时促进学科教师的专业发展。

促进数学核心素养教学渗透是目前中学数学课程改革的根本落脚点。作为

---

① 在目前的教育研究领域,一般不对"测评研究"与"评价研究"做严格区分。
② 张传燧,邹群霞.学生核心素养及其培养的国际比较研究[J].课程·教材·教法,2017,37(3):37-44,36.

一种重要的数学学科素养,数学直观在课程教学领域极具参考价值。特别是在国内中学阶段,数学直观主要体现为几何直观和空间想象,一般统称为直观想象,即都是依托图形图象为主的数学直观形式,两者最主要的区别在于是否依赖背景。此外,数学课程中还有一些相关概念的体现,如数感和合情推理等内容。总体上,有些国家和地区中学数学课程已明确提出数学教学要培养学生的数学直观能力,有些国家和地区虽没有明确提出这一术语,但数学课程中有关内容涉及认识实物体、图形的抽象、图形的认识、空间想象、直观感知、用图形描述问题和用图形分析问题以及合情推理等数学直观领域,事实上均渗透着培养学生数学直观方面能力的要求。由此可见,当前以数学直观素养评价为契机,加强直观素养的教学渗透,可以为数学课程中其他核心素养的实施与应用提供有效的参考。

一、关注学生数学直观发展,能够培养适应现代社会所需的数学能力

数学素养是现代社会每一个公民应当具备的基本品质。对于中学生来说,需要在数学学习中掌握适应现代生活及进一步学习必备的基础知识和基本技能、基本思想和基本活动经验。同时,不断激发个人学习数学的兴趣,养成独立思考的习惯和合作交流的意愿。并且,发展自身的实践能力和创新精神,形成和发展核心素养,以增强社会责任感,最终树立正确的世界观、人生观和价值观①。其中,中学数学教育中的直观素养,不仅是运用某种技术将信息转换为图形表征,还包含着直观思维的成分,主要涉及早期直觉、数字感、合情推理、模式直观以及数学可视化(如几何直观和空间想象),这些内容在国内外的课程教学实践中不同程度地加以渗透。从个人发展的角度来看,发展数学直观素养是培养中学生非形式逻辑能力的重要方向。学生通过数学课程的学习,不断地经历直观感知、数形结合、猜想与发现等直观认知过程,并在具体的情境中逐步养成感悟事物本质的习惯。因此,关注学生数学直观认知发展,一方面有助于帮助学生形成良好的数学思维习惯,并为其未来生活和终身学习持续提供智力支持;另一方面,在现代社会,数学问题解决不能光靠演绎逻辑,还需要数形结合等联结能力,所以还应加强课堂教学中直观素养的应用,并始终重视直观想象与逻辑推理的

① 中华人民共和国教育部.义务教育数学课程标准(2022年版)[M].北京:北京师范大学出版社,2022.

关系,同时关注学生的归纳猜想和合情推理的发展①,最终促进数学直观素养的形成与培育。

二、完善数学直观素养评价,有助于细化课程评价的学业质量标准

对中学数学教育而言,当前完善数学直观素养评价,可以强化和明确数学课程评价的学业质量标准,同时这也是中学数学课程改革的题中应有之义。数学课程学业质量标准阐明了学生在数学素养发展水平及其表现特征,标明了数学学科的育人价值和质量要求。一方面,科学系统的数学直观素养评价的落地有助于进一步细化数学课程评价的学业质量要求,从而帮助考查学生的直观素养(如直观感知、空间想象)是否达到规定的标准,进而验证数学教学是否得当,教育质量是否有保证,最终达到指导教育质量监控的目的。另一方面,完善数学直观素养评价手段与方式也有助于了解、掌握评价数学课程实施的整体成效,科学分析、发现教师和学生在数学直观教与学中存在的问题,从而针对性地提供教学改进的依据。由于核心素养具有整体性、一致性和阶段性,在不同阶段、不同领域具有不同表现,因此,在中学阶段,实施上也应各有所侧重。例如,在图形直观领域,对数学直观素养进行评价,要使学生能够感知各种几何图形及其组成元素,依据图形的特征进行分类;根据语言描述画出相应的图形,分析图形的性质;建立形与数的联系,构建数学问题的直观模型;利用图表分析实际情境与数学问题,探索解决问题的思路。与此同时,还能够使学生根据物体特征抽象出几何图形,根据几何图形想象出所描述的实际物体;想象并表达物体的空间方位和相互之间的位置关系;感知并描述图形的运动和变化规律②。此外,在非图形直观领域,要使学生在通过对现实世界中数学对象的观察后,能够直观理解所学的数学知识及其现实背景。

第二节　以数学教育评价改革牵引育人方式变革

育人方式变革是一个涉及诸多教育要素的系统工程,包括育人理念与目标、课程体系构建、教学组织与管理、教师队伍建设、教育评价改革等多个环节。其

---

① 全美数学教师理事会.美国学校数学教育的原则和标准[M].蔡金法,译.北京:人民教育出版社,2004.
② 中华人民共和国教育部.义务教育数学课程标准(2022年版)[M].北京:北京师范大学出版社,2022.

中,作为教育教学过程的重要组成部分,教育评价是撬动育人方式变革的有力"杠杆"①。在《深化新时代教育评价改革总体方案》的指引下,当前中学教育立德树人的方式亟须改进,应进一步发挥教育评价的导向、激励与引领作用,以全方位、宽领域等多视角关注学生发展中的核心素养和非认知能力,不断促进育人方式的变革。具体而言,需要加强对中学各学科领域学生的综合素质以及关键能力的系统、科学测评,不断增强基础性、综合性,并着重考查学生独立思考和分析问题、解决问题的能力,从而实现以教育评价改革牵引育人方式变革。对于数学学科而言,应全面树立以立德树人为核心的教育质量观,把培养数学学科素养作为教育评价的首要目标;克服"唯分数"的单一数学学业成绩指标,将学生在学习过程中展现出来的数学情感、态度、价值观等隐性内容进行综合评价;挖掘数据背后的意义和价值,落实评价结果育人,用评价与诊断评估报告反馈并助力改进数学课堂教学质量。

作为落实数学学科育人的重要环节,开展数学直观素养的测量与评价对我国基础教育中数学教育的研究有着重要的理论意义。同时,培养学生的数学直观素养是中小学数学课程教学的重要任务。在新时期数学课程改革背景下,一方面,数学教育更加注重对学生数学能力、数学素养的培养,更加凸显数学对培养适应未来生活,成为一个合格公民的重要价值。另一方面,开展教育评价已经成为数学教育领域重要的发展方向,特别是随着素质教育的深入发展,对学生学科核心素养的评价已经成为数学教育改革的重要目标。例如,当前《义务教育数学课程标准(2022年版)》(以下简称《课标(2022版)》)指出,通过教育评价来诊断学生数学学习的结果和过程,从而激励学生学习和改进教学。值得注意的是,以评价为导向的教育实证研究在我国的历史并不长,在数学教育领域内也并未受到普遍重视。但近年来,随着国内核心素养理念的兴起,数学教育领域就学科素养的评价也进行了一些尝试。总体上,数学素养或能力的评价都要以课程目标和课程内容为依据,并且体现数学课程的基本理念。当前基于课程标准的数学核心素养的测评集中体现了数学的基本思维品质、关键能力以及价值观等,并从知识技能、数学思考、问题解决、情感态度等维度对学生的表现加以衡量。其中,关于数学直观或相关能力的测评研究,更多是集中整个直观领域的表现研究,并没有兼顾到数学直观素养的深层结构,故还不能给相关内容领域的数学课

---

① 辛涛.深化教育评价改革 促进育人方式转变[J].中国考试,2021(2):4-6.

程教学实施提供细致参考。为此,本书试图构建符合我国义务教育中学阶段的特色,基于数学课程标准来设计数学直观素养评价框架,在数据的获取和分析中结合国际先进的教育测量学方法,通过大规模样本展开的实证研究,并用测试结果来改善及提升数学教学质量。此外,本书还将中学生数学直观素养的影响因素以及数学直观错误类型等内隐要素全面纳入分析范围,力图使测试结果更准确真实、测评环节更加系统规范,从而为以教育评价改革牵引育人方式变革提供实践路径。

第三节　进一步加强区域教育决策与治理水平

质量是教育的生命线。教育质量决定一个国家和地区的人才素质,关系一个国家和地区的前途和未来。加强教育质量监测工作是推动区域基础教育阶段学校高质量发展,建设教育强区、适应经济发展新常态的迫切需要,也是推进教育治理体系和治理能力现代化的现实需要,同时是深化素质教育、提升教育现代化水平的内在要求。为此,需要在区域加强教育质量监测,对中小学生的全面发展开展系统性教育评价,以实现评价的诊断与改进功能。教育评价始终是一个过程,教育工作者通过这个过程来使用学生构建的或自然发生的刺激反应来推断学生的学习成就、知识和技能。与传统心理诊断测量不同,教育测评更多关注的是学业成就表现和能力的获取。当前大规模教育测评得到广泛应用,主要原因在于它作为一种重要的参考,帮助政策制定者和教育领导者评估课程或获取其他个别学生是否达到学习目标信息[1]。实际中,为了考察不同特征群体的学业表现差异和学习过程,国内外通常也会采取大规模教育质量监测等手段,对学生的学习质量和身心健康状况以及影响学生发展的相关因素进行检测,并通过统计分析,准确获取学生学业表现和能力发展的现状以及不同层面相关因素的影响,从而为课程教学改进提供思路[2]。

不仅如此,大规模教育评价还通过详细观察、实证、分析和比较收集数据,善用数字、图表、符号等最为基础的科学表达语言,反映、揭示或陈述对教育事物的认识,它相较于理论或思辨研究等范式,更能为教育决策、管理及教育教学活动

---

[1] Suurtamm C, Thompson D R, Kim R Y, et al. Assessment in Mathematics Education[M]. Berlin: Springer International Publishing, 2016.
[2] 王少非.国家义务教育质量监测:一个模型构想[J].教育发展研究,2006(5):5-9.

提供合理性基础①。当前,国际比较视野下的数学直观素养测评研究结果将对各个国家和地区的教育政策产生重要影响。通过了解其他国家和地区的测评结果,可以借鉴成功的经验,改进教育体制和教学方法。本书的核心内容正是对中学生数学直观素养进行区域大规模监测研究,并根据所构建的数学直观素养测评框架编制数学直观素养测试工具,通过测试工具了解目前中学生数学直观素养的发展状况,通过对学生的作答进行分析,刻画出学生在数学直观素养表现上的特征。一方面,在抽样中同时考虑区域和县域的代表性,能同时实现对地区层面和县域层面教育质量状况的准确把握;另一方面,研究还重点关注数学学科的课程开设、条件保障、教师配备、学科教学以及学校管理等方面,为教育教学改进和质量提升提供着力点。在此基础上,借助实施中学生直观素养测试的契机,进一步学习借鉴国际测评项目的技术、方法和实践,以不断完善义务教育数学质量监测水平,科学、准确、及时"把脉"区域数学教育质量状况,从而推动教育治理和决策的科学化,进而引导全社会树立和践行科学的教育质量观。

第四节　不断完善具有中国特色的数学教育质量监测体系

"他山之石,可以攻玉",PISA 和 TIMSS 等代表国际测评项目可以为我国数学教育改革提供重要参考,但更重要的是学习国际大规模教育监测项目的经验,有助于进一步完善具有中国特色的基础教育质量监测体系。21 世纪以来,我国便开始深入学习 PISA 等国际大规模教育监测项目的经验,逐步形成了国家和区域义务教育质量监测体系。在测评理念上,我国教学教育质量监测吸收了国际上强调素养的评价理念,在每个学科里面都设置了多个能力指标,而非单纯考查学生对学科知识的记忆。在测评方式上,我国监测和诸多国际监测项目都采用了"学科测试＋问卷调查"的方式,不仅评价学生的发展状况,还探查影响学生发展的关键因素。在测评技术上,我国监测借鉴国际监测项目在矩阵题本设计、测试分数量尺化、跨年度等值等方面的经验,以实现对学生素养更为精准的测评与报告。相较于这些国际测评项目,我国本土化义务教育监测又进行了

---

① 刘磊明.国际大规模教育评价的逻辑反思[J].教育研究,2020,41(01):75-85.

积极的探索与创新。例如,作为义务教育三大主学科之一的数学,对其质量监测在宏观顶层设计上依据课程标准开展评估,主要测查学生对相应课程标准的达成度,为学生学习和教师教学提供更富针对性的证据。与此同时,在微观测试层面将评价目标定位在提升学生的数学素养上,即学生在各种情境中运用数学知识和技能解决问题的能力,从而为学科铸魂育人提供重要的抓手。事实上,在数学教育领域,如何正确地评价学生的数学能力也一直是世界各国学者和数学教育工作者长期进行探索和研究的课题,特别是近年来代表性国际测评项目的兴起以及国内核心素养理念的提出,使得我国数学教育领域出现了不同规模的数学学科素养或关键能力的测评研究[①]。以数学直观素养为例,学界关于它的界定仍不够统一和细致。国外相关文献研究和国内义务教育数学课标都强调了数感、几何直观以及合情推理等相关能力,且新修订的高中和初中课标也注重发展学生的数学直观能力,但这些都过于笼统,不能作为一套显性的、可测的测评框架。因此,本书尝试以国际测评项目为指导,开展适合我国本土中学生特点的数学直观素养评价,这将有助于进一步完善义务教育数学测评经验,从而不断完善具有中国特色的数学教育质量监测体系。

具体而言,数学直观素养评价在数学学科发展中极具指导价值,也是数学教育评价领域一次重要尝试。数学直观作为一种内部信任,在逻辑逐渐通向严密的过程中,其丰富隐喻价值被揭露。它虽常常使人陷入矛盾的误解中,被认为是不可靠的知识来源,但实际上直观一直在数学研究中发挥着重要作用。人们可能会受到直观的启示,长期的累积直观经验为内在的信念提供绝对的来源和保证。在具有潜在误导性和不确定性的世界中,实际的决定不仅仅依靠间接推论,而更多是理论的假设。间接的逻辑形式往往造就了内部封闭的系统,反而通过相对感性的直观可以获得许多直接永久的证据。在数学史中,公理和演绎逻辑只是搭建了数学的骨架,但直观给了它生命。通过直观所接受的陈述和表征,虽然存在潜在误导,却是数学信念经验证后的终极证据。数学直观的主要价值还在于指导我们的教育心理和实践活动。它既能辅助数学证明、形成猜想以及缓解问题困境,又能在数学问题解决中发挥重要的作用。用直观的方法往往会产生积极的作用,如引发正式证明和抽象思考。数学家常常依靠直观来推动对数学的思考,教育家也利用直观加强学生对数学知识的理解。与传统演绎式逻辑

---

① 张奠宙,鲍建生,徐斌艳.数学教育研究导引(二)[M].南京:江苏教育出版社,2013.

方法不同,它是对事物本质的直接领悟和洞察,并且在数学直观中还能培养合情推理的能力。正是通过努力和进化,直观机制在科学的演绎结构的发现和问题解决的创造中发挥着巨大作用。事实上,直观并没有在数学和科学的辩论中消失,反而根植于数学基础和教育理论的构建。

直观素养是数学核心素养体系中的重要组成部分,对其开展针对性评估可以为数学学科立德树人提供可实践性路径。因为一般意义上,数学学科核心素养是数学课程目标的集中体现,它综合了数学的思维品质、关键能力以及情感、态度与价值观,并且是在数学学习和应用的过程中逐步形成和发展的[①]。尤其是对数学学科而言,直观素养的培养不仅是数学教育发展的基本要求,更是推动学生认知发展的重要手段[②]。在正规的学校教育中,学生通过数学课程的学习,不断地经历直观感知、数形结合及猜想与发现等数学直观认知过程,并在具体的情境中逐步感悟事物的本质。无论是可视化的视觉表征还是相对具体的思维背景,这些都是直观素养常依托的重要形式。学习者正是通过运用这些基本数学直观形式,才能在各种情境的数学问题解决过程中逐步形成数学直观能力。

第五节　以追求学业质量提升我国
国际教育竞争力

21 世纪,人类面临着各种更加严峻的挑战,各国之间的竞争更加激烈,比以往任何时期都需要更多的、更全面发展的人,对人的素质提出更新更高的要求,越来越需要更富创造性、更加成熟化、更有适应性、更具个性化,能够适应未来的全面发展的人。除了需要更健全的心理、主动适应变化的品质,还需要更全面的知识和能力。第一,需要扎实宽厚的基础知识和基本技能,基础知识和基本技能相对较稳定,适应性较强;第二,需要合理的知识结构;第三,需要多样的能力。针对各个国家和地区在各个领域对于人才竞争,对于人的全面发展需求不断加以极大关注,教育成为各国政府实现人的全面发展的"主阵地"。为了达到教育目的,教育的质量和公平成为全民素质教育培养目标的主要保障和主流价值,这一观点得到各国的广泛认同和支持[③]。对教育质量的测评最终都落实在学生的

---

① 中华人民共和国教育部.普通高中数学课程标准(2017 年版)[M].北京:人民教育出版社,2018.
② Fischbein E. Intuition and Proof[J]. For the Learning of Mathematics, 1982, 3(2): 9 - 2.
③ 王鼎.国际大规模数学测评研究[D].上海:上海师范大学,2016.

发展上,而学科素养等学业成就表现正是反映学生发展水平的核心指标。当前,尽管我国义务教育事业取得了举世瞩目的成就,但是在教育质量提升方面仍有很大的改善空间,尤其是各科目学业监测和教学反馈改进上仍需完善①。因此,建立全国性或者区域性教育评价体系,并开展相应的学科测评研究以提升国际教育竞争力是我国基础教育发展的题中应有之义。

值得一提的是,现代经济社会的发展,数学成为人才的基本素养之一。同时,数学不断渗透到其他学科,特别是 21 世纪以来,随着信息技术的发展,数学与计算机技术的结合在许多方面直接为社会创造价值,也使得数学在公民生活中的运用越来越广泛和深入,更加凸显出其在当今社会中重要性和影响力。某种意义上,数学成为社会经济生活中有着重要影响的学科。数学对提高每一个民族的科学和文化素质起着非常重要的作用,数学也成为各个国家和地区基础教育中非常重要的一门课程,对于人的培养上,也提出了更新更高的要求。特别是在国际比较视野下,中学生数学直观素养的测评研究对于培养创新思维、适应现实生活需求和提高竞争力具有重要意义。通过实施相应的策略,可以有效提升中学生的数学直观素养,为其数学学习和未来职业发展奠定坚实基础。与此同时,国际比较视野下的数学直观素养测评研究能够帮助中学生提高数学能力,提高国际竞争力。在全球化背景下,具备优秀数学直观素养的中学生将更具有国际竞争力。有鉴于此,我们更需要继续加强义务教育数学监测,并努力维护教育公平,同时广泛吸收国际教育测评经验,把全面提升学生的学业质量作为教育测评的着力点和方向,最终以中学生人力资本的增值来提升我国基础教育国际竞争力。

---

① 康叶钦,李曼丽,李越.基础教育阶段学生学业成就评价体系的国际比较[J].外国中小学教育,2013(5):7.

第二章

国内外数学直观素养评价的
研究进展

在对数学直观素养进行评价前,首先要对其基本内涵及其相关概念的研究进行细致梳理,包括数学直观的概念起源、相关概念的辨析、数学直观的形成过程及其主要影响因素。然后,厘清国内外数学素养测评的各类研究。最后,综合分析得出数学直观素养的操作性定义,为后续测评框架的确立以及测评工具的开发奠定基础。研究中的主要文献资料来源于著作、期刊和中小学数学课程教材等以及电子文献数据库 CNKI(China National Knowledge Infrastructure,中国知网)学术期刊网、Web of Science、Google 学术搜索、维普期刊网、万方数据库、人大复印报刊资料数据库和一些数学教育专业网站等。

第一节　数学直观及相关概念的研究

数学直观是一个极其复杂的概念,内容涉及哲学、数学、教育学、心理学以及生物学和神经科学等学科领域,并且相互影响。与此同时,还有一些与之相似的概念亟须澄清,如数学直觉、数感、合情推理、数学可视化、模式直观等。

一、数学直观的概念起源

绝大多数直观研究主要关注理论的争论,包括定义、哲学态度和历史考察[1]。直观的确是一个数学和哲学上的争议概念,有些人认为它是每个真理的基本来源,而有些人则认为它是追求真理过程中存在的潜在误导。直观作为概念、方法和认知方式,在哲学、数学、教育学、心理学以及神经科学等领域一

---

[1] Wild K W. Intuition[M]. Cambridge: Cambridge University Press, 1938.

次次被修正。在哲学背景中,有时被认为是真理或明显真知的来源,一般在这种意义上,直观概念主要出现在笛卡尔(René Descartes)和斯宾诺莎(Baruch de Spinoza)的理论中。对他们而言,不同于依赖感觉经验的直觉,直观的对象依然是无须证明的某些真理的最终可靠来源①。而在其他学科领域,直观更多意义上是一种方式,一种实现或到达现象本质的心理策略,但类似情感、生命和精神的本质则无法使用这种方式,需要通过直观这种共情认同来掌握生动变化的本质②。此外,直观还被用于指示某类认知,即在没有需要事先明确理由或解释下直接掌握的认知③。

　　事实上,数学直观所涉及的领域更为复杂,对其阐释有接近神圣的绝对真理的内部信念、认知领域重新排列的洞察力、源于宗教和专业灵感的启发、作为常识的天真推理、经验的解释以及自然思维与正式推理区分的特征④。数学需通过正式的证明和演绎式审查,而不是经验的验证,即经证实的证据取代了直接证据。正式的世界是虚构结构化的世界,包含规则和逻辑;而经验则是隐晦地给出约束。直观的关键作用在于赋予知识的努力而组成相同的性质,以确保产生行为的适应性。而推理的机制,在很大程度上,受到直接有意识地控制。个人可能会控制知识的来源、各种推理活动步骤的意义和针对性,但直观这种启发式的活动本身更大程度上会超越系统有意识的控制。要建立任何一个公理化体系,都必须先从一组公理和未定义的术语开始,公理结构是一种数学知识所获得的最终状态,但知识却通过其他方式(如启发式、归纳等)获得而不是演绎程序,并且数学活动往往取决于直观的接受形式。

(一) 哲学中的数学直观

　　这里的"直观"就是胡塞尔(Edmund Husserl)所开创的新哲学首要强调的内容。只有通过"直观"才能产生"直觉",进而才能产生具象的深刻思维。直觉就是现象对意识显现的初级结果。显现既可以对感官发生,也可以对意识发生。但感官可以认识事物的外表或某些侧面,意识却可以认识事物的本质。作为西方哲学传统,自柏拉图(Plato)以来充斥着数学直观与感知觉之间的类

① 贾江鸿.笛卡尔的直观理论新探[J].现代哲学,2011(02):66-71.
② Bergson H. Creative Evolution[M].London:Macmillan & Co. Ltd.,1954.
③ Beth E W, Piaget J. Mathematical Epistemology and Psychology[M]. Dordrecht:Kluwer Academic Publishers, 1974.
④ Reuchlin M. Formalization and Realization in Natural Thought:A Hypothesis[J]. Journal of Normal and Pathological Psychology, 1973(4):379-408.

比。前康德主义认为数学直观是认知性的,不受感知觉能力的限制。不同于康德(Immanuel Kant),早期的苏格拉底(Socrates)认为数学对象的本质独立于我们的思维,所以直观必须顺应反思意识。康德主义者质疑数学主体超越了我们的认识范围,而柏拉图主义者则质疑我们个人的经历如何与数学现实发生联系。非推理式的感觉认知需要通过外部世界,而一般的感觉是以抽象数学概念为对象①。从哲学和现象学的视角来看,个人应该有能力洞察数学对象,正如感知物体一般。数学直观本身并不是一种独特的认知模式,而更多是一种我们通常所见的或者所想象的对象的概念化,如数学家习惯于形象化结构。数学直观本身没有特定的感官内容,通常出现在感知或想象的感官内容的呈现中,直观因此开始于感觉或想象活动中,这种感觉是一种数学结构,而我们从这种数学结构中抽象出不相关的特征。此时抽象虽被理解,但数学结构并没有变,只是我们使用和解释的方式有所改变②。数学直观有时依赖意象,有时来源于纯粹的思考。直观这种即时的印象被认为是一种具体的证明(比如用感觉证明),直观性知识通过类比得到观念性知识,知识与对象发生关系也必然通过直观。观念(感知觉)与直观(即时环境获得的信息)结合而形成洞察力。

(二) 教育学和心理学中的数学直观

在教育学和心理学文献中,数学直观通常作为智力教育基础的感官性知识,如具体对象、图片、图表等,当前国内外数学课程中所倡导的直观性教学就是源于这种视角,产生的内在的审美感是一种具体选择和综合产物,通过直观由人的心灵完成③④⑤。他们认为数学直观是一种产生于内在心理图象表征的信念,它是一种日常生活中有意识或下意识启发式思考的应用,而这种心理模型也受到了社会的控制。数学直观一般是指从感觉的具体对象背后发现抽象的、理性的能力,当物体或对象不出现在眼前,思维将进行复制和分析(类似于感觉记忆)。而杜威(John Dewey)等人的实用主义观点认为真理需要重新思考,心理模型

---

① Chudnoff E. Intuition in Mathematics[M]. Cambridge:Cambridge University Press, 2014.

② Tieszen R L. Mathematical Intuition, Phenomenology and Mathematical Knowledge[M].Dordrecht:Kluwer Academic Publishers, 1989.

③ Godfrey C, Siddons A W. Elementary Geometry:Practical and Theoretical [M]. Cambridge:Cambridge University Press, 1903.

④ Treutlein P. The Geometric Demonstration Lesson as a Lower Level of a Two-level Geometric Education in Our Secondary Schools[J]. Journal of the Mathematical Association of Japan for Secondary Education, 1920(2):1-9.

⑤ 中华人民共和国教育部.义务教育数学课程标准(2022 年版)[M].北京:北京师范大学出版社,2022.

常受到社会控制,因为数学概念不是一个孤立的心理图象,而是相互修正的,最终在内在主观的社会寻求获得一致的心理模型①。布鲁纳(Jerome Seymour Bruner)曾区分出任何知识领域都有两种解决方法,即直观(非严格的证明,面向整体而非特定部分)和分析(严格区分演绎顺序指向证明)②;菲茨拜因(Efraim Fischbein)等人也认为数学直观是一种即刻获得的知识,具有自我证明、探索推断的能力,它本质上是对数学对象直接和隐含式的认知,而这一过程没有意识和演绎推理的参与,后来他又认为直观是不需要深入推理而获得不言而喻的本质的思维方式③。菲茨拜因也确立过两种直观,即初级直观和次级直观。初级直观主要源于儿童非正规日常生活中的经验,独立于教学指导,而次级直观主要从教学探索和实验学习中获得。数学直观主要涉及对数学对象的理解认知,而直观性知识是所获得的信息和理解。

(三) 数学中的数学直观

数学领域的直观研究表明,直观在数学信念中一直发挥着重要作用。数学直观是一种看得见的证明,不全依赖逻辑,而本身是正确的解释。哈达玛德(Jacques Hadamard)等人也认为,直观在任何现实的数学哲学中都是一种容易犯错的心理经历,要么是完全有意识的,要么是部分下意识的④;克莱因(Morris Kline)认为数学的直观是对概念证明的直接把握⑤;希尔伯特(David Hilbert)也在《直观几何》中指出数学中存在的两种倾向,即作为内在逻辑的抽象与作为具体意义的直观,他试图用直观形象介绍今日几何,用图形代替公式⑥;哥德尔(Kurt Gödel)则认为数学直观虽然远离感觉经验,但我们对于这种感觉比感知觉更有信心⑦;帕森斯(Charles Parsons)认为数学直观概念的主要标志是感知觉作为物理世界认知关系的类比以及数学对象和其他抽象实体有类似关系(如像知觉)。如果它是数学哲学的核心,它就应该起到类似我们对日常世界和物理知识的感知觉的作用⑧。此外,数学直观还具有一定的特性,它涉及数学对象的关

① Hersh R. Mathematical Intuition:Poincaré,Pólya, Dewey[J]. The Montana Mathematics Enthusiast, 2011, 8(1): 35 - 50.
② Bruner J S. The Relevance of Education[M].London: George Allen & Unwin, 1971.
③ Fischbein.Intuition in Science and Mathematics: An Educational Approach[M]. Dordrecht: D. Reidel Publishing Company, 1987.
④ Feferman S. Mathematical Intuition vs. Mathematical Monsters[J]. Synthese, 2000(125): 317 - 332.
⑤ 克莱因.古今数学思想 4[M].邓东皋,等译.上海:上海科学技术出版社,1979.
⑥ 希尔伯特,康福森.直观几何[M].王联芳,等译.北京:高等教育出版社,1959.
⑦ Gödel K. Collected Works[M]. Oxford: Oxford University Press, 1986.
⑧ Parsons C. Mathematical intuition[C]. Proceedings of the Aristotelian Society, 1980: 145 - 168.

系,而感知性知识则包含与表示物理对象或事件的关系。严格来说,关于数学上的直观,学界并没有非常清晰地表达出明确观点,一般认为使用直观是为了简化抽象的对象关系或命题,即认为我们有能力通过直观理解来抽象概念。数学直观产生于我们把物体当成某种类型的象征物,符号和表达类型本质上也是数学直观,可被常规语言分辨①。数学直观主义代表布劳威尔(Luitzen Egbertus Jan Brouwer)则指出用人类的构造性思维活动进行数学研究,其对象被视为思维构造的产物,而一个真实的数学方法必须是直观的②。数学直观是人脑关于数学结构和关系的直接领悟及洞察。与他们的观点类似,庞加莱(Jules Henri Poincaré)等人也认为数学的两大重要基础是直观和演绎逻辑③。总体上,传统数学认为公理化系统一旦形成,直观便无法进入。相形之下,国内学者,如史宁中认为数学直观是一种凭借专业直觉对事物的直接判断能力,包括条件预测结果和结果探究成因,如坐标系就是一种数形结合的完美典范,一种几何直观。他认为直观更多是依赖归纳能力而不是演绎的能力,即依赖于经验的积累、浓缩④;曹才翰也认为个体累积的数学活动经验有助于建立数学直观;郑毓信认为数学直观是人脑对数学对象的直接感悟,且直观多是非逻辑性的,数学直观的特点包含非演绎逻辑,表现为直接性、整体性、不连续性、自发性、猜测性、自信心,还涉及生动、具体和直接的观察、感性的认识⑤;徐利治曾指出数学直观是借助于经验、观察、测试或者类比联想所产生的对事物关系直接感知与认识⑥,而几何直观是借助于见到的或者想到的图形形象关系产生对数量关系的直接感知⑦;王尚志也认为几何直观包含几何和直观两大部分,其中这里的几何指的是图形,而另一部分直观则是指依托现在看到(视知觉)的和以前看到(想象力)的图形进行思考、想象,它是一种想象能力⑧。上述学者的观点在中小学数学课程标准中均有所体现,如直观感知、空间观念、几何直观和归纳类比等核心关键词

① Parsons C. Mathematical intuition[C]. Proceedings of the Aristotelian Society, 1980:145-168.
② 克莱因.古今数学思想 4[M].邓东皋,等译.上海:上海科学技术出版社,1979.
③ Silva J J D. Poincaré on Mathematical Intuition: A Phenomenological Approach to Poincaré's Philosophy of Arithmetic[J]. Philosophy Science, 1996, 1(2):87-99.
④ 史宁中.数学思想概论(第 1 辑:数量与数量关系的抽象)[M].长春:东北师范大学出版社,2008.
⑤ 郑毓信,张心眠.数学直觉的性质与数学直觉能力的培养[J].松辽学刊,1991(3):73-77.
⑥ 徐利治.谈谈我的一些数学治学经验[J].数学通报,2000(5):1-4.
⑦ 徐利治,郑毓信.数学抽象方法与抽象度分析法[M].南京:江苏教育出版社,1990.
⑧ 王尚志,胡凤娟.理解把握数学课程中的核心概念(一):《义务教育数学课程标准(2011 年版)》解析之三[J].小学数学教育,2012(Z2):8-11.

的提出①②③④⑤。除上述之外,国内还存在模式直观等相关概念。如张奠宙和张广祥认为除了几何直观,还有模式直观,图形直观借助的是视觉感官,而模式直观利用的是有序思维的层次展开,包含和谐性直观、符号性直观和常识性直观等。他们认为模式直观主要借助于较为具体的、相对熟悉的思维背景来分析和把握更为深刻的思维形象⑥。数学直观作为一场思维实验,几何直观利用的是视觉图象,而模式直观利用的则是模式心象,以此来类比数学结构和关系。

(四)生物学和神经科学中的数学直观

从生物进化论的角度,数学直观是源于进化过程中继承的核心知识,这些知识曾在人类婴儿期表现出来,如马修·隆哥(Mathew Longo)曾指出时间感、空间感和数字感同样属于人类进化所继承的核心知识。神经科学的最新研究成果则认为数学直观涉及认知过程的平行信息处理方式(见表2-1)⑦,并指出认知过程的两种信息处理方式,即平行信息处理和顺序信息处理。平行信息处理是指认识对象后能够全面地整合在一起从而形成立即的洞察力;顺序信息处理是指增加连续性元素以适用于明确的规则和演绎程序,最终帮助数学进入安全路径。此外,玛丽·阿坶里克(Marie Amalrica)和斯坦尼斯拉斯·迪昂(Stanislas Dehaene)研究了数学家高级数学思维的脑基础,认为高级数学能力的发展基于空间视觉直观和数感,对数量和数量关系的直观知觉。国内学者周新林等研究发现高水平数学学习者和一般数学学习者的差异主要在于空间视觉加工能力(直观想象能力)的差别。

表2-1　认知过程中的两种信息处理方式

顺序信息处理(偏差认知)		平行信息处理(直观认知)	
个人的	不完整	整体的	互补的
孤立的	不联系的	关联的	联系背景

---

① 张和平,裴昌根,宋乃庆.小学生几何直观能力测评模型的构建探究[J].数学教育学报,2017,26(5):5.
② 黄邦杰.《全日制普通高级中学数学教学大纲(试验修订版)》特点分析及思考[J].课程教材教学研究:中教研究,2001(8):11-15.
③ 中华人民共和国教育部.普通高中数学课程标准[M].北京:人民教育出版社.2003.
④ 中华人民共和国教育部.义务教育数学课程标准(2011年版)[M].北京:北京师范大学出版社,2012.
⑤ 中华人民共和国教育部制订.普通高中数学课程标准(2017年版)[M].北京:人民教育出版社,2018.
⑥ 张广祥,张奠宙.代数教学中的模式直观[J].数学教育学报,2006(1):1-4.
⑦ Huber R. Intuitive Cognition and the Formation of the Theories[M]//Intuition and the Axiomatic Method. Dordrecht:Springer Netherlands,2006.

（续表）

顺序信息处理（偏差认知）		平行信息处理（直观认知）	
中性的	符号处理（逻辑）	评价（审美）	原型形成
算法（计算）	规律支配演绎程序	空间（几何图形）	以范例、归纳为主
有意识的	动态的	没有意识、自发	永恒（静态）

事实上，既有文献研究表明关于数学直观的认识可概括为两种观点：① 古典主义直观（与非正式推理分离、相对不可靠、无法验证、无须经验学习，先天存在），认为直观是天生的，不是学习和发展的[①]；②推理主义直观（人与环境互动的推理形式，是以往经验为推理的产物），认为数学直观是不断重复某种数学现象的经验而发展并最终获得这些经验共同特性的认知[②]。

二、数学直观相关概念的研究

数学直观不仅是运用某种技术将信息转换为图形表征，还包含直观思维的成分。尽管直观思维与一般的数学直觉不同，但在数感、数学可视化、合情推理以及模式直观等领域都有所体现。

（一）数学直觉

一般性直觉主要涉及无意识情绪如何提升决策的准确性和信心。直觉的机制自然地隐藏在人类的潜意识和精神活动中，它们的本质是突然的、全局性的协同反应，而不是基于逻辑的认知。数学直觉通常是指运用有关知识组块和形象直感对当前问题进行敏锐的分析、推理，并能迅速发现解决问题的方向或途径的思维形式。它是一种直接反映数学对象结构关系的心智活动形式，是人脑对于数学对象事物的某种直接的领悟或洞察。简单地说，数学直觉是人脑对数学对象（结构及其关系）的某种直接的领悟和洞察，一般不包含普通逻辑推理过程的直接悟性。因此，数学直觉多是无意识或潜意识的，但数学直观是显意识的洞察力。数学直觉具有非逻辑性、整体性、或然性；而数学直观是迅速的且不需要努

---

① Ben-Zeev T，Star J. Intuitive Mathematics：Theoretical and Educational Implications［M］// Understanding and Teaching the Intuitive Mind：Student and Teacher Learning. Mahwah：Lawrence Erlbaum，2001.

② Fischbein E. Intuition in Science and Mathematics［M］. Dordrecht：Springer Netherlands，2002.

力的洞察力,接近于反省(内省)。数学直觉几乎是瞬时发生的;而数学直观是有意识的问题解决过程,包含潜伏期,它不仅涉及思维方式,还包括心理表征。一般认为,数学直觉是天生的,主要不是学习和发展而来的,现代神经科学也指出数学直觉的发展与脑龈沟的发育有关;而数学直观则是以往经验与环境交互作用的结果,它是不断重复某种数学经验而最终获得这些经验共同特性的认知。

(二) 数感

数感,亦称"数字感",是数学认知的基础和起源,这个概念是托比亚斯·丹齐格(Tobias Dantzig)在其著作《数:科学的语言》中首次提出的。他认为数感是对集合中数量变化的辨识能力,当在一个小的集合里面,增加或者减少一样东西的时候,这种能力可以使人辨认出其中的变化。法国心理学家斯坦尼斯拉斯·迪昂最先把数感这个概念引入心理学的研究领域,他认为数感就是快速地理解、估计和操作数量的能力。从教育心理学视角来看,数感是个人对数和运算的一般理解,以及能够灵活地利用这种对数和运算的理解做出数学判断和形成有效策略来处理数和运算问题的能力和倾向。在数学上,数感一般是指对数和运算的直观感觉。数本身相对比较具体,数感作为一种对数的直观感知能力却很难被精确地定义。在广义上,它是指"一个组织良好的数字信息的概念框架,能使人们了解数字和数字关系,并解决不受传统算法约束的数学问题"[1]。数感本质上是指学生对数量感知的流畅性和灵活性[2]。1989年全美数学教师协会(Nation Council of Teachers of Mathematics,NCTM)确定了数感的五个组成部分:数字意义、数字关系、数量级、涉及数字和指称的操作数量以及数量与数量的指示。这些技能有助于提升数字直觉,并为更高级技能的掌握奠定基础。相形之下,我国《义务教育数学课程标准(2011年版)》指出数感主要是关于数与数量、数量关系以及估算结果等方面的感悟[3]。建立数感有助于学生理解生活中数的意义,并且能认清现实情境中的数量关系。数感非常重要,因为它鼓励学生灵活思考并提高学习数字的信心[4]。数感会随着能力的增强而逐渐融合,为成功解决问题做好准备。最近的神经科学等领域的研究结果也表明,这种由于

① Bobis J. Visualisation and the Development of Number Sense with Kindergarten Children[M]// Children's Number Learning: A Research Monograph of MERGA. Adelaide: AAMT,1996.
② Gersten R, Chard D. Number Sense: Rethinking Arithmetic Instruction for Students with Mathematical Disabilities[J]. Journal of Special Education,1999,33(1): 18 - 28.
③ 中华人民共和国教育部.义务教育数学课程标准(2011年版)[M].北京: 北京师范大学出版社,2012.
④ 徐文彬,喻平."数感"及其形成与发展[C]//全国高师会数学教育研究会2006年学术年会论文集.2006.

进化而产生的数感个体差异可能会影响儿童在学校的数学表现,并且这种数感的巨大差异和长时间发展,再加上与其年龄跨度一致和具体联系的数学能力,对于以数感为目标的教育干预影响深远[1]。

(三) 数学可视化

在当今的大数据时代,信息的呈现和解读变得尤为重要。数学可视化,是一种把数据、信息、理论或算法转化为视觉形式的技术,正日益成为理解和解决复杂问题的关键工具。数学可视化主要利用图形、图像、动画等视觉元素,把数学概念、模型和算法以直观、易懂的方式展现出来。它不仅能帮助我们更好地理解数据,还能让我们更容易发现和理解其中的规律和趋势。一直以来,视觉是我们生物和社会文化的核心。对于社会文化来说,我们处在一个信息传播被大多数视觉所包装的世界[2]。日常生活中的大量交流依赖视觉图象,可视化视觉图象在观察者的头脑中产生的反应,因为附加到人们所看到的符号并伴随着其他感官的看法,不一定类似一个口头词或观看的图片。可视化表征方式具有这样的特征,即作为名词概念的视觉形象和作为动词过程的认知活动。没有灵魂的思考离开心理形象[3],视觉素养不仅仅是对过去的经验进行视觉联系,很可能还会与逻辑思想相结合。一般来说,数学可视化(直观化)定义为解释图象的能力以及产生图象来传达想法和概念[4]。可见,数学可视化范围既包含几何直观又涉及空间想象。玛丽·埃伦·普雷梅格(Mary Ellen Presmeg)在谈论可视化时,认为可视化过程相互交织着逻辑理性。这种观点表明,如果视觉能力被成功教导,那么在图片或图表的视觉感知下,心灵就会自然地进行逻辑和理性思考。视觉能力是指在查看外部图片或图表后,心灵参与的内部过程,它关注一些视觉刺激的产物,视觉证据促进学生渴望更加正式的演绎证据[5]。从历史上的教学来

① Halberda J, Ly R, Wilmer J B, et al. Number Sense Across the Lifespan as Revealed by a Massive Internet-based Sample[C]. Proceedings of the National Academy of Sciences of the United States of America, 2012, 109(28): 11116 - 11120.
② Arcavi A. The Role of Visual Representations in the Learning of Mathematics[J]. Educational Studies in Mathematics, 2003, 52(3): 215 - 241.
③ Zazkis R, Dautermann D J. Coordinating Visual and Analytic Strategies: A Study of Students, Understanding of the Group D4[J]. Journal for Research in Mathematics Education, 1996, 27(4): 435 - 457.
④ Suzanne S. Visual Literacy in Teaching and Learning: A Literature Perspective[J]. Electronic Journal for the Integration of Technology in Education, 2002, 1(1): 10 - 19.
⑤ Presmeg N C. Prototypes, Metaphors, Metonymies and Imaginative Rationality in High School Mathematics[J]. Educational Studies in Mathematics, 1992, 23(6): 595 - 610.

看,可视化是在一定情境或背景下培养合适的天真直觉,尽管视觉思维存在局限,但以正确的方式进行可视化可以增加对数学的理解。可视化作为图象的产品和创作、解读和反思过程,正在数学和学习中发挥着越来越重要的作用。

(四) 合情推理

所谓合情推理,通常是一种比较自然的、合乎情理的、似乎为真的推理,它是根据已有的数学事实和正确的数学结论产生的。同时,作为一种直观推理,它最初源于乔治·波利亚(George Polya)的"启发法"中的一个问题解决模式,表示从已有的事实出发,借助个人经验和专业直觉,通过归纳和类比等方式推断出某些结论①。通过对问题解决过程特别是对已有的成功实践的深入研究,波利亚发现可以用来机械地解决一切问题的"万能解法"是不存在的。在问题解决过程中,人们总是针对具体情况,不断地向自己提出有启发性的问句,以推动思维前进。因此,作为一种相对自然的、合乎情理的、似真的推理方式,它更多是以个人数学经验和专业直觉进行推测而得到某些结果,常表现为借助联想、直觉或直观等非形式化逻辑,且主要通过经验、观察、归纳、类比等方法直接获取某种数学结论②。科学思维具有双重特性,即进行科学论证的逻辑思维和利用直观感知的形象思维。形象思维最直接的表现是合情推理,而逻辑思维重在演绎式证明,且合情推理强调发现和探索。合情推理是一种非演绎式的推理方式,主要建立在人对事物的直观认识和直觉思维的基础上,它是对直觉真伪的最初判断③。合情推理是产生数学猜想的主要源泉,而数学猜想则是不断推动数学学科进步的源动力。

(五) 模式直观

模式直观主要指联系知识来源、表征形式、具体事物等创设思考的直观背景,揭示思想实验的过程,解释思维对象,使其便于直观理解、分析、推理。其中,郭思乐指出数学直观的形式并不仅限于图形和实物,考虑到数学的逐步抽象的性质,直观的形式也可以是更抽象的数学对象的"具体"④。在数学上,对抽象的直观过程并不总是借助于图来实现的,更多的是在保持结构关系的前提下,用相对具体的量性对象表示抽象度高的概念。在此基础上,张广祥和张奠宙进一步

---

① 波利亚.数学与猜想(第一、二卷)[M].李心灿,译.北京:科学出版社,1984.
② 袁作兴.领悟数学[M].长沙:中南大学出版社,2014.
③ 白金.数学直觉与合情推理对教学的意义及作用[J].林区教学,2010(6):37-38.
④ 郭思乐.数学教学中的直观[J].课程·教材·教法,1986(5):40-42.

指出,模式直观是通过相对具体的、较为熟悉的以及容易接受的模式作为背景,从而帮助人们理解更为抽象、深刻的思维对象。从广义上来说,它是一种思维直观。与借助视觉表征和空间想象的图形直观不同,模式直观主要借助的是抽象思维的层次展开①。它是对事物之间逻辑关系的一种比较直接形象的推断和理解。模式直观可以将"直观"迁移到许多抽象的代数问题中,而不再仅局限于几何图形、空间想象以及数形结合的图形直观。进一步地,张广祥提出符号直观,并认为这也是一种模式直观。在这个术语中,他强调两点:第一,模式直观作为一种逻辑直观,主要源自人的思维本能;第二,符号直观或纯粹数的直觉与一般的算术运算法则相关联②。这种看法也与普雷梅格直观心象分类中模式心象(从具体中抽象出的关系)比较相近,这是一种类比直观③。总体而言,尽管公理化的数学思想是一种重要的理性思维模式,但是不能把它理解为绝对的数学思维模式,更不能在"公理化""形式化"的数学体系中排斥"直觉"所发挥的作用。数学思维需要直观的支持,对于教育形态的数学来说,更应如此。

第二节 数学直观的形成过程与影响因素

数学直观是一种数学思维形式,需要利用个人的认知能力。直观思维水平的发展进程也存在一定的规律性。在这一过程中,诸如直观经验与信念、可视化表征方式、问题解决毅力以及数学焦虑等因素都会对其产生重要的影响,从而进一步影响学生数学直观素养的表现。

一、数学直观的形成与认知过程

认知和思维有密切的关系,它们相互作用并相互依赖。思维是认知的重要组成部分,它代表了对信息进行加工、组织和操作的过程。同时,思维依赖于认知的基本能力,如注意力、记忆和知觉,同时也受到个体的知识、经验和学习的影响。在思维过程中,个体通过运用认知能力来理解问题、收集信息、形成概念、进行推理和解决问题。另外,认知是思维的基础和前提。认知提供了思维所需的

---

① 张广祥,张奠宙.代数教学中的模式直观[J].数学教育学报,2006(1):1-2.
② 张广祥,李文林.形式符号运算的认识论价值[J].数学教育学报,2007,16(4):5-8.
③ Presmeg N C. Research on Visualization in Learning and Teaching Mathematics[M]//Handbook of Research on the Psychology of Mathematics Education: Past, Present and Future. Rotterdam, The Netherlands: Sense Publishers, 2006: 205-235.

信息和素材,它通过感知、注意力、记忆等过程获取外界的输入,并为思维活动提供支持。数学不仅是数的科学,更意在表达思维和关系,其中数学的非理智作用具有实际的内涵。哲学意义上,柏拉图认为灵魂先于肉体而存在,存在现实世界的外在形式,先验地继承并支配着内在关系的规律,他认为数的对象是真实的、理念的、发现的和创造的。人类和动物一样,具有动态结构,并不是固定的,结构统治着内在的相互关系,而数学直观控制这种内在关系。胡塞尔认为感知觉意识是一种基本经验,而直观意识是一种非基本经验(思维想象),主体意识到数学对象,这些经历必须呈现出某种形式,使之能够有兴趣地主动思考从而构成直观。从进化论的角度来说,人类适应环境,包括结构侦测的能力、抽象能力以及组织信息的能力,这是自然选择的结果。世界上存在许多可以洞察的"内在逻辑结构",大脑的理解能力来源于遗传继承,从而理解产生数学概念,最终形成并扩充了新的视野。数学活动蕴含着复杂的现象,其中涉及许多不同的认知资源,数学直观依赖于数学知识背景和专长,其所处的数学活动包含一系列认知关系。直观可以是对数学对象的瞬间认知,并与数学证明中的发现相关。数学直观也包含了类似酝酿效应的无意识的准备,而之后需要证明。它也常被认为是易错的、不稳定的,如类似于直觉。总之,数学直观一般包含数学家发现数学事实而不需要即刻去证明的信念。此外,数学直观形成还与数学可视化关系密切,数学直观某种程度上能使想象的作用得以永久保持,而不仅仅是视觉表征[①]。

当前,对数学直观认知分析分歧的焦点在于直观是依托图形表征还是相对具体的思维背景。刘锡园在《数学直观之我见》一文中指出,直观背景不仅是实物、图表、物体,还可以与现实世界密切相关[②]。数学直观展现的是关系结构,直观本身不能简单地理解为利用视知觉进行感知,概念形成中的直观过程也会涉及其他表征,如数学问题解决中的模式直观[③]。

在直观认知的思维水平探究方面,最早可以追溯到皮亚杰(Jean Piaget)的发展心理学,他通过对图式理论的探究,认为个体的认知发展伴随着认知结构的不断同化再构,使其发展过程相继出现几个不同的时期和阶段(如感知运动阶段、前运算阶段、具体运算阶段和形式运算阶段);在此基础上并结合结构主义学说,形

---

① Giardino V. Intuition and Visualization in Mathematical Problem Solving[J]. Topoi, 2010, 29(1): 29 - 39.

② 刘锡园.数学直观我见[J].数学教育学报,1998(1): 49 - 52.

③ 张广祥,张奠宙.代数教学中的模式直观[J].数学教育学报,2006(1): 1 - 2.

成了由澳大利亚学者毕格斯(Biggs)和科林斯(Collis)所创SOLO(Structure of the Observed Learning Outcome)认知的分类,包括感觉动机、想象、具体符号、形式和后形式等五个模式,并利用水平划分来进行模式的分析。尽管SOLO分类与学生的认知水平存在联系,但它更多侧重于评价学习结果,所以在实际中很少用它来刻画学生的数学认知水平和特征[①]。之后,在1957—1959年,范希尔夫妇(Pierre Van Hiele和Dina Van Hiele)在教授几何过程中构建了认知过程中的五个水平,即水平0(视觉)、水平1(分析)、水平2(非形式化演绎)、水平3[形式化演绎(演绎推理)]和水平4[严密性(论证体系)]。其中,水平0是指学生无法厘清概念之间的相互关系,仅能借助图像获得一些基本概念;水平1表明学生能根据概念解决简单问题,了解一些几何概念间的相互关系及联系,能结合图形获得结论;水平2表明学生能从不同角度理解概念意义,能根据图形或辅助材料进行推理、理解,进而发现并描述规律;水平3指学生能借助概念和性质进行推理和论证;而水平4是指学生能在数学知识系统中进行严密推理[②]。此外,范希尔认知模型的主要特征表现为低水平思考者无法期望理解本应该在高水平呈现的教学,且水平的提高更多的是依靠内容和教学方法而不是年龄。因此,学生的几何思维发展水平必须循序渐进[③];1982年,乌瑟斯金(Usiskin)对其认知水平进行了验证,并且指出8年级学生的几何教学一定要按照正确的顺序进行引导,学生的认知水平在进入9年级前至少应达到水平2[④]。到了20世纪80年代初期,范希尔又把五个思维水平合并为直观水平、描述水平和理论水平。尽管上述框架最初只针对几何学习,但后来有许多学者都在考虑将其推广到数学的其他领域,如弗赖登塔尔(Freudenthal)据此就提出了数学归纳法学习中的五个思维水平[⑤]。值得一提的是,霍弗尔(Hoffer)则在范希尔模型的基础上加入了几何技能,构建了直观化认知的五级水平:1形象级(视觉)、2性质级(分析)、3关系级(归纳发现)、4论证(演绎)、5体系级(抽象化)[⑥],具体见表2-2。

---

① Biggs J B, Collis K F. Evaluating the Quality of Learning: The Solo Taxonomy(Structure of the Observed Learning Outcome)[M]. New York: Academic Press, 1982.

② 曾友良,贠朝栋.范希尔理论的几何思维水平研究综述及启示[J].当代教育理论与实践,2017,9(5):5.

③ Van Hiele P M. Structure and Insight: A Theory of Mathematics Education[M]. New York: Academic Press, 1986.

④ 鲍建生.数学学习的心理基础与过程[M].上海:上海教育出版社,2008.

⑤ Freudenthal H. Mathematics as an Educational Task[M]. Dordrecht: D. Reidel Publishing Company, 1973.

⑥ Hoffer A. Geometry Is More Than Proof[J]. Mathematics Teacher, 1981, 74(1): 11-18.

表 2-2　霍弗尔数学直观化认知模型

水平\技能	水平 1：形象级	水平 2：性质级	水平 3：关系级	水平 4：论证（演绎）	水平 5：体系级
视觉	从不同图形中辨别这个图形	了解图形的基本属性	了解不同图形之间的内在关系，认清不同图形的相同属性	用图形的基本信息演绎出更多信息	认清各种未证明的假设，构建演绎化系统
语言	联系这个给定图形准确的名称、用语句表述	准确地表述图形的各种属性	用语言准确定义，用构成性语句表明图形之间的内在联系	理解各种定义、定理之间的区别，认清在给定的问题中如何发现	对既定结论的延伸、定义各种系统
绘图	画出图形的草图并准确标示给定部分	转述图中给定的言语信息，用给定图形的性质画图	利用给定的图形能够建构其他相关图形	认清在图形中何时使用辅助元素，从给定图形中演绎出图象	理解各种绘图工具的限制，绘出演绎系统中非标准图
逻辑	意识到图形之间的区别与联系，理解在不同位置下图形形状的保持	理解几何图形可以划分成不同类别，认识到某些属性可以分辨图形	理解一个好的几何定义的质量，使用图形的属性决定是否在另一种图形中受限	使用逻辑规则开展证明，能够从各种已有信息演绎结果	知道一系列假设是一致的、独立的、分类的
应用	识别物体中几何形象	认清物体（对象）的几何属性	理解数学模型的概念代表物体之间的相互联系	能够演绎推理出给定信息/物体中的属性，能够理解解决对象的问题	用数学模型表征抽象系统，使其描述物理、社会现象

　　显然，以上这些应用都是根据范畴理论来描述范希尔思维水平，由此便可以应用于其他数学领域。实际上，数学直观认知最本质的方面还是思维上的变化。数学直观是发现的源泉，是通向严密的必要路径，它既是概念生成活动中的直观，也是数学问题解决过程中的直观[①]。波利亚就曾指出在数

---

① 杨鲜燕.高中生数学直观能力的调查研究[D].扬州：扬州大学,2012.

学问题解决的过程中,使用合情推理来探索思路和发现结论,即凭借经验和直观感知,并通过归纳和类比等推断某些结果①。类似地,庞加莱和李特尔伍德(Littlewood)也认为数学直观认知过程有四个步骤,即准备阶段、孵化阶段、照明阶段和验证阶段②。另外,在数学问题解决中的直观认知研究方面出现了可视化分析模型,即认为直观与分析(推理)是相互作用的,体现出一个不断向前发展的螺旋过程③。斯特林诺(Stylianou)通过对可视化分析模型进行修正,详细地分析了直观化过程④。在此基础上,国内学者傅赢芳又作了进一步修正,认为思维开始于视觉化行为(V1),它可以是实际的绘图或心象;接着是分析行为(A1),是对 V1 的推理;然后是第二次直观化行为(V2),是对 A1 结果的补充,它可能建构一个新的图象,或是对 V1 中的图象作出新的解释;再对 V2 进行分析(A2);再是 V3……如此往复,一直到问题解决者对问题获得更好的理解为止(见图 2-1)⑤。

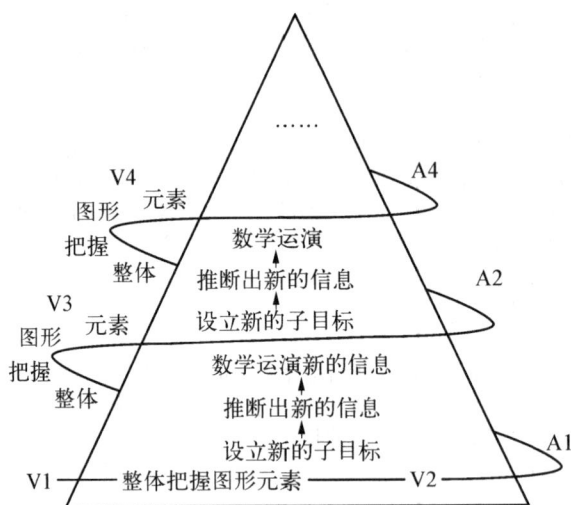

图 2-1 直观/分析模型及其修正

① 波利亚.怎样解题[M].徐泓,冯承天,译.上海:上海科技教育出版社,2002,6.
② Littlewood J E. The mathematician's Art of Work[J]. Mathematical Intelligencer, 1978, 1(2): 112-119.
③ Zazkis R, Dautermann D J. Coordinating Visual and Analytic Strategies: A Study of Students, Understanding of the Group D4[J]. Journal for Research in Mathematics Education, 1996, 27(4): 435-457.
④ Stylianou D A. On the Interaction of Visualization and Analysis: The Negotiation of a Visual Representation in Expert Problem Solving[J]. Journal of Mathematical Behavior, 2002, 21(3): 303-317.
⑤ 傅赢芳.数学直观的认知分析及对教学的启示[D].南京:南京师范大学,2009.

二、数学直观的影响因素研究

从已有文献来看,许多因素影响和制约着数学直观认知的形成和塑造。一些研究指出个人累积的经验是直观认知的基本来源,并且由经验塑造成的稳定信念最终成为促进数学直观能力发展的重要因素①。特别是随着个体问题解决持久力和韧性的持续增加,直观信念也会随之加强,直到内部信任的建立,数学直观认知便更加稳固②。另一些研究从知识的获取出发,认为可视化表征方式是识别数学直观性知识的主要因素,会加速知识理解和直观认知的进程③。事实上,还有许多研究也都指出数学概念的理解和问题的解决不仅依靠学生的直观思维,更离不开教师的直观教学引导,帮助学生及时有效地纠正直观偏见④。此外,有些因素会阻碍直观认知的发展,如数学焦虑会在直观认知的不同阶段制约数学问题解决⑤。所以综上来看,这些重要影响因素大致可概括为学生个体层面和教师层面,学生个体层面影响因素主要涉及直观经验与信念、可视化表征方式、问题解决毅力和数学焦虑;而教师层面的影响因素主要是指直观教学方式。

(一) 数学直观经验与信念

经验是直观表征的行为根源,是塑造直观的基本因素,有证据表明新的直观可以经实践经验塑造。理论的分析、实证的描述以及历史的回溯都支持在相对一致的条件下,个人累积的经验是直观认知的基本来源,其主要来源包含人类共同经历的元素、个人所处的地理和文化环境有关的经历以及与个人生活各种领域有关的特别实践。如空间直观,随时间发展,每个人都会有生物成熟,儿童会得益于持久性和协调性为特征的空间表示⑥,这就相当于皮亚杰认知发展理论中的"感知觉运动阶段",行为和经验起根本作用。主体获得的空间结构来自预期行为有意义的反应感觉,并与行为的适应性有关,空间此时被认为是稳定

---

① Beth E W, Piaget J. Mathematical Epistemology and Psychology[M]. Dordrecht: Kluwer Academic Publishers, 1974.

② Fischbein E. Intuition in Science and Mathematics[M]. Dordrecht: Springer Netherlands, 2002.

③ Poincaré H L. The Value of Science[M]. New York: Dover Publications Inc, 1920.

④ Wittmann E. The Complementary Roles of Intuitive and Reflective Thinking in Mathematics Teaching [J]. Educational Studies in Mathematics, 1981, 12(3): 389 – 397.

⑤ Soleymani B, Rekabdar G. Structure Model of Correlation between Cognition Learning Style (Intuitive, Analytical) and Mathematics Anxiety: The Intermediary Role of Basic Mathematics Skills [J]. Report and Opinion, 2014(4): 26 – 28.

⑥ Piaget J. The Psychology of Intelligence[M]. Paris: Armand Colin, 1967.

的、可逆的、可衡量的,主观空间是对现实的诠释,而不是现实的复制。它经经验塑造,更超越经验。很明显,年龄和经验会影响着直观的获得。直观不仅仅是一个自动化反应的系统技能,还是一种由经验塑造形成的具有稳定期望的信念。

由于直观很大程度上由经验塑造,这就解释了为什么它在组织和导向我们的活动中具有工具性指导作用。也因为如此,直观的经验起源和作用可能部分解释存在的直观偏见,即人类经验的时空局限性,并且这种局限性决定了直观认知的特点。空间直观一般本质上是有限的,空间表征基本上由陆地生活经验形成,而经验的有限性对我们直观的可靠性施加了严格的限制。在实际方面,直观归因于概念和心理操作属性。准确来说,这些属性只属于具体的物质现实,直观认知与逻辑推论主观上基于直观的理由,反过来又由我们的适应的限制塑造。经验在形成直观方面起着重要的作用。从长远来看,稳定的陈述系统意味着结构化的行动计划和期望。同时,由于其内在的限制,每一个实际具体性质的经验倾向于主要的直观解释。在教育教学中,为了加深学生对各种概念和陈述的直观理解,只能通过创造适应学生心理活动的个人经验来实现。另外,有时在自然直接的方式下,许多概念超出了我们的直观能力,这种直观的理解也可以通过经验来实现。

(二) 可视化表征方式

所谓可视化,是指将抽象的事物、过程转化为图形、图象等形象化、以可看得见的形式呈现。相形之下,数学可视化就是将抽象的数学学习对象(概念原理、结构关系、思想方法等)用可看见的表征形式(图形、图象、动画等)清楚直白地呈现出来,使人们对数学学习对象有一个形象、直观、整体的认识和理解。可见,可视化表征方式是影响数学直观的重要因素。它的作用非常重要,通常由视觉表征来识别直观性知识。人们倾向于自觉地考虑视觉图象,而一般视觉上无法想象的是难以在精神上实现的。庞加莱在他的《科学价值》一书中就试图将数学家分为两种,即主要以图象(几何学)为主的几何学家以及以纯粹概念为主的分析师。希尔伯特在描述数学家思考的方式时,提醒我们图象的根本作用,这些实例其实是众所周知的。实际上,视觉表征的构建过程由格列塔心理学(Gestalt psychology)所描述的规律来管理,这些规律本身可能影响直观化过程。可以认为,它们对直观理论的重要性超过了对知觉知识的直接影响。当设想图象在构造直观中的作用时,值得牢记的是,视觉表征的本身不是直观的知识。视觉图象是直接的重要因素,但其直观性不足以产生直观认知的特定结构。此外,图象作为模型可以注入相关概念的过程属性和关系,这些属性和关系也不属于概念结构,但可能会干扰推理过程本身。图象嵌入在充分的认知活动仍然是促成直观理解的重要因素。谢泼德(Shepard)曾指出精神图象和空间可视化的非语言过程具有有效性,至少部分地可以通过参考这些过程的相互关联方面来解释①。视觉图象的具体性是创造自我证据和即时感的重要因素。视觉形象不仅能组织具有意义结构的数据,还是指导解决方案的重要因素。谢泼德还认为视觉意象很可能与直观的认知有关,甚至是情感的根源。人们经常强调的意象暗示了一种共情,一种直接认知。而且,正如谢泼德所强调的那样,视觉表征和一般的心理意象都在创造活动,尤其是科学、数学和艺术等方面起着相当大的作用。全面分析解决方案的视觉化不仅意味着在精神上"看",而且是一种动态形象的建设性表现。视觉表征也并不局限于是图象表征,其主要意义在于感觉心理结构中的直观问题解决。事实上,可视化表征不仅有助于构建直观的视觉图象,更是复杂心理模型的重要组成部分。可视化无论是否由外部介入,都非常频繁地参与到心理模型的建构中。如前所述,在视觉上无法想象的大都是难以在精神上实现的。与此同时,应用丰富多样的可视化表征手段和视觉认知辅助工具(如思维导图、知识地图),以形象直观的方式呈现数学对象的本质属性、基本特征及数学对象间的关系网络,构建新知识与已有知识网络间的多元联系"路径",可以保证符合学生认知经验的教学内容经由相应的教学活动内化为学生认知结构,帮助学习者更好地理解数学和发现数学②。

(三) 问题解决毅力

通常,对于某一个数学问题的解决过程,需要解题者长时间冷静思考与尝试的毅力。数学问题解决中的毅力主要是通过鼓励学生在面临数学难题和既定任务等情境时培养韧性,同时促进知识积累,技能和策略的选择③。总体上,毅力人格是一个多维度概念,包含反映缺乏毅力、轻易放弃的负面维度以及关于富有毅力、追求卓越的正面维度,这两个维度对数学成绩的影响及影响路径有显

---

① Shepard N R. Externalization of Mental Images and the Act of Creation [M]//Visual Learning, Thinking and Communication. New York: Academic Press, 1978.
② 张志勇.高中数学可视化教学:原则、途径与策略:基于 GeoGebra 平台[J].数学通报,2018,57(7): 5.
③ Berenguer I A, Sánchez A G, Noguerol Y S. The Formation Process of the Value of Perseverance in Mathematical Problems Solving[J]. Didasc, 2012, 3(4): 69 - 82.

著区别①。因此,问题解决毅力在某些数学教育政策文件中被确定为重要的数学学习价值观,如全美数学教师协会②和美国"共同核心州立标准"(Common Core State Standards, CCSS)③中就曾发布相应的行动准则。此外,PISA 2012中对毅力人格的测量,主要涵盖锲而不舍和保持兴趣两个方面,与尽责性人格的勤奋维度和坚毅维度非常相似。随着个体解决问题的持久力和韧性的增加,直观信念也会随之加强,最终影响数学学业表现④。事实上,虽然数学问题解决毅力的研究曾一直备受关注,但这种认识目前正因数学直观认知而重新受到审视,即探讨直观信念与问题解决毅力之间的相互促进作用。从元认知的角度来看,决定是否坚持下去的核心问题是人们是否足够了解任务以及内在信念的稳定性。如果没有足够的直观经验和内部信任来实现对任务的有效参与,那么便无法就成功解决问题而做出明智的判断⑤。通常,直观的思维特征在于它常常抵制变化,不愿意接受替代性方案。数学直观一旦建立起来,便会形成稳定的内部信任。并且,由实践不断重复着这种认知信念,使得人们拥有强大的信心和足够的毅力去解决问题⑥。同样地,个体如果在问题解决时选择了坚持不懈,意味着本身就拥有了足够的动力和强大的直观认知。

(四) 数学焦虑

数学焦虑通常指在数学学习过程中出现的一种紧张烦躁的消极情绪状态,它是焦虑的一种特定表现形式。很多学生在学习数学时会有一种不舒服的感觉,对于这些学生来说,紧张和消极想法常常会妨碍甚至阻断他们的清晰思路,因此不再喜欢数学课,甚至不再学数学。这就是通常所说的"数学焦虑"的具体表现。近几十年来,各项研究表明,数学学习的结果不仅受认知结构的影响,其实还与动机、情感、态度等因素息息相关。其中,焦虑是最能影响学习的情绪之一。根据本纳(Benner)的观点,它可能被定义为一种主观的紧张和忧虑的感觉,

---

① 张路遥,李晓翔.毅力人格与数学成绩之间的关系以及学习行为投入的中介作用:以 PISA 2012 中国上海数据为例[J].心理学探新,2022,42(02): 185 - 192.

② Mathematics N C O T O. Principles to Actions: Ensuring Mathematical Success for All[M]. Reston, VA: NCTM, National Council of Teachers of Mathematics, 2014.

③ Common Core State Standards Initiative. Common Core State Standards for Mathematics[EB/OL]. http://www.corestandards.org/assets/CCSSI_Math%20Standards.pdf.

④ OECD. PISA 2012 Assessment and Analytical Framework[EB/OL]. http://www.oecd-ilibrary.org/education/pisa-2012-assessment-and-analytical-framework_9789264190511-en.pdf.

⑤ Star J R. When Not to Persevere: Nuances Related to Perseverance in Mathematical Problem Solving [R]. Spencer Foundation, 2015.

⑥ Fischbein E. Intuition in Science and Mathematics[M]. Dordrecht: Springer Netherlands, 2002.

由认知、情感、生理和行为线索的特定组合引起①。数学焦虑多由教育领域工作者展开研究,被视为一种形式的国家焦虑症,这种情绪被认为涉及使用数学的情况。数学焦虑作为一种态度的观点表明,数学焦虑对情感反应较少,对特定数学经验的强烈反应大。数学焦虑是一种紧张和焦虑的感觉,阻止在数学上处理任务,并在生活和认知的不同阶段制约解决数学问题②。多数数学教育家认为信仰、态度和情绪是与数学成就相关的个人特征,不仅会影响学生的认知结构,还能解释数学成就表现差异和能力差异。不同学生有着不同的认知结构,而这些认知结构最终会影响他们的数学学习结果。一般来说,直观认知是基于情感而形成的,强调对"内在逻辑结构"的洞察。相比之下,分析性思维主要依赖于相对理性的演绎逻辑。并且,已有研究也表明,数学焦虑会制约直观认知的形成③。

（五）教师的直观教学方式

教师对于学生数学直观能力的形成显得尤为重要。直观教学最早可以追溯到 17 世纪捷克教育家夸美纽斯(Johann Amos Comenius)对直观理解,即理解为把一切感觉器官都吸引过来以后更好地、更鲜明地、更牢固地掌握事物和现象。他从感觉论出发,把感觉经验视为认识和教学的基础,并在理论上论证了直观性教学。之后还有裴斯泰洛齐(Johan Heinrich Pestalozzi)和乌申斯基(Konstantin Dmitrievich Ushinsky),分别从心智发展和儿童的天性角度进行阐述,这些其实是感性思维形象的一部分。他们主张把直观性看成保证学生获得牢固而有充分价值知识的条件之一。他们根据儿童心理特征,论证了直观教学的必要性。此外,为使直观性教学原则能很好地实现,他们认为要通过自然界的对象和利用模型、图片及其他反映对象和现象的直观教具。相比之下,我国数学教育领域的直观教学主要体现在几何直观和代数直观等方面教学应用。事实上,数学直观不仅包括对象的直观性(感性形象的概念、符号和象征方式),还涉及思维过程的直观性(如类比和归纳)。从学习者视角来看,视知觉心理学为数学直观教学奠定了重要的理论基础。通过直观的认知分析也表明,表象对记忆的促进作用直接为数学直观教学提供了有价值的基础。因此,数学直观教学很

---

① Benner D G. Baker Encyclopedia of Psychology[M]. Grand Rapids, MI: Baker Book House, 1985.

② Richardson F C, Suinn R M. The Mathematics Anxiety Rating Scale: Psychometric data[J]. Journal of Counseling Psychology, 1972, 19(6): 551-554.

③ Allinson C W, Hayes J. The Cognitive Style Index: A Measure of Intuition-Analysis for Organizational Research[J]. Journal of Management Studies, 1996, 33(1): 17.

大程度上要考虑数学可视化的教学指引,一方面需要积极呈现感性直观的材料、关注图式表征;另一方面把几何或图形直观作为一种思维直观来辅助教师和学生分析和思考问题。此外,在数学上对抽象的直观过程并不总是借助于图来实现的,更多的是在保持结构关系的前提下,用相对具体的量性对象表示抽象度高的概念[①]。人的思维过程总是存在层次性,可以从较为具体的思维向更抽象的思维逐步过渡。于是,对高层次思维的理解过程中,人们往往会利用较低层次的直观形象为背景来建构推理模式[②]。实际上,数学直观进入教学领域,情况会更加复杂,由于时刻受到教学本身的影响,所以不只是涉及数学中的直观。其实,教学中的直观有时仅作为一种手段,而非目的。因此,在使用这种教学直观时,要善于把握住时机,注意在知识点的衔接、疑难点的突破以及规律的探索上及时运用直观手段[③]。同时,在运用直观性教学时,必须考虑到怎样由具体过渡到抽象,并且逐步地由实物的直观手段向图形的直观手段过渡,然后再向提供事物和现象的符合描述的直观手段过渡。

第三节 国内外数学素养测评的研究

当今社会,运用数学思维和数学技能来解决现实问题以满足日常生活的需求成为全球普遍的共识。学习者需要学会利用各种知识、经验和背景,在跨学科和跨素养的交互中熟练运用数学素养。随着各个国家和地区对数学素养的重视,其内容不断深化,范围不断扩大,不仅涉及能力的养成,还包括情境互动过程所形成的专业品质和数学情感。鉴于数学学科核心素养培养和测评的重要性,国内外研究都在探索各种数学素养的测评框架和测评体系,并主要体现在能力框架的更新与变化。从数学直观与其他数学学科核心素养的关系来看,各大数学学科核心素养密不可分,直观想象素养是基础,对其他几个数学核心素养的发展有直接的影响。因此,在分析一般数学能力框架基础上可以将研究思路与方法进一步推广与应用到数学直观素养,进而开展相应的测评与调查研究。

---

① 郭思乐.数学教学中的直观[J].课程·教材·教法,1986(5):40-42.
② 张广祥,张奠宙.代数教学中的模式直观[J].数学教育学报.2006,15(1):1-4.
③ 杨鲜燕.高中生数学直观能力的调查研究[D].扬州:扬州大学,2012.

一、数学素养或数学能力评价研究的国内外经验

（一）数学教育中的能力框架

对于核心能力一词，主要来自翻译，在外文资料中，常常以 key competencies 和 core competencies 等表示。目前核心能力之所以受到世界各国重视并将之纳入课程改革，是受到欧盟（European Union，EU）和经济合作与发展组织（Organization Economic Co-operation and Development，OECD）等机构的影响。上述组织机构在经过调查分析并多次展开会议讨论，研究核心能力的具体内容，参会人员广泛涉及专家、政策决策者、相关工作人员及利害关系人，凸显了核心能力的重要性。尤其欧盟指出，核心能力应涵盖知识、技能与态度三要素，唯有这三要素均能充分展现，才能在实际情境中进行测评与应用。关于核心能力其界定和框架架构，经济合作与发展组织和欧盟比较早地做了相关的工作。首先，经济合作与发展组织从 1997 年至 2005 年提出总结报告，进行近九年大规模的跨国研究，即"能力的界定与选择"（Definition and Selection of Competencies，DeSeCo）项目研究，由瑞士联邦统计局主导推动，并与美国教育部的国家教育统计中心（National Center for Education Statistics，NCES）以及加拿大统计局协同合作，共同探究公民核心能力。DeSeCo 提供一个全新架构，界定"能互动地使用工具沟通""能在不同社会团体中进行互动"和"能自律自主地行动"等方面，每个方面又涵盖三个具体内容，构成一个严谨的架构体系。其中能自主地行动这一核心能力，包括维护自我权利、利益与需求的能力，规划及实施生活计划于个人方案的能力，在大环境脉络情境当中行动的能力；能互动地使用工具的核心能力，包括使用语言、符号及文章进行互动的能力，使用知识与信息互动的能力，使用科技互动的能力；能在不同的社会团体中互动的核心能力，包括与他人建立良好关系的能力，合作的能力以及处理并解决冲突的能力。上述核心能力，期望通过终身学习的历程来达成，其主要目标为建构一个关系到个人基于终身学习发展所需的核心能力架构。由个人关联到家庭、社区、社会、国家，也关联到国际间对核心能力的评估比较以及国际比较指标的开发与解释，强调广泛性和整体性，不限于学校教育或职业生涯所需的素养，前瞻地探索未来社会公民所应具备的核心能力，促成成功的个人生活和功能健全的社会。对于核心能力开发和设计，2003 年 2 月，欧盟针对普通义务教育中存在的"核心能力"做了一项调查，调查对象包括 15 个成员国和爱沙尼亚共和国。在调查报告

中,对"核心能力"的概念、由来、组成和获取途径等方面都进行了阐述。欧盟委员会(European Commission)认为:人在未来的生活学习中能否获得成功,都取决于核心能力。2007年,欧盟理事会(European Council)里斯本会议为欧盟制定了一项战略性目标:要把欧洲建设成世界上最富竞争活力的知识经济体,并实现经济可持续发展,同时创造更多更好的就业机会,使社会更加融合。之后,欧盟理事会巴塞罗那会议制订了直到2010年实现这些共同目标的具体工作计划。这个具体工作计划把基本技能延伸到以下几个方面:读写和数学能力(基本技能)、数学和科技能力、信息传播技术能力、学会学习能力和社会交往能力、创业能力和综合文化能力等。其中针对核心能力的指导意见是:每个人应该能获取核心能力,未来学习成功与否都取决于核心能力。事实上,无论是经济合作与发展组织关于核心能力的界定和设计,还是欧盟对于核心能力的界定和设计,都关注学生的终身学习的要求,同时体现出知识、技能和态度三者的统一。

对于数学素养而言,最核心的是数学能力的界定,但能力的概念是教育文献中最难以捉摸的。词典给出了许多定义,如充分或很有资格的状态和品质,能成功或有效地做某事,拥有所需的技能、知识、资格或能量和具体范围的技能或知识以及认知、效能、技能掌握、熟练程度和天赋,这些似乎都是能力的同义词,而且在社会科学中,根据不同用法最后达成一致的表述更是困难。"虽有许多不同的理论方法,但没有单一的概念框架"[1]。韦纳特(Weinert)认为能力在理论上应被定义、描述或解释为七种不同的方式,即一般认知能力、专业认知能力、能力表现模型、能力表现模型的修正、认知能力和激励行为倾向、客观和主观能力概念以及行动能力。数学教育的能力框架主要归功于韦纳特专业认知能力分类,但它们与其他类别交叉。从目前的文献来看,数学素养的概念集中体现了大能力观,并且体现在过程性(认知过程)、动态性(问题情境和背景)和应用性(数学问题解决)三个方面。不同的数学能力框架也反映了不同的数学能力观,综合已有研究,主要分歧在于能力是存在于特定主题还是一般领域的活动中,还有问题解决在能力形成过程中作用的不同看法。国内外普遍认为单纯数学知识和数学技能无法自动转化为能力,需要通过数学问题解决来获得[2]。另外,弗赖登塔尔

---

① Weinert F E. Concept of Competence:A Conceptual Clarification[M]//Defining and Selecting Key Competencies. Göttingen:Hogrefe & Huber,2001:45-65.
② 林崇德.智力发展与数学学习[M].北京:中国轻工业出版社,2011.

(Freudenthal)也指出在数学问题情境中更容易组织来自数学世界的经验。可见,数学问题解决过程仍无法剥离现实情境和背景的影响①。

数学教育能力框架的源头是布鲁姆(Benjamin Bloom)的教育目标分类法,最初设计为支持考试开发的资源,它试图以中立的方式阐述任何学校学科的认知目标,以确保教育者之间更好地沟通。类似于生物学中用于组织动植物物种的分类法,主要分为了解、理解、应用、分析、综合和评估(见图2-2)②。分类学对数学教育的大部分影响一直在评价领域,更具体地在设计和解读成就测试中③。由于学校数学的这些方面往往影响到课程目标,所以对课程发展和数学课堂评估也有

图 2-2　布鲁姆教育目标分类

一些间接的影响④。许多数学评估框架也已经使用分类法来指导关于成就测试项目的分布。在 20 世纪 50 年代后期的韩国,如教师成就考试、入学考试,包括在数学中进行分析的测试项目都分布在这六种分类中⑤。自 1958 年成立以来,国际教育成就评估协会(International Association for the Evaluation of Education Achievement，IEA)使用分类学来支持课程分析、测试结构和数据分析,这在国际上引起了广泛的影响⑥。

应用布鲁姆分类法,不需要区分数学内容主题,而是主要考虑运用数学的心理过程,分类法意味着层次、复杂程度和人为地限制教育者对儿童数学推理方式

---

① 徐柱柱,綦春霞.初中生数学问题解决能力及影响因素的调查研究：以河北省 S 市八年级学生为例[J].教育测量与评价,2018(7)：41-46,56.

② Bloom B S, Engelhart M D, Furst E J, et al. Taxonomy of Educational Objectives：the Classification of Educational Goals[M].New York：David McKay, 1956.

③ Webb N L. Criteria for Alignment of Expectations and Assessments in Mathematics and Science Education[J]. Academic Achievement, 1997, 1(11)：46.

④ Sosniak L A. The Taxonomy, Curriculum, and Their Relations[M]//Bloom's Taxonomy：A Forty-year Retrospective, Ninety-third Yearbook of the National Society for the Study of Education, Part II. Chicago：University of Chicago Press, 1994：103-125.

⑤ Chung B M. The Taxonomy in the Republic of Korea [M]//Bloom's Taxonomy：A Forty-year Retrospective, Ninety-third Yearbook of the National Society for the Study of Education, Part II. Chicago：University of Chicago Press, 1994：164-173.

⑥ Lewy A, Bathory Z. The Taxonomy of Educational Objectives in Continental Europe, the Mediterranean, and the Middle East[M]//Bloom's Taxonomy：A Forty-year Retrospective, Ninety-third Yearbook of the National Society for the Study of Education, Part II. Chicago：University of Chicago Press, 1994：146-163.

的看法[1]。例如,美国国家研究委员会(National Research Council,NRC)的数学学习研究就以此确定了五种数学能力,即概念理解、程序流畅性、策略能力、适应性推理和生产性品质,这五个问题解决组成部分在新加坡数学课程框架中进一步加以确认,分别为概念、技能、过程、态度和元认知[2]。然而,这些分类被数学教育家诸如弗赖登塔尔和克里斯·奥梅尔(Chris Ormell)等批评为特别不适合数学科目[3][4]。随后被提出的各种替代分类法,如詹姆斯·威尔逊(James Wilson)提出的"中学数学成果模型"[5]和"金字塔模型"[6][7]。在威尔逊的模型中,数学内容分为数字系统、代数和几何;认知行为分为计算、理解、应用和分析;情感行为是兴趣、态度或欣赏。在金字塔模型中,应用布鲁姆分类法进行三维表示,所提出的问题的附加维度(即从容易到困难)表明,在不同层次引导学生推理的问题不一定更加困难。同样,为了反对推理目标是层次化的观点,PISA项目中的数学测评框架将复制、联结和分析的推理目标组织为水平的数学能力(见图 2-3)。

此外,布鲁姆的教育目标分类法后也被修订,将知识维度(事实、概念、程序和元认知)与认知过程维度(记住、理解、应用、分析、评估和创造)分开,原始的分类法支持过程性而忽略内容主题[8]。例如,由 TIMSS 项目中提出的能力框架[9],主要内容领域涉及数、测量、几何(位置,可视化和形状;对称性,一致性和相似性)、函数、关系和方程、概率和统计、数据表示、基本分析、验证与结构以及信息

① Kreitzer A E, Madaus G F. Empirical Investigations of the Hierarchical Structure of the Taxonomy [M]//Bloom's Taxonomy: A Forty-year Retrospective, Ninety-third Yearbook of the National Society for the Study of Education, Part II. Chicago: University of Chicago Press, 1994: 64-81.
② Kilpatrick J. The Mathematics Teacher and Curriculum Change[J]. PNA: Rev Investigative Didact Mat, 2009, 3: 107-121.
③ Ormell C P. Bloom's Taxonomy and the Objectives of Education[J]. Educational Research, 1974, 17 (1): 3-18.
④ Freudenthal H. Pupils' Achievements Internationally Compared: The IEA[J]. Educational Studies in Mathematics, 1975, 48(6): 127-186.
⑤ Tristan A, Molgado D. Compendium of Taxonomies: Classifications for Learning in Educational Domains[M]. San Luis Potosi: Institute of Advanced Assessment and Engineering, 2006.
⑥ Shafer M C, Foster S. The Changing Face of Assessment[J]. Principled Practice in Mathematics & Science Education, 1997, 1(2): 1-8.
⑦ Verhage H, Lange J D. Mathematics Education and Assessment[J]. Pythagoras, 1997, 42: 14-20.
⑧ Anderson L W, Krathwohl D R, Airasian P W, et al. A Taxonomy for Learning, Teaching, and Assessing: A Revision of Bloom's Taxonomy of Educational Objectives[M]. New York: Longman, 2001.
⑨ Robitaille D F, Schmidt W H, Raizen S, et al. Curriculum Frameworks for Mathematics and Science. TIMSS Monograph No. 1[M]. Vancouver: Pacific Educational Press, 1993.

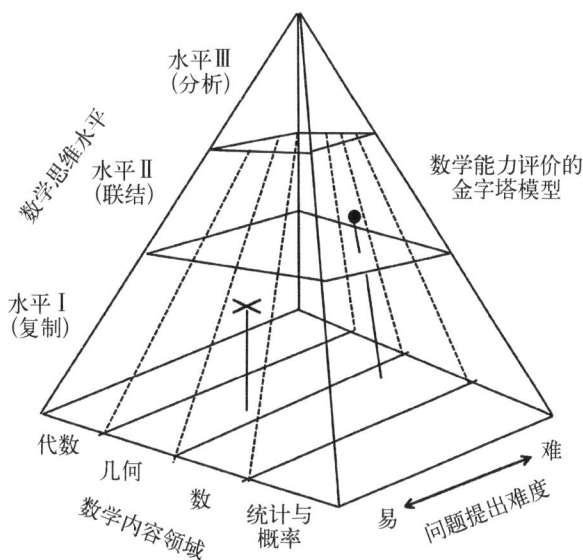

图 2-3 数学能力评价框架

学等方面。认知领域包括使用常规程序进行调查解决问题、数学推理和交流沟通(见表 2-3)。

表 2-3 TIMSS 2003 数学能力框架

TIMSS 2003 数学框架(认知领域)	
TIMSS 数学认知领域	子 类
知道事实和过程	回忆
	辨认
	计算
	使用工具
运用概念	知道
	分类
	表示
	形成、利用
	区分

（续表）

TIMSS 2003 数学框架（认知领域）	
TIMSS 数学认知领域	子　类
常规问题解决	选择
	建模
	解释
	应用
	验证
推　理	假设、猜想
	分析
	评价
	生成
	联系
	综合
	解决非常规问题
	证明

　　但是，修正版依然存在远离背景和情境的弊端，且在过程层次上的理解程度偏低以及未能应对诸如表征、推理和证明等重要数学过程。无论是以分类学还是简单地以任意的主题组织，数学能力框架可能包括特定的主题以及用于解决特定主题的精神过程，或者是仅仅独自处理这些过程，而数学内容未作分析。

　　其他数学能力框架，如苏联克鲁捷茨基（Krutesky）的数学能力观，他认为数学能力结构复杂，作为一种心理产物，它综合了各种心理特性。数学能力涉及必要成分（获得数学信息、数学信息加工、数学信息保持和一般综合性气质）和非必要成分（心理敏捷性、计算能力、数字和公式记忆、空间概念以及抽象关系和形式化）[1]。它应是在数学活动过程中发展起来的整体性心理品质。国内徐斌艳等学者在此基础上将数学活动大致分为了三个阶段，即对经验材料的数学组织、对

---

① 克鲁捷茨基.中小学生数学能力[M].李伯黍，等译.上海教育出版社，1983.

数学材料的逻辑组织以及对数学理论的应用。由于数学能力与数学活动密切相关,从而逐步形成了数学问题提出、数学地解决问题、数学表征与变换、数学推理与论证、数学交流和数学建模等六大核心能力[1]。

　　丹麦的素养与数学的学习计划(Competencies and the Learning of Mathematics:The Danish KOM Project,简称 KOM)也提供了一个更为全面的数学能力框架,并为 PISA 数学素养的评价奠定了重要的理论基础。其中,发起人摩根斯·尼斯(Mogens Niss)等通过 KOM 项目的研究确定了八项基本数学能力,并组成了两大群组。前四个能力是在数学中提问和回答问题,即数学思考、构思和解决数学问题、数学建模以及数学推理;后四个能力论述了处理使用和管理数学语言和工具,即表示数学实体、处理数学符号和形式、数学沟通、交流以及使用辅助工具。摩根斯·尼斯认为,拥有数学能力的人可以在不同情境下理解、判断和使用数学。这些能力中的每一个既具有分析性,又具有应用性。分析性方面包括理解和验证数学,而应用性方面则涉及应用数学。每个能力只能通过处理具体的主题来开发和使用,但主题的选择并不是决定性的能力。虽然具体到数学并跨越主题,但可以综合多种基本数学能力去解决。KOM 项目还确定了学生应该通过数学学习发展出三种"概括与判断"品质,即实际应用、历史发展和其特殊性。像能力一样,这些素质都具有数学和一般范围的特质。摩根斯·尼斯认为能力和这三种品质可以用以下方法获得:规范地设定学校数学成果、描述性地表征数学教学与学习以及从元认知角度帮助教师和学生监督和控制他们的教学或学习,这三种用法也适用于为数学开发其他能力框架。无论能力框架是否具有层次性,抑或是涉及数学中的特定主题,其主要用途应是规范性的。传统学校数学在于知识和技能的竞争,而能力框架旨在向学生展示学习数学不仅仅是获取一系列事实和执行精心安排的程序,能力评价主要在于过程中培养[2]。此外,KOM 计划还提出了描述个人拥有能力或素养的三维表示,即覆盖程度(能力的掌握程度)、行动半径(背景和情境)以及技术水平(使用概念和技巧的范围),这些也在 PISA 数学测评框架得到了进一步延伸(内容、情境和过程)[3]。

[1] 徐斌艳.数学学科核心能力研究[J].全球教育展望,2013,42(6):67-74.
[2] Niss M A. Mathematical Competencies and the Learning of Mathematics:The Danish KOM Project[C]//Third Mediterranean Conference on Mathematical Education. Hellenic Mathematical Society,2003:116-124.
[3] Stacey K,Turner R. Assessing Mathematical Literacy[M]. Berlin:Springer International Publishing,2015.

综上所述,数学学科素养的测评框架涉及内容、认知和情境等领域。内容领域包括知识与技能两大方面,目前主要的分歧在于认知和情境维度的界定。从最初的布鲁姆教育目标分类(了解、理解、运用分析、评价和创造)到安德森二维结构(知识+认知)的修正[1][2],再到与数学学科结合的有效探索,认知水平的划分存在明显的不同,而影响数学素养形成的环境和背景要素也需要在不同测评框架中加以设计。

(二)国内外大规模数学能力测评项目

1. 美国国家教育进步评价(NAEP)

作为美国唯一具有代表性的基础教育评价体系,NAEP(National Assessment of Educational Progress)数学能力评价对我国开展基于课程标准的数学教育评价极具参考价值。并且,相较于以往的多次测评,最近的 NAEP 数学能力评价体系在测评要素的更新、测评工具的平衡以及测评结果的解释等方面都进行了细致的调整和完善,从而使其测评体系更加完整,也为我国实施基础教育质量监测带来许多重要的启示。

从历史发展来看,自美国建国初期,教育实权就一直掌握在各州政府手中。然而在第二次世界大战以后,面对日益复杂的国内外形势,美国联邦政府开始干预教育,并试图统筹全国学生的学业评价。1963 年,时任肯尼迪总统教育专员的凯普尔(Francis C. Keppel)、联合国内教育评价专家泰勒(Ralph W. Tyler)以及卡内基基金会主席共同促成了全美教育进展评价项目,即 NAEP 项目的诞生,并于 1969 年实施了第一次全国性的评价[3]。在 NAEP 发展初期,项目构成上仅有国家层面的学科评价,直到 2001 年美国联邦政府才开始强制要求各州必须承诺参加两年一次的数学和阅读科目的州层面评价。自此以后,国家与州一级的学科评价得以整合,NAEP 成为美国唯一长期的且具有全国代表性的教育评价体系,并被多个国家借鉴和效仿[4]。

1969 年以来,NAEP 项目逐渐确立起以国家和州层面的主评价、长期趋势

---

① Bloom B S, Engelhart M D, Furst E J, et al. Taxonomy of Educational Objectives: The Classification of Educational Goals. Handbook I: Cognitive Domain[M]. New York: David McKay, 1956.

② Anderson L W, Krathwohl D R, Airasian P W, et al. A Taxonomy for Learning, Teaching, and Assessing: A Revision of Bloom's Taxonomy of Educational Objectives[M]. New York: Longman, 2001.

③ 周红.美国国家教育进展评估(NAEP)体系的产生与发展[J].外国教育研究,2005(02):77-80.

④ 陈晨,潘苏东.美国全国教育进展评价体系的发展历程:40 年回顾[J].外国中小学教育,2009(12):14-18.

评价以及辅助性专题研究为代表的能力评价体系。主评价是为了检测全国及各州学生在几大核心学科(如阅读、数学、科学、写作、美国史、经济学、公民学、地理和艺术)相关知识和技能方面的掌握程度。其中,四年级和八年级每两年施测一次,而十二年级则每四年进行一次[①]。长期趋势评价旨在为学生学业的长远发展提供有效的变化趋势信息,并且每四年对 9 岁、13 岁和 17 岁学生的数学、阅读、科学和写作等学科表现进行一次系统评估。而辅助性专题研究则重点关注特定学生群体的学业成就,如口语阅读研究、中学毕业成绩单研究、特许学校试验性研究、印第安教育研究、私立学校成绩研究等[②]。

作为 NAEP 评价长期必测的科目,数学学科评价旨在收集和报告国家、州和地方等各级学生的学业表现信息,并为公民、课程专家和教育政策制定者提供有关学生对数学学科性质的理解以及学校教育因素与其数学能力关系等方面的资料[③]。几十年来,NAEP 数学评价在内容目标和认知要求上进行了多次调整,从而使其评价框架更加完善,数学能力评估也更加科学[④]。2019 年,全美多达 50 个州、哥伦比亚特区、国防部学院以及 27 个大城市管辖的 8 280 所学校的 296 900 名四年级和八年级学生参与了测试。

在 NAEP 2019 数学能力评价中,测试的主要目的是获取当前学生学业发展的综合信息,如了解学生在数学学科领域应该"知道什么"以及"可以做什么",在一段时间内其数学学业成绩的变化趋势、数学知识学习方面的薄弱点,以及家庭、社会等背景变量对他们学业表现的影响等。通过观察和分析学生在数学问题解决过程中运用数学能力的相关信息,来系统评估他们对数学知识和技能的掌握程度。此外,NAEP 数学评估还重点关注某些特定群体(如女性、少数民族和家庭经济地位较低的学生)的数学学习特征,以便获得全国学生数学学业成就的整体表现[⑤]。

从学生历次 NAEP 数学能力评价的表现来看,均主要以量尺分数和成就水平两大指标来衡量学生数学学业成就整体表现。其中,量尺分数是先采用项目反应理论模型估计出学生能力参数,然后经线性转换后获得测验的标准分数,该

① 罗文蔚.美国教育质量评价体系的构成及启示[J].教学与管理(中学版),2017(3)：82－84.
② 苏红.美国基础教育学业质量评价：体系、机制与启示[J].世界教育信息,2012(5)：40－43.
③ 周红.美国国家教育进展评估体系述评[J].全球教育展望,2004(8)：66－69.
④ NCES.History of Mathematics Framework Changes for National Assessment of Educational Progress [EB/OL].https：//nces.ed.gov/nations report card/mathematics/framework comparison.aspx.
⑤ 方晓东,李新翠.美全国教育进展评估述评[J].比较教育研究,2009(02)：58－62.

分数值可以表示学生在数学能力评估中的成就表现,同时其结果也能在不同州、地区以及学校之间进行横向比较。而成就水平则是为了描述学生在了解、理解和应用数学知识和技能方面的精熟度水平,总体上可划分为基础水平、熟练水平和高级水平这三个等级[①]。另外,在数学能力评价结果的解释上,NAEP 2019 指出对学业成就表现的预测不应被简单理解为各测试变量之间的因果效应,还要综合考虑人口和教育系统因素(如教学趋势、学龄人口变化、社会需求和期望)的干预作用以及其他未测变量的潜在影响[②]。

事实上,每一次 NAEP 学科评价都是基于一个特定的组织框架,以系统指导评估流程的展开和评估内容的确定。通常情况下,该组织框架的形成会经历一系列研发设计与调整过程,从而保障学科评价内容及时地适应教育目标和课程的变化。迄今为止,NAEP 数学能力评价框架共进行了两次重要的调整和变化。第一次调整是在 1990 年至 2003 年(1990 年、1992 年、1996 年、2000 年和2003 年)期间,受全美数学教师协会制定的《学校数学课程与评价标准》的影响,国家评估管理委员会(National Assessment Governing Board,NAGB)逐步确立了早期的数学能力评价框架,并从内容领域、认知要求和能力要素等三个方面加以描述[③]。其中,内容领域包括数感、属性和操作、测量、几何与空间意识、数据分析及统计与概率、代数与函数等五个部分。认知要求覆盖了"概念理解、程序性知识和问题解决"这三个方面,而能力要素则包含推理、联系、信息交流等三个部分。第二次调整是在 2005 年,由于原有的数学能力评价框架开始受到学者质疑,于是新的框架在不同年级开始相继实施。自 2005 年开始,国家评估管理委员会逐步完善原先的框架,并确定从内容领域和数学复杂性这两个方面对学生的数学能力表现加以系统描述。其中,在原有的内容维度基础上,四年级和八年级框架的内容领域变更为数与运算、代数、几何、统计与概率以及测量这五个板块,而在十二年级该维度的"测量"与"几何"合并成一块。数学复杂性则是整合了原先的认知要求和能力要素两大维度,并形成了低、中、高三个复杂性水平[④],其中每个水平都会涉及概念理解、程序操作、推理和问题解决。由于 2005

---

① 周达.国际大规模测试数学学业水平描述框架之比较及启示[J].教育测量与评价,2017(4):23-27.
② 王烨晖,张岳,杨涛,等.义务教育数学相关因素监测工具研发的探索与思考[J].数学教育学报,2018,27(5):8-12.
③ 全美数学教师理事会.美国学校数学教育的原则和标准[M].蔡金法,等译.北京:人民教育出版社,2004.
④ NAEP.Mathematics Framework for the 2013 National Assessment of Educational Progress[EB/OL]. http://www.nagb.org/publications/frameworks/math-2013-framework.pdf.

年数学能力评价框架体系相对完备,故一直到 2019 年,四年级和八年级测评框架的相关内容都未作大的改变。但是,近年来学者逐渐意识到高中课程改革对学生适应未来中学后教育的重要意义,因此后期的数学能力评价框架的局部变化主要体现在十二年级的评估上。并且,在 2009 年和 2019 年,国家评估管理委员会分别对十二年级数学能力评价的内容领域和数学复杂性这两个维度进行了略微调整,如更新数学内容的掌握目标以及数学复杂性的分类标准和相关描述(见图 2 - 4)①。

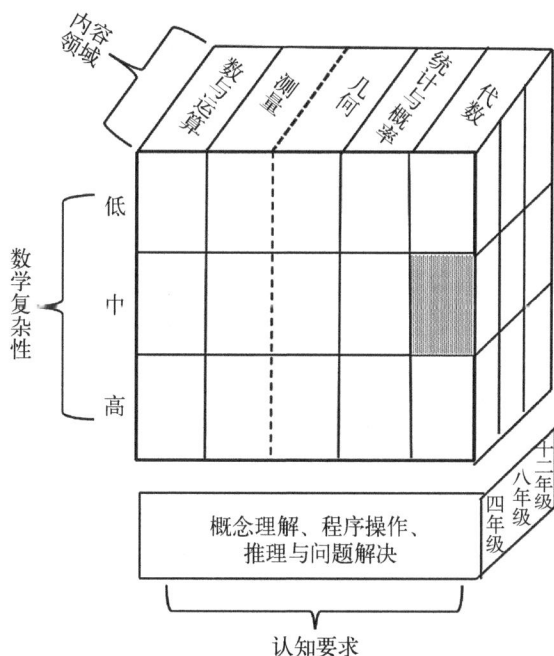

图 2 - 4　NAEP 中的数学能力评价框架

　　如前所述,NAEP 2019 数学能力的评价依旧从内容领域和数学复杂性这两大维度(测评要素)进行操作(见图 2 - 4)。其中,四年级和八年级框架的内容领域为数与运算、测量、几何、统计与概率以及代数五个部分,而十二年级框架的内容领域为数与运算、几何、代数及统计与概率四个部分,并且不同年级考察的数学内容的分布比例也各有差异。而数学复杂性维度则主要包括低、中、高三个水平,其中低复杂性水平是指学生在问题解决时只需要识别与回忆某些数学知识

---

① 徐柱柱.美国 NAEP 2019 数学能力评价体系研究[J].比较教育学报,2021(1):85 - 97.

即可;中等复杂性水平需要学生在问题解决时能将各内容领域中的数学概念和推导过程结合到一起;而高复杂性水平则要求学生在问题解决过程中能够进行完整推理和系统证明。此外,不同年级内容领域的掌握目标和各水平数学复杂性的描述也略有不同。例如,对于"数与运算"领域的数感知识点来说,低复杂性水平的掌握目标要求四年级学生能够标示整数的位数,而八年级学生需要学会通过位值来描述整数和小数,但在同等复杂性水平下,相关内容的掌握目标则对十二年级学生不作要求[①]。

　　另外,为了全面细致地刻画学生在数学问题解决过程中的能力表现,NAEP 2019 数学能力评估使用了较为均衡的试题编制结构,以确保测试题在不同背景、年级、内容领域、数学复杂性以及题目类型上保持相对均匀。具体来看,首先将不同年级的内容领域按照课程目标要求确定好各数学模块(如数与运算、测量、几何、统计与概率以及代数)考查比例。然后根据对所有测试题难度的预估制订出各数学复杂性水平题目的时间分配方案,其中低、中、高水平题目测试时间比例依次为 25%、50% 和 25%。接下来将学生在选择题和主观题上的测试时间比例设定为 50% 和 50%。最后还要充分考虑到不同背景(如纯数学背景和现实背景)测试题内容分布的均衡性。更为重要的是,NAEP 2019 数学能力评价的核心仍然是题目的编制和题型分配。自 1992 年测试以来,NAEP 数学评估一直沿用选择题(Multiple Choice)、简短式主观题(Short Constructed Response)和拓展式主观题(Extended Constructed Response)3 种类型。并且,从 2017 年至 2019 年,项目组开始将各类型题目逐步过渡到数字平台。其中,选择题是让被试参与者从既定备选答案中选出正确答案的题目。四年级的题目答案为 4 个选项,而八年级和十二年级的题目有 5 个选项。由于整体覆盖面较广,故通过该题型可以很快确定学生是否已掌握某些数学知识和技能;主观题是指那些能更好地考查学生具体情况或个性的试题。在 NAEP 2019 数学评价中,简短式主观题和拓展式主观题都是为了更加细致地了解学生对于特定领域数学知识和内容的理解和掌握情况,并且还可以考查他们的识别与回忆能力以及对数学问题本质的认识,从而有助于学生清晰表达问题解决的思路[②]。

---

① NAEP. Mathematics Framework for the 2019 National Assessment of Educational Progress[EB/OL]. https://www.nagb.gov/content/nagb/assets/documents/publications/frameworks/mathematics/2019-math-framework.pdf.
② NCES. History of Mathematics Framework Changes for National Assessment of Educational Progress [EB/OL].https://nces.ed.gov/nations report card/mathematics/framework comparison.aspx.

2. TIMSS

20 世纪中后期,针对全球化市场的竞争和相应人群能力诉求,人力资本日益呈现高要求,进一步促使教育在各个国家和地区经济发展中呈现越来越明显的重要性。提升教育质量,成为各个国家和地区经济领域越来越关注的话题。随着 21 世纪的到来,越来越多的国家和地区意识到及时且适合的教育信息的重要性。对此,国际教育成就评价协会(International Association for the Evaluation of Educational Achievement,IEA)先后进行了三次国际数学与科学相关研究,并逐渐在国际范围内享有广泛的影响力。国际教育研究协会的重要目的之一就是利用对学生成就、参与度、态度及愿望的判断或测量,对教育系统中成功部分的构成因素及影响进行比较分析。

早在 20 世纪 60 和 80 年代,IEA 就先后开展了两次国际数学评价,主要为了帮助研究者从国际比较的角度去了解世界各地的数学教育质量。从 1995 年开始,IEA 实施了“数学和科学素养”(Mathematics and Science Literacy)的评价[①]。早期的 TIMSS 测评在整体设计上,以课程作为学生学业结果的影响因素。其中,1995 年的 TIMSS 数学测评考虑到,无论是预期课程、实施课程还是达到课程,都包含概念、过程和态度三个方面。基于此,构建了测评的内容、表现期望和观念或视角作为三类课程的分析维度。这种组织性结构改变了早期典型的内容-认知行为的两维组织框架。并且,在三类课程基础上,完全以这个组织结构建立并整理测评。在整个数学教育领域,类似这样的两维框架被广泛使用,主要受到布鲁姆分类目标,特别是教育专家威尔逊相关工作的影响。但是这种框架也暴露了不足之处,就是无法充分体现不同内容领域之间,或不同认知层次之间的相互内在联系,这使得相关信息描述处于断裂或相互隔绝的状态中。甚至有人质疑这种框架用来刻画课程特征是否合适,质疑其在反馈学生如何学习相关学理应用的灵活性上是否适用。跟 IEA 研究相一致,TIMSS 的测评基本目标就是有助于增强对教育及教育过程中一系列重要影响因素的系统了解。该项目每隔四年一次,随着几轮测评在相关数据信息上的完整记录,TIMSS 进一步关注在内容和认知层面上不同国家和地区的数学学习的发展趋势,有助于各个国家的政策制定及相应教育改革及调整。

时隔四年后,1999 年 IEA 开展了第三次国际数学和科学教育评价研究

---

① 张岳,刘晓玫.大规模学业测评项目中教师因素的测量与启示[J].外国中小学教育,2016(10):50-57.

(Third International Mathematics and Science Study，TIMSS)，后来逐步拓展为"数学和科学成就发展趋势研究"（Trends in Mathematics and Science Study，TIMSS）。此次评价规模巨大、历时较长，有40多个国家和地区参与。TIMSS 1999的数学评价框架由内容、认知需求和观点三个维度构成，内容领域包括测量、几何、比例、函数、关系和方程、概率和统计、初等分析和验证与结构八个方面。认知需求维度由知道、使用常规程序、探究与问题解决、数学推理和交流五部分组成。观点维度则包含态度、职业、参与度、兴趣增长和思维习惯等方面①。该年的TIMSS测评可以被看作对1995年测评的延续。它在保持原有测评目的的同时，基本保留了原有的测评框架，包括原有内容分类、表现期望及观点分类。

如前所述，2003年的TIMSS测评保持了1995年、1999年测评的目标。由于两次TIMSS测试数据的获得以及相关背景数据整合成趋势数据信息链，形成了有关教育政策和实践层面变化的动态图景，为比较和改善各国教育系统、提升数学和科学教育的质量提供了新的研究途径。并且，2003年的TIMSS沿用了1995年、1999年的概念性框架，即课程模型（含预期课程、实施课程、达到课程的纵向框架），同时将原有的横向框架修改为内容和认知两个维度，内容维度涉及数、代数、几何、测量、数据五个方面。特别地，四年级的"代数"领域称之为"方程、模式与关系"；认知维度分为知道事实和程序、概念运用、常规问题解决和推理②。后来，TIMSS 2007和TIMSS 2011的数学框架也基本延续了TIMSS 2003的主要维度，还是由内容和认知两个维度构成。其中，八年级的内容领域包括数、代数、几何、数据与随机性四个方面，认知维度则分为知道、应用、推理③④，各维度考查比例详见表2-4和表2-5。到2015年，为该系列项目展开的第六次评价。相比之下，TIMSS Numeracy是2015年新开发的部分，作为TIMSS四年级数学测评内容的补充，适用于仍在掌握基本数学技能的许多国家和地区的学生。总体而言，四年级和八年级测评框架与TIMSS 2011年中使用的框架类似。但是，为了更好地反映参与国家和地区的课程标准，对TIMSS

---

① Martin M O, Gregory D, Stever E S. TIMSS 1999 Technical Report[R]. Chestnut Hill, MA: TIMSS & PIRLS International Study Center, Boston College, 2000: 9.
② Mullis I V S. TIMSSAssessment Frameworks and Specification 2003[R]. Chestnut Hill, MA: TIMSS & PIRLS International Study Center, Boston College, 2003: 9.
③ Olson J F, Martin M O, Mullis I V S. TIMSS 2007 Technical Report[R]. Chestnut Hill, MA: TIMSS & PIRLS International Study Center, Boston College, 2008: 19 - 20.
④ Mullis I V S. TIMSS 2011 Assessment Frameworks[R]. Chestnut Hill, MA: TIMSS & PIRLS International Study Center, Boston College, 2009: 17.

表 2-4　内容领域及构成比例(以八年级为例)

数学内容领域		所占比例
数	整数、分数和小数、比、比例、百分数	30％
代　数	表达式与运算、方程与不等式、关系与函数	30％
几　何	几何图形、几何测量、位置与运动	20％
数据与可能性	数据集特征、数据表达与解释、基础概率(可能性)	20％

表 2-5　能力水平及构成比例(以八年级为例)

能力水平		所占比例
知　道	回忆、识别、分类、计算、检索、测量	35％
应　用	决定、表征/模型、执行	40％
推　理	分析、整合/合成、评价、作出结论、生成、证明	25％

2011 中所报告的特定内容主题进行了小幅更新。此外,还关注了目前有关数学教育领域国际研究进展,如美国制定的州共同核心国家标准、新加坡教育部研制的小学和初中数学教学大纲以及香港目前使用的数学课程指南(小学一年级至中学三年级)[①]。TIMSS 2019 数学测评继续围绕数学内容和认知两个领域展开。其中,内容领域用于评估学生对数学基本概念、知识与技能的学习情况,而认知领域用于评估学生的思维过程。当前,TIMSS 测试逐步顺应信息技术在学校和日常生活中的应用日益广泛的时代背景,并利用信息技术来评估新一代学生的数学与科学的学习状况。TIMSS 2023 采用各种各样互动类型的问题,增强利用数字环境吸引学生的功能,让学生积极参与互动。同时,重视问题解决与科学探究的过程,关注观察、归纳、探索、发现、猜想、论证等探究性活动,因此TIMSS 2023 积极开发新的问题和探究任务,并整合到评价设计中。此外,关注评价难度与学生成绩的适应性,通过群体适应性设计,使评估内容与学生群体的

---

① Mullis I V S, Martin M O. TIMSS 2015 Assessment Frameworks[R]. Chestnut Hill, MA: TIMSS & PIRLS International Study Center, Boston College, 2013: 11-17.

匹配更科学规范[①]。

TIMSS 项目具体的测试内容包括数学和科学成就以及影响因素这两部分，其中还引入了大型录像带研究。对数学而言，主要包括学科测试卷和问卷两部分。其中，问卷包括学生问卷、教师问卷、学校问卷、家庭问卷和课程问卷，主要考查家庭、学校、教学、态度等情况；而数学学科测评框架基于数学课程，由内容领域、能力水平(认知领域)两个维度构成(见图 2-5)。"课程始终是试促进学业成就的重要影响因素"是 TIMSS 评价的基本理念。所以，TIMSS 数学评价的导向在于数学课程实施，即

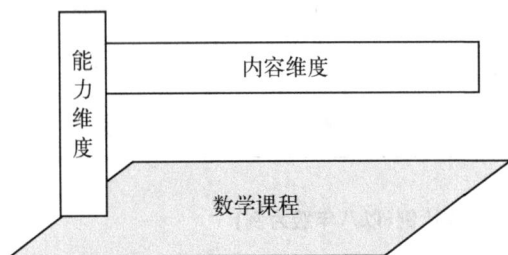

图 2-5 TIMSS 的数学测评框架

主要考查学生在学校教育中获得怎样的课程，学生在多大程度上接受和掌握这些课程内容[②]。因此，多方收集有关课程学习背景的政策信息。通过学生及其父母、老师和校长填写关于学生在学校和家庭中学习数学和科学经历的问卷，收集与政策相关的重要信息，研究它们对学生成绩的影响。研究这些背景数据与学业成就的关联，可以揭示学习环境和经历中的不平等现象。参与国家和地区可以查看与政策相关的变量，包括教育体系结构、课程、教学实践和学习态度等。

TIMSS 测评系统的上述概念框架的总体设计，既有历史的延续，也有针对测评目标的优化，有助于各个国家和地区间相关教育系统的描述和比较，而形成的指标设计需求。在上述整体概念框架下，针对课程中所含概念、过程以及对学校数学课程实施的态度，TIMSS 数学测评主要就内容、表现期望、观点三个方面进行展开。这样结合三类课程的概念框架，形成横向和纵向相结合的 TIMSS 数学学生学业成就测评和分析解释平台。总之，以课程为分析比较各个国家和地区学生数学学习结果的主要影响因素，是 TIMSS 数学测评系统的出发点，也是归结点。基于此，设计制订相关系统框架以及形成并运用相关方法，成为该系统重要组成部分和系统的主要特征[③]。

① 曾小平,田河.国际数学与科学教育评价新动向：例析 TIMSS 2023 的主要特点[J].基础教育课程,2020(17)：67-71.
② 张林静.国际基础教育质量监测述评[J].石家庄学院学报,2012,14(4)：87-91.
③ 王鼎.TIMSS 和 PISA 数学测评分析框架比较分析[J].全球教育展望,2017(6)：20-34.

3. PISA

知识经济的到来、科学技术的飞速发展、信息全球化和经济全球化,不断引发全世界的教育思考和变革。如何实现对人才培养品质的有效监控和引导教育的健康发展,已成为目前世界各个国家和地区教育界关注的焦点问题[①]。相应地,无论是评价单个学生或学生群体的学习成效,还是评价单个学校的教育结果,甚至评价一个国家和地区的教育质量以及用何种方式方法或手段进行科学、系统地评价和过程质量监控,都值得进一步深入思考。经济合作与发展组织为跨国比较研究学生学业成就的需要,满足社会发展对人力资本质量的监控要求,早在 20 世纪 70 年代,其绿皮书就开始尝试建立一种教育资料的收集与比较模式。但是直到 20 世纪 80 年代中期,对教育成功指标的测评才变为经济合作与发展组织的重点关注领域[②]。1988 年,经济合作与发展组织在巴黎召开第三十八届年会,针对 24 个会员国教育系统的成就指标,进行资料的收集、分析、解释与比较。到了 1992 年,经济合作与发展组织正式出版了《教育概览:经济合作与发展组织指标》,标志着国际教育指标体系的问世。但是,《教育概览:经济合作与发展组织指标》一直无法有效系统地体现出教育结果。教育结果缺乏国家和地区间共有和可信的指标,特别是在知识和技能方面的测评,缺少可信的资料。这使得决策者、教育工作者和家长都希望有一套测评教育体系的有效工具[③]。因此,在 1995 年,针对经济合作与发展组织成员国希望获得关于学生知识、技能及教育表现的常规及可靠资料的需求,PISA 被首次提出,PISA 测评项目于 1997 年正式启动。该项目就有关教育结果及相关信息,主要提供四个关键层面内容:学生成绩、成绩与情境变量之间的关系、学校有效性以及趋势信息。从提出设想开始,经历了五年的研究与试点项目,经济合作与发展组织最终在 PISA 调查的框架上达成了一致[④]。PISA 测评,包括数学测评,是根据经济合作与发展组织为建设教育系统成就指标而设计的。2000 年,PISA 开始了第一次,也是第一轮的测评。虽然当时主测领域为阅读,但是数学也作为测评领域之一。此后,每三年举行一轮测评,其新颖、规范、科学的设计与严格的控制标准,引起了教育界和测评界的强烈关注和反应。该项目主要针对各个国家和地区 15 岁

---

① 崔峦.基础教育课程改革的背景及其主要精神[J].小学青年教师,2002(6):4-6.
② 孙继红,杨晓江,岳松.OECD 的人力资本观、测量指标及启示[J].辽宁教育研究,2008(12):4.
③ 王鼎.TIMSS 和 PISA 数学测评分析框架比较分析[J].全球教育展望,2017(6):20-34.
④ 王鼎.国际大规模数学测评研究[D].上海:上海师范大学,2016.

学生的阅读素养、数学素养和科学素养进行测查,并且每年都有所侧重。例如,PISA 2003 的主测便是数学,其他素养和技能为辅,并将数学素养定义为"一种能使个体在现实世界中理解和认识数学的能力"[①]。基于"终身学习"的理念,PISA 的数学素养研究关心的是学生在各个领域和情境下,在提出、设计规划、解决和解释数学问题过程中,表现出的分析、推理、有效交流思想的能力。PISA 的目标是侧重学生在接近初中毕业时能否在真实的生活情境中识别、提出并解决数学问题。通过聚焦现实世界的相关问题,PISA 不局限在平常学校课堂上常看到的各类情境和问题。在学校教材和课堂上常见的训练型的问题在真实世界几乎很少遇到。此外,PISA 数学测评框架主要由国际联合处完成。在此过程中,联合处拟定的测评框架需要得到各参与国和地区教育主管部门的支持和指导。其中,PISA 管理委员会组建数学专家组来负责设计测评数学素养的理论框架,数学专家组的成员包括来自不同国家和地区的数学教育家、数学家和在评估、技术和教育研究等领域的专家,专家组成员涉猎领域范围较广。从 PISA 测试创立之初到 PISA 2012,数学测试框架的制订和具体试题的编制均由澳大利亚教育研究协会负责。

另外,从当前世界教育系统来看,学会应对未来的挑战是全球的普遍共识,本质上就是应具备在各种现实情境和背景中利用数学提出和解决问题的能力。PISA 的数学评价框架主要涉及三个方面:① 数学情境与背景,一般根据距离学生生活的远近度,分为个人、教育、职业、公共以及科学等五种情境。② 数学内容或数学思想,其内容领域主要包括数量、空间与图形、变化与关系和不确定性等四方面,这四部分内容大致对应于学校的数学课程中的代数、几何、函数和概率统计,但又不完全一一对应。③ 数学化过程和数学能力[②],数学化渗透的是学生自身的数学活动,在真实的数学情境中通过互动、探索、发现以及反思评价,动态生成解决现实问题的素养。把生活世界引向符号世界,沟通生活与数学的联系,再在符号世界里符号化地生成、重塑和被使用,形成抽象数学知识之间的联系(见图 2 - 6)[③]。

① OECD. The PISA 2003 Assessment Framework: Mathematics, Reading, Science and Problem Solving Knowledge and Skills [EB/OL]. http://www.oecd.org/edu/school/programme for international student assessment pisa/33694881.pdf.

② 谢利民,卢宏.为明天的世界而学习:PISA 视野下数学素养测试特点分析[J].外国中小学教育,2008 (5):12-16.

③ 弗赖登塔尔.数学教育再探:在中国的讲学[M].刘意竹,杨刚,等译.上海:上海教育出版社,1999.

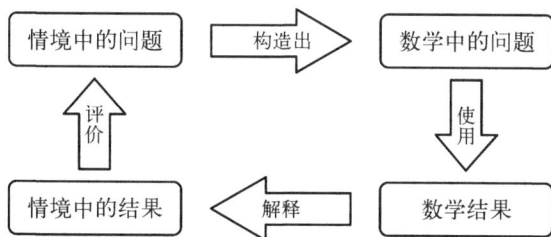

图 2-6 PISA 中数学建模循环

在现实情境中发现数学问题,利用已有知识和经验探求问题解决的思路和策略,在问题解决的过程中逐渐探知新方法,体验数学的抽象性和形式化。PISA 中的数学素养的测评特别重视问题的情境,力图构建情境化的数学素养群。与 PISA 2003 相比,PISA 2012 更加倡导培养积极的问题解决者。需要学生在运用数学解决实际问题的过程中逐渐形成具备比较全面的基本数学能力,主要包括推理、论证、交流、建模、问题提出与解决以及使用数学工具八个方面。PISA 中的关于数学素养的认识主要是受到弗莱登塔尔"现实数学教育"(Realistic Mathematics Education,RME)观点的影响,强调现实世界中数学化的作用[1]。其中,PISA 2012 基于数学素养的定义,从内容维度、过程维度和情境维度等方面来刻画学生的数学素养表现:① 内容维度,它首先应是广义上的数学内容(引发数学思考),其次才是具体的学科内容(如代数、几何和概率等);② 过程维度,它是根据一般的数学能力来进行定义的(见表 2-6);③ 情境维度,包括与个人生活以及其他相关背景所产生的一系列问题。

表 2-6 PISA 数学素养成分(基本数学能力)

思考和推理	提出数学问题;知道各种数学答案;能够区分不同的数学表达(定义、定理、推理、假设、实例、条件命题);能够理解和掌握所给数学概念的外延和局限
论 证	知道数学上的依据是什么,它与其他数学推理有何区别;能够理解和评判不同种类的数学论证;能够提出一些启发式的问题(可能会或不会发生什么,为什么);能够构建自己的论证方法并将其表达出来
交 流	对于数学情境中的某一事件,能够以各种不同的方式(口头的或书面的)将其表达出来,而且能够理解他人对这一事件的陈述(口头的或书面的)

---

① 顾秀松,薛敏. PISA 研究概述及其启示[J].科技信息,2011(8):102.

（续表）

建　模	将要建模的情境简化为现实的模型;将"现实"模型翻译成数学模型;根据其现实性来解释该模型;用数学方法来处理该模型;对该模型进行验证;对该模型及其解进行反思、分析和评论;针对该模型及其解进行交流(包括解的局限);对建模的过程进行监控
问题提出和解决	能够提出、识别各种不同的数学问题(如纯数学问题、应用问题、开放题、封闭题);用各种不同的方法解决不同类型的数学问题
表达	能够解释和辨别数学对象、数学情境的各种不同表达方式以及不同表达方式之间的相互关系
使用符号化、正规化、技术化的语言和运算	能将符号化语言转化成生活中的语言;能够掌握带有符号、公式的表达式;运用变量进行运算和求解方程等
运用辅助工具	知道并且能够运用各种辅助工具(包括信息工具),知道这些辅助工具的局限性

值得一提的是,为了分析整体教育系统、学校层级、教学环境和学生层级等各级因素对数学学业成就的影响,PISA 2009 首次增加了调查问卷,并在 PISA 2012 测试中逐步完善。PISA 2012 采用"背景(Context)-投入(Input)-过程(Process)-产出(Output)(以下简称 CIPO)"模型,细化了问卷框架。CIPO 模型是 20 世纪 60 年代美国学者斯塔弗尔比姆(Stufflebeam)以及国际教育成就评价协会在设计学生能力大规模测评时提出的。这一模型后来被许多学者不断改进,成为研究教育效能或学校效能的经典模型。改进后的 CIPO 模型主要包括学校、班级、个体三个层面的投入、过程和产出变量以及国家或地区层面的教育背景变量。PISA 2012 采用 CIPO 模型,设置了问卷框架的两个维度:纵向维度与 PISA 2009 基本一致,划分为国家、学校、班级和学生四个水平;横向维度依次包括投入、过程及产出三个环节[①]。

总体上,PISA 项目以 3 年为测试周期,每次测评都会涵盖数学、科学和阅读三大领域(其中一项为主测),并以测评的时间命名。PISA 2006 主测是科学,PISA 2009 主测是阅读,PISA 2012 主测是数学,PISA 2015 主测仍是科学。该项目主要是对各个国家和地区 15 岁学生(相当于我国高一年级的学生)的阅读

---

① 石晓玉,林静.PISA 问卷设计新趋向:基于 PISA 2021 问卷框架的分析研究[J].上海教育科研,2020 (07):55-59.

素养、数学素养和科学素养进行测查,同时使用各种相关问卷来调查学生的学习环境。PISA 旨在考查学生应用所学知识和技能应对未来挑战的能力,而非强调对特定课程知识的掌握,它主要关注学生在不同情境下对概念的理解、过程的掌握以及解决问题的能力[①]。最新公布的 PISA 2021 数学测试框架中,解释了 PISA 数学测试的理论基础,包括对数学素养的正式定义。并且与以往相比较,PISA 2021 显著的变化之一是突出了数学推理的核心地位,相关内容(如阐释与评估、应用、表达)都围绕数学推理来展开[②]。此外,更加关注"21 世纪技能",即辩证性思维、创造性、研究与探索、自我引导、发起与坚持、信息使用、系统性思维、交流和反思八大技能。

综上所述,PISA 测试突出了以人为本和终身学习的素养理念,具体表现在重视个体所具有的素养以及重视知识技能在社会中的应用。PISA 数学测评框架也顺应时代对未来人才的需求,适切于与数学素养相关联的人才观和数学观,将信息技术整合其中。并且,落实以数学学科内容为根基的内容领域,关注现实世界的真实情境,搭建起数学世界与现实世界的桥梁。

4. 青浦教育实验

以来自上海西部城乡结合地区的一个数学教改实验为例。该实验从 1977 年到 2022 年,走过了中国社会从改革开放到教育现代化的 40 余年历程。实验早期,构建"调查-筛选-实验-推广"的实践研究方法体系,找到了一条在常见教育条件下普遍提高教育质量的有效途径,总结了学生在变式体验中学习、教师在教改行动中成长等"教学相长"的中国经验;实验后期,注重能力与素养目标,致力于开发"大数据执果溯因"实证方法,基于大样本测试与长周期抽样分析,通过临床观察与证据推理,找出提升学生探究与创新能力的关键举措,由此取得实效并产生积极的社会影响[③]。

1977 年,顾泠沅作为上海市青浦县的数学教研员,以初中数学基础知识为内容展开一场全县范围内的统一的中学数学测验,后来被称为"青浦教育实验"。1990 年,青浦实验小组开展了对 3 200 名八年级学生的数学教学目标的测量。这次的数学教学目标的测量主要参考布鲁姆的教育目标分类学,但考虑到国内

① 鲁毓婷.全球化背景下的学生学业成就比较研究:TIMSS 和 PISA[J].考试研究,2007(3):78-94.
② 李娜,赵京波,曹一鸣.基于 PISA 2021 数学素养的数学推理与问题解决[J].课程・教材・教法,2020,40(04):131-137.
③ 顾泠沅.45 年:一项数学教改实验[J].华东师范大学学报(教育科学版),2022,40(4):103-116.

教学中对于"知识"和"计算"有所区分,故仅加入威尔逊的"计算",并据此编制了测试量表,具体为知识、领会、计算、应用、分析、综合和评价等 7 个分量表,共 50 个测试题、106 个考查点,代数内容和几何内容分别占 56% 和 44%[①]。2007 年,青浦实验小组又展开了"新世纪行动",再次对八年级的 4 349 名学生进行了教学目标大样本测试,并且数据分析还是采取先前的主成分分析法来以析取教学目标[②]。

在认知水平的划分上,我国目前仍采用布鲁姆最初的分类,即知识、理解、应用、分析、综合和评价。但事实上,布鲁姆的教育目标分类在国际上一直存在不少争议。因此,研究者们都在积极寻找更为合理的以及能与学科相关联的认知水平框架。在顾泠沅教授的带领下,青浦实验小组通过两次大样本测试,对布鲁姆的认知水平划分进行了修正,并重新建立了与数学学科关联的四个认知水平分析框架。该数学能力框架不仅突出了数学的学科特征,而且四个水平的划分更为精细且可操作性强。此外,项目组的研究者还对数学能力维度进行了细致研究。周超[③]就曾利用顾泠沅教授领导的青浦实验中应用过的水平分析框架设计了八年级的学业成就测量工具,其框架如表 2-7 所示。

表 2-7　青浦实验中的数学认知水平

较低认知水平	较高认知水平
① 计算——操作性记忆水平	③ 领会——说明性理解水平
② 概念——概念性记忆水平	④ 分析——探究性理解水平

鲍建生则调整顾泠沅对于数学题目的水平分析工作,形成了三个水平的分析,即识记水平、理解水平和探究水平。其中,识记水平包含了对数学概念和法则等的识别记忆以及常规程序的操作,一般较为机械且缺少联系;理解水平是对已学知识和技能的领会与运用,如合理地选择数学知识和方法、灵活地运用数学程序性知识,一般表现为常规性和封闭性;探究水平则是指对已学数学知识和技

① 杨玉东,刘丹.教学目标测量的依据和工具:青浦实验的新世纪行动之三[J].上海教育科研,2007(10):43-46.
② 上海教育科研青浦实验研究所,上海教科院教师发展研究中心.关于数学教学目标因素分析的数据报告[J].教育发展研究,2007(15):78-83.
③ 周超.八年级学生数学认知水平的检测与相关分析[D].上海:华东师范大学,2009.

能创造性地运用,常表现为非常规性、开放性和探究性①。

当实验进入第三阶段,并在 2018 年完成了第三次测量。该次测量与 2007 年第二次测量的试题和测试时长完全相同,学生参与人数为 3 474 人,主要发现是:2018 年"领会"均值超过了"合格"的水平,"探究"均值提升了 11.31 个百分点,难点有所突破。另外,"领会"与"探究"总体呈正相关,随着学生领会水平的逐步提高,探究水平呈指数式快速递增。

5. 区域教育质量体检

为贯彻落实《国家中长期教育改革与发展规划纲要》和教育部《教育部关于推进中小学教育质量综合评价改革的意见》(教基二〔2013〕2 号)精神,自 2011 年起,北京师范大学与多个省市教育局合作,联合开展"区域教育质量健康体检"项目,为推动区域基础教育质量评价改革、建立和完善综合评价指标体系、全面提升教育质量提供专业支持与服务②。迄今为止,已连续多年对各区域小学四年级、初中八年级学生学业质量及其相关影响因素进行测评与分析,积累了一大批能够刻画区域整体教育质量以及对现实教育教学有积极指导意义的测评数据。初中数学测试的目标是通过基于我国数学课程标准的测试和问卷调查,对我国区域数学教育质量进行健康体检,并基于数据分析和评估,提出针对性的改进建议③④⑤⑥⑦⑧。

该项目依托国家级协同创新中心"区域教育质量健康体检"研究成果和工作平台,充分发挥"高校协同创新"与地方"自主开展教育综合评价改革"两方面的优势,围绕学生品德行为、身心健康、学业发展、兴趣爱好和学业负担等全面反映学生发展的五大重要维度和影响学生发展的个体、家庭、学校、社区四个主要方面,构建体现素质教育要求、以学生发展为核心、科学多元的中小学教育质量健康体检综合评价体系。项目试图建立区域教育质量"健康图谱",关注影响学生

① 鲍建生.数学学习的心理基础与过程[M].上海:上海教育出版社,2008.
② 教育部.教育部关于推进中小学教育质量综合评价改革的意见[Z].教基[2013]2 号.2013－06－03.
③ 綦春霞,张新颜,王瑞霖.八年级学生数学学业水平的现状及其影响因素研究:以三地测试为例[J].教育学报,2015(2):88－92.
④ 王祎,綦春霞.八年级学生几何探索水平的区域质量监测[J].教育测量与评价(理论版),2015(7):35－39.
⑤ 何声清,綦春霞.我国八年级学生几何推理能力实证研究:基于 Z 市的大规模测试[J].宁波大学学报(教育科学版),2017,39(6):118－123.
⑥ 吝孟蔚,綦春霞.我国八年级学生几何思维水平实证研究[J].教育测量与评价,2018(2):46－51.
⑦ 路红,綦春霞.我国八年级学生数学运算能力实证研究[J].教育测量与评价,2018(2):52－57.
⑧ 何声清,綦春霞.数学学优生和后进生学习表现及其影响因素的差异研究:基于我国 6 个地区的大规模测试[J].教育科学研究,2018(3):54－60.

成长的环境因素,提高教育质量评价的科学化水平,形成职责明确、规范长效的教育质量促进机制。通过数据分析和评价结果的科学运用,促使教育工作者更加理性、全面地看待复杂的教学现象,为有效地诊断和改进教学,规范教学行为,提高专业水平,促使社会和家长形成正确的教育质量观,创造有利于学生成长的社会环境提供依据。

实际中,区域教育质量健康体检项目工具研发总体遵循以下基本原则。

(1)基于课程标准。各个学段、各学科学业质量测试工具,遵循国家颁发的义务教育各学科课程标准,体现区域教育质量健康体检系统的标准参照特性。在遵循课程标准要求的前提下,标定可操作、可测量的合格水平和优秀水平等不同学业水平的表现性标准,从根本上引导各地教育行政部门和广大中小学校把主要精力集中到促进每一位学生达到国家规定的质量标准上,从而切实施行基于课程标准的教学,全面提升学生综合素质。

(2)符合测量学要求。测量工具开发严格按照基础理论研究与论证报告撰写、测试框架设计、试题开发与征集、6人"出声想"测试与磨题、30人小范围测试与磨题、300人预测试分析与修改、外审机构/专家团队独立审题与修改、确定正测卷与备用卷等为期8个月的工具开发周期,确保工具开发符合测量学要求,使工具整体布局合理科学、试卷结构良好、充分发挥每一道题的测量功能,使试卷的信度、效度、区分度和其他关键指标达到统计和测量学要求。

(3)突出能力导向。学业质量测试不仅考查学生对各学科应知应会的课程内容的了解和熟练程度,更加关注学生思考问题的条理性、深刻性和独特性,关注学生探索未知领域、独立解决问题的能力,特别是学生在真实情境中综合运用所学知识发现问题、提出问题、分析问题和解决问题的能力等。

其中,初中数学测试的目标是通过基于我国数学课程标准的测试和问卷调查,对我国区域数学教育质量进行"健康体检",并基于数据分析和评估,提出针对性的改进建议。

在结构上,初中数学测试内容主要包括学科测试和问卷调查两部分。其中,初中数学纸笔测试着眼于数学素养,分为两个方面:第一方面主要从内容和能力两个维度来全面考察《义务教育数学课程标准(2011年版)》所要求八年级学生应当掌握的数与代数、图形与几何、统计与概率和综合与实践等内容及其应当达到的能力水平;第二方面是个性化地诊断八年级学生的数学素养。

问卷调查主要包括学生问卷和教师问卷。依据《义务教育数学课程标准

(2011年版)》,学生的数学学业质量要立足于学生发展过程中所必备的核心素养,具体表现为掌握数学课程中要求的基础知识和基本技能,具备数学思维和反思意识,能够借助数学语言和符号自然地进行数学交流,并能用所学知识和技能去解决一些简单问题和跨学科问题。此外,根据中国基础教育质量监测协同创新中心"区域教育质量健康体检"项目组的总要求,八年级数学学业测试的对象是刚刚入学的九年级学生。其中,测试方式包括数学学业水平测试和问卷调查。数学学业水平测试采用纸笔考试的方式,所有参加测试的学生,需要回答数学试卷中的所有题目,并填答"中学学生问卷"。这些学生所在学校的所有初中数学教师,要填答"中学教师问卷"。同时,综合考虑测试实践操作的可能性和八年级学生的发展实际,数学学业水平测试的时间为 90 分钟。考试结束后,另外为学生和教师安排填答调查问卷的时间。

数学素养是个体作为一个积极的、具有反思意识的公民在现实世界中理解和认识数学的能力[①]。与数学认知能力相比,数学素养更突出了一种理解数学和应用数学的能力。对于初中生而言,数学素养主要表现为在社会中生存所需的数学能力、问题解决能力以及为其他学科学习所提供的数学辅助能力。由区域教育质量健康体检—初中数学测评项目组的工作目标与内容可见,初中数学测试不仅要为我国区域和学校提供数学教学质量的反馈信息,还要帮助其进行反思和调整,以不断提高教育教学水平。另外,国家和地方政府也可以基于此,从整体上了解《义务教育数学课程标准(2011 年版)》的实施情况,并不断促进我国数学课程教学的发展和完善。正因如此,测试工具的编制主要依据以下三条原则:基于义务教育阶段数学课标、基于科学的编制流程、基于证据的试题属性分析。

当前国内基于课程标准的数学能力评价大多都是源于布鲁姆的教育目标分类学。《义务教育数学课程标准(2011 年版)》中指出,课程目标应包含结果和过程两方面。结果目标一般使用了解、理解、掌握、运用等行为动词来描述,而过程目标则使用经历、体验、探索等行为动词表述。[②] 将认知过程目标与课程标准中提出的四个认知结果目标相结合,可以确定数学素养评价的能力水平。区域教育评价项目中的数学素养内涵主要是基于《义务教育数学课程标准(2011 年

---

① 黄华.从 PISA 数学素养测试对国内数学教学的启示:PISA 数学素养测试与上海市初中毕业统一学业考试数学测试之比较[J].上海教育科研,2010(5):8 - 11.
② 中华人民共和国教育部.义务教育数学课程标准(2011 年版)[M].北京:北京师范大学出版社,2012.

版)》并结合我国数学教育实际情况确定。在该版课程标准中,"掌握"被表述为"能在新情境中理解数学对象",而"运用"则被描述为"能综合利用已有知识经验选择适当的方法去解决问题"[①]。但这两种表现在实际测评中往往会出现融合的形态,即学生期间所经历的思维过程一般都会涉及在新情境中认识数学对象并能选择合适的方法去解决问题,它是"掌握"和"运用"这两种认知行为的综合。因此可将能力水平进一步简化为了解、理解、应用三个层次[②]。其中,了解层次指能从具体实例中知道或了解对象的数学特征;理解层次指能够理解数学对象的不同表达方式,并能解释不同对象之间的区别和联系;应用层次为指在理解的基础上进行推理和分析,并能选择适当的数学方法去解决问题[③]。

此外,在数学测试内容方面,主要考查数与代数、图形与几何、统计与概率三大知识领域。并且,根据对《义务教育数学课程标准(2011年版)》和初中数学教材的对比分析结果,最终测试的内容框架确定为以有理数、实数、估计、字母表示数、整式分式、因式分解、一元一次方程、二元一次方程(组)、不等式、一次函数、点线面角、相交线与平行线、三角形、多边形(含多边形内角和与外角和)、全等三角形、勾股定理、四边形(特殊平行四边形除外)、立体图形(三种视图除外)、平移与轴对称、平面直角坐标系、尺规作图、数据收集(方差除外)、统计图表(含频数分布直方图)、可能性与概率(小学水平)等知识作为评价的主要内容。

6. 中学数学智能分析工具开发与应用研究

"中学数学智能分析工具开发与应用研究"项目是在北京师范大学未来教育高精尖创新中心的支持下,同时依托国家社会科学基金"十二五"规划教育学重点课题"中小学生学科能力表现研究",并与九个学科组成的学科教育团队协同研究[④],以当前社会对人才学科素养的基本需求为导向,以新中考精神为引领,以课程标准的基本理念为依据,借助网络测试平台对北京市七年级至九年级中学生的数学素养进行全员个性化跟踪诊断,以对学生提供个性化、全方位的评估,为学生的未来学科发展提供参考和指导。

该项目主要包括单元微测试、学期总测试及学习资源包三个板块。其中,核心概念微测试着眼于学科知识的诊断(知识取向);学期总测试着眼于学科素养

① 郑义富.关于数学课程标准中描述结果目标动词的辨析[J].数学学习与研究,2013(24):86-87.
② 韩璐.八年级学生数学推理技能现状的测试研究[D].北京:北京师范大学,2017.
③ 郝连明,齐孟蔚,黄迪.八年级学生图形与几何学习情况的区域质量监测[J].教育测量与评价(理论版),2015(7):30-34.
④ 王磊,支瑶.化学学科能力及其表现研究[J].教育学报,2016,12(04):46-56.

和能力的诊断(素养、能力取向);学习资源包与单元微测试相匹配,着眼于学科知识的微辅导。总体而言,三者协同着眼于学科问题的发现与改进,学科优势的发掘与增强。当前项目实施路径是:基于学期总测试,为学生提供个性化的学科素养、能力、知识层面的学习报告;基于学习报告,精准推荐相应的核心概念微测试;基于核心概念微测试表现情况,推送该核心概念的学习资源包。同时,该项目一方面将为北京市中学生提供数学素养及非智力因素等方面的反馈信息以及未来发展的参考;另一方面将为中学生个性化课程资源开发及教学改进提供实际建议。此外,还将为北京市各区级教育管理部门、各学校及教师个人呈现个性化的学生群体数学素养发展图景,将为各区、各学校的教学改进、校本教研、教师专业发展提供个性化的理论指导①。此外,"中学数学智能分析工具开发与应用研究"项目的基本理念体现在以下三个方面。

(1)立足数学课程标准。《义务教育数学课程标准(2011年版)》是我国教育部制定的法令性文件,是数学教材编写、数学教学实施的指导性文件。美国加利福尼亚大学的评价研究中心(Center for the Study of Evaluation, CSE)研究指出,基于课程标准的学业质量评价是各个国家和地区数学课程标准有效实施的重要保障。基于课程标准的原则主要体现在三个方面:一是测试题的命制原则及操作要与课程标准理念吻合;二是测试题目的内容要基于课程标准;三是项目关于素养及能力的界定及水平划分要基于课程标准的要求。

(2)关注学科素养和能力。如前所述,数学学科素养和能力的诊断是该项目学期总测试的核心目标。在学期总测试的试题编制中,项目组基于数学的学科属性,结合国际大型测试项目(如PISA,TIMSS等)对于数学素养和能力的界定,构建了七年级至九年级学生数学学科素养框架和能力框架。

(3)注重学生个性化发展。如前所述,该项目将对北京市全体七年级至九年级学生进行跟踪研究,为每一位学生提供个性化的数学素养、数学能力发展报告单,并为其配备精准的核心概念微测试及学习资源包。实现了大数据和个性化数据的有机结合,能够深及每一位学生的数学素养和能力的表现,为每一位学生的数学发展提供最有价值的指导和建议。

另外,该项目以学生学科素养及能力(学期总测试)、知识基础(核心概念微测试)为主要测试指标,并据此精准推送核心概念的学习资源包,实现学科问题

---

① 綦春霞,何声清.基于"智慧学伴"的数学学科能力诊断及提升研究[J].中国电化教育,2019(01):41-47.

的发现与改进,学科优势的发掘与增强。

其中,四项基础工作如下:① 七年级至九年级学生数学素养模型及指标体系的构建;② 七年级至九年级学生数学能力模型及指标体系的构建;③ 八年级至九年级数学核心概念知识图谱构建;④ 八年级数学核心概念细目表制订。

还有三项核心工作如下:① 八年级数学学期总测试开发;② 八年级数学核心概念微测试开发;③ 八年级数学核心概念学习资源包开发。

值得一提的是,该测评项目中的数学素养评价框架主要基于数学问题解决的一般过程和数学学习信息加工机制[1]。同时,数学学科素养的基本框架包括内容维度、认知维度、情境维度。其中,内容维度涵盖《义务教育数学课程标准(2011年版)》中的三大数学知识领域(数与代数、图形与几何、统计与概率);认知维度划分为学习理解(知识和经验的输入)、实践应用(知识和经验的输出)及创造迁移(知识和经验的高级输出);情境维度分为包括无情境、个人情境和社会情境。并且,依据数学学科的特点、学生学习的内容类型、学习的认知活动特点等,该研究基于对数学学习理解能力、数学实践应用能力和数学创造迁移能力的相关研究,将认知维度的三大能力又各自分为三个子维度,形成了 3×3 的认知结构。具体来说,数学学科的"学习理解"能力是指学生顺利进行数学知识和经验的输入和加工活动的能力,一般表现为能否完成识别和回忆、计算和操作、解释和交流等学习理解活动;数学学科的"应用实践"能力是指学生能够进行数学学科活动以及应用数学核心知识经验分析和解决简单实际问题的能力,具体表现为学生能否利用所学数学核心知识分析和概括实际情境中的原理、进行推理与论证、选择并设计问题解决方案等应用实践活动;数学学科的"创造迁移"能力,是指学生利用数学学科核心知识、数学活动的程序性知识和活动经验等,解决陌生情境和高度不确定性问题以及发现新知识和新方法等能力,具体表现为能否进行综合应用、猜想与发现、探究与建模等基于数学学科知识经验的创造性活动[2]。

二、数学直观及相关能力的评价研究

在数学上,直观不仅包括图形转化现实的过程,更重要的是对结构的感知。事实上,真正对于数学直观及相关领域的测量与评估研究甚少,国外研究

---

① 周超.八年级学生数学认知水平的检测与相关分析[D].上海:华东师范大学,2009.
② 徐柱柱,张迪,綦春霞.初中生数学学科素养测评的实证研究:以北京市 T 区八年级为例[J].教育测量与评价,2019(01):53-58,61.

主要涉及早期直觉、数字感、几何问题解决中直觉功能以及可视化等领域。皮亚杰曾设计一些几何任务进而测量儿童智力发展中的直觉功能。在皮亚杰的基础上,韦斯科特(Westcott)基于 12 年的追踪研究,测查了学生问题解决中的数学直观[1]。利兰(Leland)和穆恩(Moon)在使用皮亚杰的几何任务和韦斯科特的直观标准的基础上对大学生群体进行了测试[2]。事实上,自 20 世纪 70 年代,认知心理学强调数学教与学中的直观化(可视化)作用,这源于可视化表征方式所具有的特征,即作为名词产品的视觉形象和作为动词的认知活动。因此,以图形表征和视觉加工为主的心理实验逐步开展,数学可视化成为主要研究方向[3]。而数学直观的本质意义在于数学发现和创造,它不仅是图形的感知,更是思维的直观认知。如波利亚在研究数学问题解决的启发式中,通过实例总结了合情推理的一般模式,即凭借经验和直观感知,并通过归纳和类比等非形式化逻辑推断出结果[4]。菲茨拜因通过对儿童日常生活经验的调查,确立了两种直观,即初级直观和次级直观;瑞森尼克(Resinck)在对数字感的调查中发现,数字直观有利于加减法的理解。[5] 而行为和神经心理学数据也支持简单的直观累积模型,描述无意识的感官信息如何积累提高决策的准确性[6],认为情感的效价是直观的核心成分。同时,人脑的结构允许情绪刺激在未出现的情况下迅速处理意识、通过脑干的觉醒系统、视网膜可以直接发送类似警报信号和杏仁核绕过主要视觉皮质这个途径使传输者的无意识的情绪信息增强[7]。

在数学教育领域,我们目前的教育评价也不再仅限于知识的掌握,而是把焦点转向了学生运用知识的能力上。自欧洲提出培养二十一世纪关键技能以来,数学素养逐渐成为全球课程与教学改革的重点,而世界范围内指向数学素养的

---

① Westcott M R. Toward a Contemporary Psychology of Intuition[M]. New York: Holt, Rinehart and Winston, 1968.

② Leland W. A Validity Study on a Measure of Elementary Geometric Intuition[D]. Bloomington: Indiana University, 1971.

③ Bishop A J. Review of Research on Visualization in Mathematics Education[J]. Focus on Learning Problems in Mathematics, 1989, 11: 7 - 16.

④ 波利亚.数学与猜想(第一、二卷)[M].李心灿,译.北京:科学出版社,1984.

⑤ Resnick L B. Defining, Assessing, and Teaching Number Sense[C]//Establishing Foundations for Research on Number Sense and Related Topics: Report of a Conference. San Diego State University Center for Research in Mathematics and Science Education, 1989.

⑥ Vlassova A, Donkin C, Pearson J. Unconscious Information Changes Decision Accuracy But Not Confidence[C]. Proceedings of the National Academy of Sciences, 2014, 111: 16214 - 16218.

⑦ Liddell B J, Brown K J, Kemp A H, et al. A Direct Brainstem-Amygdala-Cortical 'Alarm' System for Subliminal Signals of Fear[J]. Neuroimage, 2005, 24(1): 235 - 243.

教育测评也进行积极探索①。由于数学直观概念缺乏统一的界定,目前国内研究也主要集中于数学直观领域的表现研究,更多是侧重于直观能力与其他核心能力之间的联系和融合,而很少触及数学直观的深层结构分析以及影响因素的制约作用②③④⑤。此外,还有一些研究侧重于探究学生几何思维发展过程,其中最具代表性的是应用范希尔夫妇与霍弗尔建立的几何思维水平体系⑥–⑦。

三、数学直观素养测评的操作性定义

从数学素养一般概念来看,国外早期提及的数学素养是在基本读写基础上掌握运算等基本技能(如计算能力)⑧,类似我国数学教育长期所关注的双基,即通过相应的数学基础知识和基本技能的学习培养学生运算、推理和空间三大形式化能力。随着各个国家和地区教育对数学素养的重视,其内容和范围也在不断深化。使用数学作为日常生活的沟通方式,懂得欣赏和理解用数学语言进行表达,这些再也不只是知识与技能上的要求。运用数学思维和数学技能来解决实际问题以满足日常生活的需求已成为全球普遍的共识。而为了成功地实现数学问题解决,未来的学习者不得不利用各种知识、经验和背景,在跨学科和多种素养的学习中使能力达到精熟程度⑨。澳大利亚和芬兰强调的数学素养就比较重视跨学科的学习,如数字估算和测量等领域的交叉⑩;丹麦的 KOM 计划则是倾向于跨素养间的学习,即综合运用数学知识提问和问题解决以及使用数学语言和工具这两大素养群组⑪;美国也强调五种素养(概念理解、步骤流畅、策略素

① Partnership for 21st Century Skills. Framework for 21st Century Learning[EB/OL]. Retrieved from http://www.p21.org/overview/skills-framework,2002 - 05 - 15/2016 - 10 - 22.

② 杜佩璟.中学生几何直观能力研究[D].沈阳:辽宁师范大学,2009.

③ 杜宵丰,佟孟蔚,黄迪.八年级学生数学能力测评及教学建议:基于八万名学生几何典型错例分析[J].教育测量与评价(理论版),2014(12):35 - 39.

④ 徐德同,钱云祥.基于质量监测的初中学生直观想象发展状况的调查研究[J].数学教育学报,2017,26 (1):22 - 24.

⑤ 宋思思.初中生几何直观能力的调查研究[D].上海:华东师范大学,2017.

⑥ 杜宵丰,周达.我国八年级学生几何直观能力水平及发展建议[J].教育测量与评价,2018(2):40 - 45.

⑦ Hoffer A. Geometry:A model of the Universe[M]. Menlo Park, Calif.:Addison-Wesley, 1979.

⑧ 孔企平.西方数学教育中"numeracy"理论初探[J].全球教育展望,2001(4):6,56 - 59.

⑨ 徐柱柱,张迪,綦春霞.初中生数学学科素养测评的实证研究:以北京市 T 区为例[J].教育测量与评价,2019(1):53 - 58.

⑩ 张侨平.西方国家数学教育中的数学素养:比较与展望[J].全球教育展望,2017(3):32 - 35.

⑪ Niss M A, Tomas H. Competencies and Mathematical Learning: Ideas and Inspiration for the Development of Mathematics Teaching and Learning in Denmark[M]. Roskilde: Roskilde University Press, 2011.

养、合情推理、有效部署）的相互融合，进而形成数学素养①。此外，在许多文献中，数学素养和数学能力几乎等同于同一概念。但事实上，数学能力应是数学素养的核心内核，是其不可或缺的一部分。数学素养不仅涉及能力的养成，还包括在与相关情境问题解决过程中所形成的专业品质和数学情感态度，也就是说数学素养的范围覆盖了数学能力的内涵，相对来说更为宽泛②③④⑤⑥。数学知识和技能一直是形成能力的基础，而相应的内化后的能力则是形成数学素养的关键。心理学研究也表明，单纯的数学知识和技能的掌握不能自动转化为能力，而需要在问题解决（建模与应用）中实现转化⑦。与此同时，拥有数学素养也是成功构建数学模型，完成问题解决的必要条件。可见，形成数学素养的前提在于发展各种数学关键能力，在特定内容领域的数学问题解决中培养核心素养。在某种程度上，目前对数学学科素养的客观评价主要依赖学生在不同情境下进行数学问题解决时所表现的能力特质，这一点与项目反应理论等现代教育测评理论中的潜在特质理念不谋而合。

数学直观是数学核心素养的重要组成，不仅会影响学生的问题解决表现，也直接影响学生的整体数学学业成就。作为数学素养其中的一个重要指标，对国内外比较成熟的关于数学素养或数学能力测试理论进行梳理，一方面是该研究不可缺少的理论支撑；另一方面直接提供了开发测试工具的理论框架。当前大规模国际教育测评项目的兴起以及现代心理测试理论的教育应用为数学素养的客观评价提供了实现的可能。在全球教育评价视野下，目前相对成熟可靠的国内外数学素养（能力）测评框架可以作为构建数学直观素养测评模型的理论指导和行动参照，特别是其在问题情境、学科内容领域以及认知过程等多维架构方面都很值得借鉴。如前所述，自经济合作与发展组织在 1997 年启动"DeSeCo"项

① Kilpatrick J，Swafford J，Findell B. Adding It Up：Helping Children Learn Mathematics［M］. Washington，D. C.，U.S.A.：National Academy Press，2001.

② Steen L A. Mathematics and Democracy：The Case for Quantitative Literacy［M］. New York：Woodrow Wilson National Fellowship Foundation，2001.

③ Niss M A，Tomas H. Competencies and Mathematical Learning：Ideas and Inspiration for the Development of Mathematics Teaching and Learning in Denmark［M］. Roskilde：Roskilde University Press，2011.

④ 张珈华.数学素养相关指标之研究［D］.台北：台湾师范大学，2018.

⑤ Lange J D. Mathematical Literacy For Living From OECD - PISA Perspective［J］. Tsukuba Journal of Educational Study in Mathematics，2006(25)：13 - 35.

⑥ Gal I，Tout D. Comparison of PIAAC and PISA Frameworks for Numeracy and Mathematical Literacy ［J］. OECD Education Working Papers，2014(102)：3 - 57.

⑦ 林崇德.智力发展与数学学习［M］.北京：中国轻工业出版社，2011.

目以来,世界范围内掀起了有关核心素养的研究热潮,并推动各个国家和地区教育改革和测评的发展。尤其是在数学素养的认识上,其中的 PISA 项目关于数学素养的定义在国际范围内得到了广泛的认可。特别地,PISA 2012 的框架指出,数学素养是个人在不同情境下运用公式表达、使用和解释数学的能力。它包括数学推理能力和使用数学概念和工具来描述、解释以及预测现象的能力[①]。因此,可以重点参考 PISA 中的能力评价设计,进一步完善数学直观研究的测评框架[②]。同时,结合之前对数学直观内涵和相关概念的辨析以及影响因素的探究,本书从可操作性层面出发,把数学直观素养定义为个人在不同数学问题情境下依托各类直观形式直接感知数学对象本质的能力[③],这里的数学直观形式主要包括非图形直观形式和图形直观形式。其中,非图形直观形式是指借助于相对具体、易被普遍接受的思维背景来进行直接感知与认识数学对象的直观形式,而图形直观形式是借助于见到的或者想到的几何图形形象来直接感知与认识数学对象的直观形式。并且,在个人感知数学对象的过程中,其认知水平会随问题的复杂性而逐步增强。此外,数学直观经验与信念、可视化表征方式、问题解决毅力和数学焦虑等数学非智力因素也会影响学生解决数学问题的全过程,所以对中学生数学直观素养的系统全面考察还需要将这些因素纳入分析范围。

第四节　文献述评

依据研究问题对现有文献梳理以及相关理论分析,要达到以下几方面目的:首先通过对数学直观素养的相关文献梳理,基本明确数学直观素养的内涵、特征以及相关概念研究现状等问题,特别是中学生数学直观素养操作性定义和基本测评要素都有待解决的问题,确定研究思路与方法,掌握大规模教育测评的一般操作流程,从而构建本研究的理论框架和测评体系;其次,梳理直观思维发展以及数学教育中能力框架的研究成果,为本书提供理论支撑;同时,希望从已有关于数学直观及相关能力的评价研究中得到研究思路与方法的启示;最后,梳理国内外大规模教育测评项目的经验,主要为测评指标划分提供问题情境和认知水

① Stacey K, Turner R. Assessing Mathematical Literacy[M]. Berlin: Springer International Publishing, 2015.
② 陈慧,袁珠. PISA:一个国际性的学生评价项目[J].外国中小学教育,2008(8):53-58.
③ 王光明,张楠,周九诗.高中生数学素养的操作定义[J].课程·教材·教法,2016(7):50-55.

平子维度的借鉴,同时为测试工具研发提供行动指南。

一、数学直观素养的内涵

数学直观是一个复杂的概念,其内涵与外延涉及哲学、数学、教育学、心理学以及生物学和神经科学等多学科领域,并且彼此之间相互影响。其中,其概念阐释具有接近神圣的绝对真理的内部信念、认知领域重新排列的洞察力、源于宗教和专业灵感的启发、作为常识的天真推理、经验的解释以及自然思维与正式推理区分的特征。具体来看,在数学上,它是一种重要的思维形式,如启发式、归纳和类比等非形式逻辑,并常与推理相对应。不少数学家认为数学直观是一种看得见的证明,不全依赖逻辑,而本身是正确的解释。并且,多数学者以及课程教学领域研究将其概念主要限定在图形图象上,如几何直观和空间想象。近些年,国内也有一些数学教育学者将其内涵逐步拓展到非图形领域,如模式直观等。哲学上,数学直观更多是一种我们通常所见的或者所想象的对象的概念化,如数学家习惯于形象化结构。数学直观本身没有特定的感官内容,通常出现在感知或想象的感官内容的呈现中,直观因此开始于感觉或想象活动中,这种感觉是一种数学结构,而我们是从这种数学结构中抽象出不相关的特征。并且,数学直观有时依赖意象,有时出于纯粹的思考。在教育学和心理学中,数学直观通常作为智力教育基础的感官性知识,如具体对象、图片、图表等,因此教育家们大力倡导进行直观性教学。一般认为数学直观是一种产生于内在心理图象表征的信念,它是一种日常生活中有意识或下意识启发式思考的应用,而这种心理模型也受到社会的控制。同时,从生物进化论的角度,数学直观是源于进化过程中继承的核心知识。同时,神经科学的最新研究成果还认为数学直观涉及人类认知过程的平行信息处理方式。此外,脑科学研究成果指出,高级数学能力的发展依赖空间视觉直观和数感等数学直观能力。综合上述研究结论并且结合国内教育测评中关于数学能力的界定,我们认为数学直观素养应该是个人在不同数学问题情境下依托各类直观形式直接感知数学对象本质的能力。

二、区分数学直观的相关概念

数学直观不仅涉及视觉表征,还包含直观思维的成分。尽管它与一般的数学直觉不同,但在数感、数学可视化、合情推理以及模式直观等领域均有所体现。

第一,与数学直观相比,数学直觉多是无意识或潜意识的。数学直觉具有非逻辑性、整体性、或然性。此外,数学直觉几乎是瞬时发生的,而直观是有意识的问题解决过程,包含潜伏期,它不仅涉及思维方式,还包括心理表征。本质上,它是一种直接反映数学对象结构关系的心智活动形式,是人脑对于数学对象事物的某种直接的领悟或洞察。

第二,数感可以说是数学直观思维在数和运算方面的具体应用,本质上是指学生对数量感知的流畅性和灵活性。从教育心理学视角来看,数感是个人对数和运算的一般理解以及能够灵活地利用这种对数和运算的理解做出数学判断和形成有效策略,以处理数和运算问题的能力和倾向。教学实践中,数感非常重要,因为它鼓励学生灵活思考并促进其学习数学的信心。

第三,较之于数学直观,数学可视化的概念范围相对更小,通常是指图形图象领域的数学直观能力,如几何直观和空间想象。数学可视化主要利用图形、图象、动画等视觉元素,把数学概念、模型和算法以直观、易懂的方式展现出来。一般来说,数学可视化(直观化)定义为解释图象的能力以及产生图象来传达想法和概念,并且数学可视化过程中相互交织着逻辑理性。

第四,合情推理可以说是直观认知在思维上运用。作为一种相对自然的、合乎情理的、似真的推理方式,它更多是以个人数学经验和专业直觉进行推测而得到某些结果,常表现为借助联想、直觉或直观等非形式化逻辑,且主要通过经验、观察、归纳、类比等方法直接获取某种数学结论。

最后,作为数学直观的另一种思维形式,模式直观可以说是对图形直观领域的拓展。数学上,对抽象的直观过程并不总是借助于图实现的,更多的是在保持结构关系的前提下,用相对具体的量性对象表示抽象度高的概念。广义上来说,它是一种思维直观。与借助视觉表征和空间想象的图形直观不同,模式直观主要借助的是抽象思维的层次展开。

三、数学直观和相关数学能力评价研究进展与不足

在一般的数学能力评价中,首先需要阶段数学素养或者数学能力的内涵以及能力的框架。从目前的文献来看,数学素养的概念集中体现了大能力观,并且体现在过程性、动态性和应用性三个方面。不同的数学能力框架也反映了不同的数学能力观,综合已有研究,主要分歧在于能力存在于特定主题还是一般领域的活动中以及问题解决在能力形成过程中作用的不同看法。关于具体数学直观能力的测评,真正对其展开测量与评估研究甚少,主要涉及早期直觉、数字感、几

何问题解决中直觉功能以及可视化等领域。由于数学直观概念缺乏统一的界定,目前研究也主要集中于数学直观领域的整体表现,更多是侧重于直观能力与其他核心能力之间的联系和融合,而很少触及数学直观的深层结构分析以及影响因素的制约作用。此外,还有一些研究侧重于探究学生几何思维发展过程,其中最具代表性的是应用范希尔夫妇与霍弗尔建立的几何思维水平体系,但目前关于直观思维水平的划分仍然不够细致。

四、国内外大规模教育测评项目的经验

总体上,国内外对数学能力的测评大都是通过学科内容、认知要求、表现水平与问题情境等方面加以描述。其中,数学内容领域几乎统一于知识与技能两大方面,但认知和情境方面的考虑则不尽相同,从早期的布鲁姆教育目标分类到"知识与认知"二维结构的修正,再到与数学学科的紧密结合,认知水平划分存在明显的不同,并且影响数学能力的环境和背景要素也在不同能力框架中被不同程度地加以运用。

以国际代表性教育测评项目为例,其中 NAEP 数学能力评价体系为我国开展基础教育质量监测提供了许多可以借鉴地方,例如注重数学能力测评框架的系统构建,在设计能力评价框架时可以根据既有文献确定能力概念中的核心要素和内容范围,并且尽可能从不同角度或维度去研发相关题目来覆盖这些要素,以便能够全面刻画出学生成功解决数学问题过程中所运用的数学能力。至于TIMSS 项目,可以考虑在测评时应用课程实施分析模型,以课程作为学生学业结果的影响因素,如构建以测评内容、表现期望和观念或视角作为各类课程的分析维度,并注重利用信息技术来评估学生的数学与科学的学习状况。此外,PISA 测试也为我国数学教育测评研究提供了行动指南,如该项目中关于数学素养的定义在国际范围内得到了广泛的认可,尤其是在数学问题情境的应用。不仅如此,PISA 测试特别重视分析整体教育系统、学校层级、教学环境和学生层级等各级因素对数学学业成就的影响,因而重视在教育监测中加强调查问卷的使用。另外,在测试中更加关注世界普遍重视的"21 世纪技能",即辩证性思维、创造性、研究与探索、自我引导、发起与坚持、信息使用、系统性思维、交流和反思等技能。

相比之下,国内代表性教育测评项目更多是合理借鉴与适度应用。例如,在青浦教育实验中,前几轮测试重点根据布鲁姆的教育目标分类学,应用主成分分

析法修订数学教学目标。在"区域教育质量体检"项目中,其主要特色是基于我国中学数学课程标准的测试和问卷调查,对我国区域数学教育质量进行监测,并基于数据分析和评估,提出针对性的改进建议。与前两个不同的是,"中学数学智能分析工具开发与应用研究"项目中关于数学能力的框架更加关注数学问题解决的一般过程和数学学习信息加工机制,从而形成了 3×3 的认知结构。

五、数学直观素养测评的重点与价值

梳理已有研究发现,国外关于数学直观素养的评价仍然停留在实施关于数学直观领域的任务型测试,但其中很少会分析学生数学问题解决的认知过程以及进行数学背景与问题情境的考察。相形之下,国内对数学直观等学科核心素养的测试主要依赖于数学课程标准关于能力评价的一般要求,因而多数测评研究相对比较笼统,主要侧重于数学直观领域的表现研究或探讨其与其他数学学科素养的关系等内容。实际上,从中华人民共和国成立至今,我国中小学数学课程标准尤其强调直观教学的重要价值。具体而言,在初中阶段数学直观主要考查几何直观,即运用图表描述和分析问题的意识与习惯,如能够感知各种几何图形及其组成元素,依据图形的特征进行分类。同时,根据语言描述画出相应的图形,分析图形的性质。还有建立形与数的联系,构建数学问题的直观模型以及利用图表分析实际情境与数学问题,探索解决问题的思路。到了高中,数学直观则包含了几何直观和空间想象(或称直观想象),即强调借助几何直观和空间想象来感知事物的变化,并利用图形图象来解决问题。当然也包括利用空间感知物体位置关系、形态变化以及运动规律。此外,还包括利用图形描述和分析问题以及建立数与形的联系。由此可见,对图形直观领域的考查一直是国内数学直观评价的重心。但是,数学直观本身并不只限于图形图象等数学可视化领域。因此,对于中学数学教育而言,课程教学中还应重视学生非图形直观能力的培养,如鼓励学生学习使用非正规的符号、示意图、表格、图表和公式来概括数量与变量之间的关系,引导学生利用直观模型去解决问题,并且重视学生的归纳猜想和合情推理的发展。总体上,已有研究进展和国内外测评经验为本书提供了重要的分析思路,但与以往研究相比,本书中数学直观素养测评的重点是要综合考查学生在各类直观形式中所表现的数学问题解决能力,即将课程标准中的"直观想象"素养拓展至非图形直观领域,同时将直观思维认知水平和数学问题情境等全部纳入分析的范围。某种程度上,这也是本书的重要理论贡献和研究价值之一。

六、未来研究工作

在图形直观领域,在第十三届国际数学教育大会(Internation Congress on Mathematical Education,ICME 13)的专题研究组中,学者们关于数学学习与教学中的可视化(Visualization)问题展开了多次讨论,其中主要涉及可视化在数学学科知识和跨学科知识中的作用、不同文化背景和不同能力的学习者使用数学可视化的过程、数学可视化调查中的方法和工具设计以及新兴技术和数字媒介对可视化的促进作用等[1]。同时,国内历次初高中数学课程标准也普遍重视培养学生的几何直观和空间想象能力。但是到目前为止,国内外鲜有关于数学直观素养测评模型的构建研究。事实上,教育实证研究在我国开展的时间并不长,尤其是数学等基础学科的教育测评应用研究更加薄弱。近年来,在我国教育学界重视教育实证研究的背景下,科学规范的教育测评研究更有待学术界积极尝试。因此,我们应借鉴已有数学教育领域中测评模型构建研究成果的思路、框架与方法,基于直观思维认知发展理论和数学素养测试理论进行分析。本书试图通过实证调查、心理统计等方法来开展研究工作,包括构建中学生数学直观素养的操作性定义、探索测评指标和构建测评模型,开发测试工具,并测试分析中学生数学直观素养的表现及特征。

总之,文献述评的价值意义是对所涉及文献的梳理、理解、吸收与批判,通过对已有研究成果的有条理思考,讨论其研究的特点、不足与发展趋势,探索是否能发展出自己的新研究等。本章通过文献研究,收集了大量的、丰富多元的国内外关于数学直观素养及相关概念的研究、直观思维认知发展以及当前国内外大规模教育测评项目中数学能力模型构建和数学素养测试的研究资料,并梳理已有研究的一些成果特点,明确了数学直观素养、数学能力特质等重要概念的内涵,帮助本研究厘清了研究的视角、内容和方法,搭建研究理论与分析框架。具体来说,未来研究工作可从以下几个方面进行调整。

首先,广泛吸收国内外教育测评经验,搭建中学生数学直观素养测评框架。国内外对数学能力的测评框架大都是围绕学科内容、认知要求、表现水平与问题情境等方面加以描述。首先,与其他学科素养相比,数学直观的形成有时依赖意

---

[1] Yerushalmy M, Rivera F, Chua B L, et al. Topic Study Group No. 20: Visualization in the Teaching and Learning of Mathematics[M]//Proceedings of the 13th International Congress on Mathematical Education. 2017.

象,有时出于纯粹的思考,说明直观素养的生成需要借助于一定的背景或媒介。此外,学习者需要通过运用各种数学直观形式,才能在各种情境的数学问题解决过程中逐步形成数学直观素养。实际上,无论是基于可视化的视觉表征还是相对具体的思维背景,这些都是直观素养常依托的重要形式。

其次,数学素养评价中知识目标的达成总是与认知发展的要求相一致。并且,已有研究表明,随着学生应用数学知识和能力的深度与广度的变化,个体数学直观认知的发展过程存在不同水平的表现特征。最后,数学素养的形成往往基于特定的问题情境,它的一个重要方面就是在现实情境中运用数学解决问题。因此,最终根据文献研究进展,在直观素养测评框架中应增加问题情境和认知水平子维度,同时将数学直观的依托的形式拓展至非图形直观领域。

再次,关注对学生数学素养表现的分析和解释,和 PISA 等代表性测试项目一样,应用项目反应理论等现代教育测评手段进行数学教育监测,以尽可能克服样本依赖的影响。同时,利用潜在特质理论对数学直观素养进行客观间接测量。例如,可以以项目反应理论为理论基础,通过构建统计模型估计出所有测试学生的学业或能力特质以及测评试题的难度,并将学生学业或能力特质和试题难度置于同一尺度上,从而一定程度上克服了测试过程对试题和学生群体的依赖性问题,也为学生的实际表现特征与其在测评内容上的学业或能力之间的联系奠定了基础。另一方面,对中学生数学直观素养表现的因果分析不应被理解为简单的回归预测,还要将人口和教育系统因素以及其他未测量变量纳入分析范围,从而获取学生出现当前数学学科测试结果的系统解释。在未来研究中可以将文献中关于影响数学直观素养的关键因素纳入预测分析中,如直观经验与信念、问题解决毅力、可视化表征方式和数学焦虑,使用多水平分析模型深入探讨教育系统内外因素的影响。此外,可以尝试使用多元统计方法,如通过聚类分析、潜在类别分析去探索不同问题解决错误类型下中学生数学直观素养表现的异质性。

最后,遵循大规模教育测评工具研发的一般流程。测评工具的科学性、可信性、有效性直接决定了收集到的数据能否反映测评对象的真实水平。在框架搭建初期,本书梳理国内外数学直观素养研究的经典文献,并结合已有数学测评经验构建理想模型,然后根据数学课程标准的相关要求以及数学学科专家的意见逐步完善理想模型。在试题编制阶段,应严格按照直观素养框架中各测评要素要求设计评价工具,并且在试题背景、测试年级、内容领域、数学复杂性以及题目类型等方面保持相对均匀。在制订评分标准阶段,组织命题专家团队结合命题原则以及预测试结果制订并调整评分细则,然后参照学生的具体作答进行编码。例如,针对数学直观素养测评,可以根据已有文献构建好评价框架及评价指标,以数与代数、图形与几何以及统计与概率等初中数学核心知识为内容载体,并参照大规模学业成就测试的开发流程进行工具开发。在整个测试环节,本书对原始题目不断进行修改和展开预测试,先后进行小样本访谈与预测试和大样本预测试,并根据试题的难度、区分度、项目信息函数等测量指标以及专家意见对试题进行修改。最后,在经历多轮的试题核定后确定进入正式施测的测试题和调查问卷。

操作技术篇

第三章从现代教育测评理论及应用、大规模教育测评工具开发的基本流程与基本原则,以及现代教育测量与评价的发展趋势等方面详细介绍现代测评理论下大规模教育测评工具的开发与应用过程。同时,针对中学生数学直观素养测评框架构建与测评工具研发,第四章依据大规模教育测评工具开发一般流程及要求,重点搭建了以两大依托形式、三类问题情境以及三种认知水平为特征的中学生数学直观素养评价框架。与此同时,综合经典测试理论和项目反应理论,对中学生数学直观素养测评工具(测试题与调查问卷)展开三轮测试,并同时进行质量分析与修订。最终,为进一步探寻中学生数学直观素养测试表现及特征、总结数学教育测评经验提供实证分析材料。

现代测评理论下大规模教育
测评工具的开发与应用

本章首先介绍现代教育测评理论及数学学科应用情况,然后总结大规模教育测评开发的一般流程及各环节所遵循的准则,最后在实施评估过程注重目前教育测评的主要发展趋势,从而为下一章系统构建数学直观素养测评框架以及开发测评工具提供行动指南。

第一节　现代教育测评理论与数学学科应用

教育测量的发展,受到来自心理学、信息技术、统计学的影响甚多,尤其是心理学的发展使得教育测评领域的研究实现了长足的进步。同时,测量技术的发展,为更复杂认知结构的量化描述提供了更有利的工具。目前,教育测评领域有三大测试理论,即经典测试理论(Classical Test Theory,CTT)、项目反应理论(Item Response Theory,IRT)和概化理论(Generalizability Theory,GT)。这三种理论并存,改变了过去经典测试理论"一枝独秀"的格局,也带来了测量领域的全新变化[①]。简单地说,项目反应理论在处理微观问题(即被试水平与答题目之间的实质性关系)时优势明显,经典测试理论在处理中观问题(如处理常见的标准化考试等)时方便易懂,概化理论则在处理宏观问题(如对结果作推论)时更显出色。三种测验理论体系有内在联系,各有长短,应相互促进,互相补充。

一、基于经典测试理论下的教育测评研究

经典测试理论是一个与心理测量相关的理论体系,可以预测心理测试的结

---

① 吴静. CTT、IRT 和 GT 三种测验理论之比较[J].黑龙江教育学院学报,2008,27(12):77-78.

果,例如,试题的难度或测试者的能力。该理论的基本假设是一个人在测试中观察或获得的分数是真实分数(无差错分数)和误差分数的总和[1]。一般来说,经典测试理论的目的是理解和提高心理测试的可靠性(信度)。经典测试理论一般被认为与真分数理论大致相同。"经典"一词不仅指这些模型出现的年代时间,还与最近的心理测量学理论形成对比,如项目反应理论,它有时会像现代潜在特质理论那样具有"现代"的称谓。我们今天了解的经典测试理论主要是由诺维克(Novick)编纂的[2],并在艾伦(Allen)和恩(Yen)的著作中有所描述[3]。

$$\rho_{XT}^2 = \frac{\sigma_T^2}{\sigma_X^2}$$

因为观察分数的方差可以表示为真分数方差和误差分数方差之和,这相当于:

$$\rho_{XT}^2 = \frac{\sigma_T^2}{\sigma_X^2} = \frac{\sigma_T^2}{\sigma_T^2 + \sigma_E^2}$$

这个表达公式具有更直观的吸引力:测试分数的误差变化比例越低,测试分数的可靠性越高,反之亦然。如果我们知道真实的分数,那么可靠性就等于我们可以解释的测试分数方差的比例,可靠性的平方根是真实和观察分数之间的相关性。

可靠性本身不能直接估计,需要人们知道真实的分数,因此根据经典测试理论是不可能的。然而,可靠性的估计可以通过各种手段获得。估计可靠性的一种方法是通过构建所谓的平行测试。平行测试的基本属性是它会产生与每个人的原始测试相同的真实分数和相同的观察分数变化。如果我们有平行测试 X 和 X',那么这就意味着

$$\varepsilon(X_i) = \varepsilon(X_i')$$

和

$$\sigma_{Ei}^2 = \sigma_{Ei'}^2$$

[1] NCME. National Council on Measurement in Education [EB/OL]. http://www.ncme.org/ncme/NCME/Resource_Center/Glossary/NCME/Resource_Center/Glossary1.aspx? hkey = 4bb87415-44dc-4088-9ed9-e8515326a061♯anchorC, 2017 - 07 - 22.

[2] Novick M R. The Axioms and Principal Results of Classical Test Theory[J]. Journal of Mathematical Psychology, 1966, 1: 1 - 18.

[3] Allen M J, Yen W M. Introduction to Measurement Theory[M]. Long Grove, IL: Waveland Press, 2002.

在这些假设下,平行测试分数之间的相关性等于可靠性[1]

$$\rho_{XX'} = \frac{\sigma_{XX'}}{\sigma_X \sigma_{X'}} = \frac{\sigma_T^2}{\sigma_X^2} = \rho_{XT}^2$$

使用平行测试来估计可靠性非常麻烦,因为平行测试非常难以实现,实际上该方法很少使用。相反,研究者们使用内部一致性(又称为克隆巴赫系数)来度量。考虑一个由 k 个项目组成的测试项目 u_j, $j = 1, \cdots, k$, 总测试分数被定义为单个项目分数的总和,因此对于个人 i 来说满足

$$X_i = \sum_{j=1}^{k} U_{ij}$$

即克隆巴赫系数(Cronbach α)等于

$$\alpha = \frac{k}{k-1} \left[1 - \frac{\sum_{j=1}^{k} \sigma_{U_j}^2}{\sigma_X^2} \right]$$

在相当温和的假设条件下,克隆巴赫系数可以显示出可靠性的下限。因此,总体测试分数的可靠性总是高于克隆巴赫系数。所以,这种方法在经验上是可行的,并在研究者中非常受欢迎,目前许多软件包可以计算克隆巴赫系数,如SPSS 和 SAS[2]。

如上所述,经典测试理论的整个尝试是为了获得可靠性的合适定义。可靠性一般用来说明有关考试成绩的总体质量。总体思路是,可靠性越高越好,而经典测试理论并没有说明可靠性有多高。对于克隆巴赫系数来说,过高的值表示项目的冗余,一般 0.7 左右便可适用于个人研究。这些"标准"并不是基于正式的论据,而是业内约定和专业实践的结果,它们可以被推广的程度目前尚不清楚[3]。

其中,信度为单一数量的可靠性提供了方便的测试质量指标。但是,它不提供任何评估单个项目的信息。经典测试理论中的项目分析通常还依赖于另外两个统计指标:得分率(P)和题总相关(点二列相关系数)。P 值表示答对单题的

① Lord F M, Novick M R. Statistical Theories of Mental Test Scores[M]. Reading MA: Addison-Welsley Publishing Company, 1968.
② Lei P W, Wu Q. CTTITEM: SAS Macro and SPSS Syntax for Classical Item Analysis[J]. Behavior Research Methods, 2007, 39(3): 527 - 530.
③ Streiner D L. Starting at the Beginning: An Introduction to Coefficient Alpha and Internal Consistency [J]. Journal of Personality Assessment, 2003, 80(1): 99 - 103.

考生比例,通常称为题目难度。题目与总体相关性提供项目的区分或区分能力的指标,通常被称为区分度。然而,一般的统计软件包往往不能提供完整的经典测试理论分析(克隆巴赫系数只是许多重要统计指标中的一种),但在许多情况下,用于经典测试理论分析的专用软件也是必要的。

总体上,经典测试理论是社会科学测试分数的一个有影响力的理论。从优点来看,假设条件容易满足,其应用具有广泛性。同时,它形成了一套以真分数理论为基础的较完善的测验理论和对题目与测验进行统计与分析的方法,且这些方法在计算上较为简单,意义也直观明了,易被教育工作者理解和掌握,所以在应用上具有普遍性。但是,经典测试理论基本假设也存在明显不足,如真分数与观测分数间存在线性关系的假定不合理、平行测验的假设难以成立以及误差与真分数独立的假设难以满足。也就是说,经典测验方法所求得到的参数会受到不同样本组能力水平的影响,被试能力估计会由于测验的改变而改变。更重要的是,经典测验理论的效度估计只是最低限度的估计,我们假定测验误差对每个被试都是一样的,但在实际操作中,记忆、发展新技巧等心理因素足以影响两个假设条件(误差与真分数不相关)的成立。基于以上缺点,在心理测量学中,该理论已逐渐被概化理论和项目反应理论中更复杂的模型所取代。

二、基于概化理论下的教育测评研究

凡测量都有误差,误差可能来自测量工具的不标准或不适合所测量的对象,也可能来自工具的使用者没有掌握要领,又可能是测量条件和环境所造成的,还可能是测量对象不合作所引起。总之产生测量误差的原因是多种多样的,而经典测试理论仅以一个误差项 E 就概括了所有的误差,并不能指明哪种误差或在总误差中各种误差的相对大小如何。这样对于测量工具和程序的改革没有明确的指导意义,只能根据主试单方面的理解去控制一些因素,针对性并不强。正是由于经典测试理论的这些局限,整个测评领域都急需一个新的理论。20 世纪 60 年代,概化理论应运而生,并开拓出测量领域的一片新天地,其代表人物有克隆巴赫(Cronbach)等学者[1][2]。

---

① Cronbach L J, Rajaratnam N, Gleser G C. Theory of Generalizability: A Liberalization of Reliability Theory[J]. British Journal of Mathematical & Statistical Psychology, 1963, 16(2): 137-163.

② Cronbach L J. The Dependability of Behavioral Measurements: Theory of Generalizability for Scores and Profiles[M]. New York: John Wiley & Sons, Inc. 1972.

　　作为现代测量理论之一,概化理论是对经典测量理论的延伸和拓展。概化理论认为,测量的总方差可以分解为代表目标测量的方差成分和构成误差的各种方差成分。实际上,概化理论主要是对测验信度概念进行重新诠释,从而确立起其概念体系和理论构想。任何测量都处在一定的情境关系之中,所以应该从测量的情境关系中具体地考查测量工作,提出多种真分数与多种不同的信度系数的观念,并设计一套方法去系统辩明实验性研究的多种误差方差的来源。

　　从历史发展来看,早期的概化理论并未得到成功推广,直到 20 世纪 80 年代后期才逐步兴起,并最终得以与经典测试理论以及项目反应理论并驾齐驱[1]。到了 90 年代,仅教育资源信息中心(Education Resource Information Center, ERIC)中专门研究概化理论的文章就有 20 多篇[2]。特别是 90 年代后期,心理学文摘数据库(Psychology Information Database, PSYCINFO)中关于概化理论的实践研究也出现许多,主要涉及教育测量、心理咨询、行为科学、神经医学等研究领域[3][4][5][6][7][8]。

　　在国外,概化理论研究新进展便是潜在特质模型。潜在特质模型是由马尔库利德斯(Marcoulides)在 1997 年所提出,它是一种基于概化理论的项目反应理论模型,一般用于估计被试的潜在特质,如估计能力和项目难度等方面[9],这些估计结果已在与拉什(Rasch)模型的比对中获得了证实,并且潜在特质模型的产生进一步深化了学界对概化理论的认识。随着概化理论深入发展,其应用情景也逐渐变得复杂,不仅可以进行各种误差研究,还可以研究组

① Hambleton R K E, Zaal J N E. Advances in Educational and Psychological Testing: Theory and Applications[J]. Evaluation in Education & Human Services, 1991, 28: 464.
② Laveault D. Modern Theories of Measurement: Problems and Issues[D]. Ottawa: University of Ottawa, 1994.
③ Webb N M, Rowley G L, Shavelson R J. Using Generalizability Theory in Counseling and Development[J]. Measurement & Evaluation in Counseling & Development, 1988, 21(2): 81-90.
④ Atkinson M, Violato C. Neuroticism and Coping with Anger: The Trans-situational Consistency of Coping Responses[J]. Personality & Individual Differences, 1994, 17(6): 769-782.
⑤ Linn M C. Cognition and Distance Learning[M]. New York: John Wiley & Sons, Inc. 1996.
⑥ Lee G, Frisbie D A. Estimating Reliability Under a Generalizability Theory Model for Test Scores Composed of Testlets[J]. Applied Measurement in Education, 1999, 12(3): 237-255.
⑦ Anderson C M, Freeman K A, Scotti J R. Evaluation of the Generalizability (Reliability and Validity) of Analog Functional Assessment Methodology[J]. Behavior Therapy, 1999, 30(1): 31-50.
⑧ 严芳.用多元概化理论(MGT)分析国家公务员录用面试中的评分者信度[D].上海:华东师范大学, 2002.
⑨ Embretson S E E, Hershberger S L E. The New Rules of Measurement: What Every Psychologist and Educator Should Know[M]. New Jersey: Lawrence Erlbaum, 1999.

合测验的信度等[1][2]。

由于早期的概化理论常使用方差分析来估计方差分量,估计结果往往会出现负估计,且有时在估计部分方差分量时也会出现问题,还会导致混合模型中的偏差估计,而相应的期望均方的运算也跟着变化。为此,出现了最小范数二次无偏估计法(MINQUE),另外还有极大似然法估计(ML)和贝叶斯估计(BE)等多种估计方法[3]。实践中,能用于估计方差分量的专业软件有 SPSS、SAS 和 GENOVA 等[4],而 GENOVA 是概化理论的专用软件。此外,还可以使用结构方程模型(Structural Equation Modeling,SEM)软件(如 LISREL 和 Amos 等)进行估计。随着教育心理学的发展,许多教育心理测评其实都是复杂的多质多维测量,人们逐渐认识到概化理论的应用价值,甚至有人提出将概化理论界定为多元随机效应模型。

到 21 世纪 80 年代,概化理论才被引入中国。在高考改革的推动下,国际测量理论进入我国教育领域,人们开始重新认识考试测评中的信度问题。早在 20 世纪 80 年代,桂诗春等人就开始使用概化理论分析高考英语作文中的评分误差,但以后关于概化理论的简介和实践应用的研究却寥寥无几[5]。而到了 20 世纪 90 年代,多数研究都是在介绍概化理论的产生或是与经典测试理论进行比较[6],其应用研究主要体现在信度估计等方面,如作文评分中的误差控制[7][8][9]。值得关注的是,近些年国内才开始对概化理论进行深入探讨[10],但目前关于多元概化理论模型技术的研究仍是稀缺。究其原因,其本质上仍是对经典测试理论的推广,并未改良经典测试理论的项目参数系统,因而在教育测评实践中的实际

[1] Yen W M, Sykes R C. A Bayesian/IRT Index of Objective Performance for Tests with Mixed Item Types[C]. Annual Meeting of the Psychometric Society, 1997: 1 - 27.

[2] Lee W C, Brennan R L, Kolen M J. Estimators of Conditional Scale-Score Standard Errors of Measurement: A Simulation Study[J]. Journal of Educational Measurement, 2000, 37(1): 1 - 20.

[3] Webb N M, Shavelson R J, Kim K S, et al. Reliability (Generalizability) of Job Performance Measurements: Navy Machinist Mates[J]. Military Psychology, 1989, 1(2): 91 - 110.

[4] Brennan R L. Cognitive Assessment[M]. New York: Springer US, 1994.

[5] 李筱菊,桂诗春,李崴. MET 试题的设计与中学英语教学(上)[J].中小学英语教学与研究,1990(1): 56 - 60.

[6] 漆书青,戴海崎,丁树良.现代教育与心理测量学原理[M].南昌:江西教育出版社,1998.

[7] 胡显勇. GT 在作文评分误差控制中的初步应用[J].心理科学,1994(2): 82 - 88.

[8] 刘远我,张厚粲.概化理论在作文评分中的应用研究[J].心理学报,1998,30(2): 211 - 218.

[9] 张雷,侯杰泰,何伟杰,等.普通话测试的录音评分可行性、信度及经济效率[J].心理学报,2001,33(2): 97 - 103.

[10] 李伟明,严芳.概化理论中的模型选择、数据解释和指标比较:评刘远我等的两篇论文[J].心理学报,2001,33(5): 84 - 87.

应用价值有限。

三、基于项目反应理论下的教育测评研究

现代测验理论有许多模式,其中项目反应理论最具优越性,它建立在潜在特质理论的基础上。项目反应理论认为,在认知测验中,潜在特质是指所要测的内在能力。因此,项目反应理论一般也被称为潜在特质理论,它主要从测验的内部或微观方面入手,采取数学建模和统计调整的方法,重点讨论被试的能力水平与测验项目之间的实质性关系,测验的每一个项目都有自己的项目特征曲线,描述了每一个特定能力水平的被试答对或答错该项目的概率。其中,该理论的两个互相依存的核心概念是"潜在特质"和"项目特征曲线"。一般把制约个体行为的心理特征称之为潜在特质,而通常在认知测验中,潜在特质又被称为被试能力,间接可测。而若干个潜在特质的集合被称为潜在特质空间,在项目反应理论中,通常限定为单维,且要求设定的特质空间必须是全特质的空间。另外,项目特征曲线(Item Characteristic Curve,ICC)是指被试在试题上正确作答概率对潜在特质分数的回归曲线。一般来说,一个好的测验的试题作答正确的概率与被试总分之间应该呈正相关,这就需要被试的项目特征曲线的形态满足以下特点:人的潜在特质的定义域应在正负无穷之间;在特质水平下,被试的作答正确的概率 $P(\theta)$ 取值范围都在[0,1]区间内,并且被试作答正确的概率也会随被试特质水平的提高而提高(见图 3-1)。

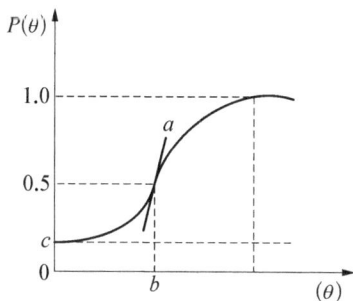

图 3-1　项目特征曲线

由于项目特征曲线对项目反应理论的产生具有重要意义,所以在介绍项目反应理论的产生和发展问题时,一般会追溯到 1905 年比奈(Binet)和西蒙(Simon)编制第一个智力量表时的工作,他们当时所使用的作业成绩随年龄增长而提高的散点图与现在的 ICC 曲线十分类似。项目反应理论的真正创立者是美国心理测量学家洛德(Lord)。1952 年,洛德发表博士论文《一个测验分数的理论》,并且提出了项目反应理论的第一个数学模型及其参数的估计方法,并把该模型应用到了学业成绩和态度测量工作之中。此后,项目反应理论获得了迅速发展。1968 年洛德和诺维克的专著《心理测验分数的统计理论》以四章的篇幅详细地阐述了项目反应理论中具有二、三参数的正态卵形模型和逻辑斯蒂

(Logistic)模型的数学问题。至此,构成了项目反应理论的基本体系。20世纪70、80年代,项目反应理论吸引了众多的教育和心理测验学者,从而使得项目反应理论取得了突破性进展。目前面临的主要争议是大多数测量工具都难以满足严格的单维性,这也是项目反应理论受到批评的主要原因。因此,建立多维反应模型是项目反应理论目前的发展方向之一。此外,值得注意的是,在分析工具上,自项目反应理论提出之后,由于涉及复杂的数学和参数估计等问题,但当时并未引起广泛的重视。随着计算机技术的发展,1969年,怀特(Wright)和潘杰帕克森(Panchapakesan)开发出项目反应理论的第一个计算机程序BICAL(适用于后来的Rasch模型),这使得该模型得到了很大的发展。1976年,洛德推出了项目反应理论的第二个十分重要的应用软件LOGIST,这使得项目反应理论直接进入了考试的实用阶段。1982年,密斯莱维(Mislevy)和博克(Bock)编制了BILOG,可用于单参数、双参数、三参数Logistic模型的参数估计。此外,江西师范大学现代教育与心理测量研究开发中心的漆书青和戴海崎等心理学家经过多年的努力,在Windows平台上开发出了ANOTE软件(心理与教育测验通用分析系统)。

由于项目反应理论主要依据被试的作答情况,通过对项目特征函数的计算,进而估计出被试的潜在特质,所以一般项目参数会涉及难度、区分度和猜测系数这三个方面。根据项目参数的数量,其特征函数常被分为单参数模型(难度)、双参数模型(区分度和难度)、三参数模型(难度、区分度和猜测系数)等。此外,还有Logistic模型、Rasch模型和洛德的正态卵形模型等。实际上,项目反应理论在实践中有较多的应用,例如,实现测验等值、运用项目反应理论对测试题库中的题目进行校正,之后就可以从这些题库中选择项目以构建成能预先详细阐述其测量属性的测验。此外,由于在项目反应理论中项目反应函数并没有依赖被试而对项目进行校准,所以项目反应理论提供了一种寻找题目偏差的方法。

与经典测试理论相比,项目反应理论具有诸多优点,例如,它能提供被试能力估计值的精确度指标—测验信息函数等。此外,经典测试理论求得的测验统计量都是依赖于样本的,即会有样本依赖现象,而项目反应理论的项目与特质参数则具有不变性;在经典测试理论中,被试特质和项目难度被定义在毫不相干的两个维度上,不能相互比较,但项目反应理论中则将被试特质定义在同一度量系统上;在经典测试理论指导下的测验编制策略单一,而项目反应理论提出了测验编制的指导原则;经典测试理论中,测验统计量(难度、区分度)是分别求取分别应用的,而且其值是笼统地就全组被试来说的一种"平均"值,但项目反应理论则定义了项目与测验信息函数。另外,经典测试理论中处于中心地位的信度,由于建立在平行观念上,显得含糊且不确切,据此求得的测验精度,常常是低限估计或偏差不明的估计①。

值得注意的是,在众多项目反应理论测量模型中,Rasch 模型一直在考试测量领域以及大型国际学业比较中发挥着巨大的影响力②。与其他测量模型相比,Rasch 模型有很多显而易见的优势,它能够把被试的能力和试题的难度放到同一个量尺上进行比较,从而实现等距测量。此外,不同于一般项目反应理论,Rasch 模型要求所收集的数据必须符合模型的先验要求,而不是使用不同的参数去适应数据的特点,从而为教育测评中关于能力等潜在特质的客观测量提供了可能③。正是因为具有这些测量优势,Rasch 模型在经济学、心理学等领域已得到广泛应用。

作为一个单参数项目反应理论模型,Rasch 模型是由著名统计学家乔治·拉什(Georg Rasch)在应用项目反应理论中提出的一个潜在特质模型④。它是利用被试的作答表现来测量不可直接观察的潜在特质。根据 Rasch 模型基本原理,被试关于特定题目的正答率可以用被试能力与该题目难度的特征函数来确定,且被试能否正确作答题目仅取决于自身能力特质和题目难度这两方面⑤。

在 Rasch 模型中,被试能力、题目难度以及被试的正答率三者之间的存在特定的函数关系:

$$P_{mi}(x_{mi}=1/\theta_m, \delta_i) = \exp(\theta_m \cdot \delta_i)/[1 + \exp(\theta_m \cdot \delta_i)]$$

其中,$P_{mi}(x_{mi}=1/\theta_m, \delta_i)$ 指的就是能力为 (θ_m) 的个体正确回答 $(x=1)$ 难度为 (δ_i) 的题目的概率。若 P_{mi} 表示答对题目的概率,那么其取值范围就是 $[0, 1]$。

---

① 吴静. CTT、IRT 和 GT 三种测验理论之比较[J].黑龙江教育学院学报,2008, 27(12): 77 - 78.
② Rasch G. Probabilistic Models for Some Intelligence and Attainment Tests[M]. Copenhagen: The Danish Pedagogical Institute, 1960.
③ 晏子.心理科学领域内的客观测量:Rasch 模型之特点及发展趋势[J].心理科学进展,2010, 18(8): 1298 - 1305.
④ Andersen E B. Georg Rasch (1901—1980)[J]. Psychometrika, 1982, 47(4): 375 - 376.
⑤ 晏子.心理科学领域内的客观测量:Rasch 模型之特点及发展趋势[J].心理科学进展,2010, 18(8): 1298 - 1305.

Rasch 模型是一个理想化的模型,因为它认为测试数据需满足既定的标准和结构,才能最终实现客观测量。使用 Rasch 模型的测量标准一般有两个,其一是能力高的人总是比能力低的人作答问题正确的概率要高[1];其二,个体作答容易题目的表现始终应比作答困难题目的表现要好[2]。

Rasch 模型的基本假设一般有以下几个方面:首先是单维性假设,即每道测试题都能测到同一种能力特质;其次是局部独立性假设,是指被试在每道题的作答反应上是独立的;再次是非速度测验假设,即测验结果一般不会受到时间的限制,即使被试表现不佳,也只能是由于自身能力不足所引起的,而不是时间不够所致;最后是知道正确假设,就是被试已经知道正确答案,那其必然会作答正确,反之,若回答错误,则其肯定不知道正确答案。

在 Rasch 的模型量尺方面,首先 Rasch 模型具有预测功能,即若测量数据适合模型,那么能通过模型去推测潜在特质;其次,Rasch 模型中的量尺可以避开经典测试理论中的样本依赖。对任何题目而言,能力越高,答对的概率就越高。也就是说,这些试题特征曲线是单调递增的。对任何受试者而言,题目越难,答对的概率就越低。此外,Rasch 模型的量尺 θ 和 δ 还可以分离,从而实现测验独立和样本独立。

Rasch 模型自身也有许多特点,如它可以通过对数转换,将被试能力和题目难度放在同一尺度上进行标定[3]。这样一来,被试与题目之间都可直接进行比较。Rasch 模型还可以将非线性数据转换成为相对等距数据,从而实现客观测量。此外,它还具有参数分离的特点,即题目难度独立于被试的能力分布,并且被试的能力也独立于题目的难度分布[4]。显然,由之前的特定函数关系可知,被试的正答率只由被试能力和题目难度所决定,这也意味着 Rasch 模型所提供的能力参数和项目参数是完全独立于被试能力分布或题目难度分布的。

在模型的拟合度方面,Rasch 模型则要求测试数据首先需符合模型的标准。然后在运行 Rasch 模型软件分析程度后,一般都会提供卡方拟合指标,这些指标都通过残差计算而来。像 WINSTEPS 和 ConQuest 等软件就会提供两种拟合指标,即 Outfit MNSQ 和 Infit MNSQ。Outfit MNSQ 是指未加权的残差均方,

① Wright B D, Masters G N. Rating Scale Analysis[M]. Chicago:MESA Press, 1982.
② 李久亮. Rasch 模型在中国应用研究回顾[J].广东外语外贸大学学报,2016, 27(2):73-78.
③ Wright B D, Masters G N. Rating Scale Analysis[M]. Chicago:MESA Press, 1982.
④ Wright B D, Stone M H. Best Test Design[M]. Chicago:MESA Press, 1979.

而 Infit MNSQ 是加权后的残差均方。相较而言,未加权的残差均方对极端值更为敏感,而加权后的残差均方对被试能力与试题难度相匹配的数据更为敏感;它们的取值都在 0 到正无穷之间,特别是当测试数据与模型完全拟合时,其理想值为 1;大于 1 时表明实际数据的变异数超过了模型的预期;小于 1 时则表明实际数据的变异数少于模型的预期。从测量学的角度来看,大于 1 时的数据对测量客观性的负面影响更大。实际中,这两种拟合指标的可接受范围也主要取决于研究的目的[①]。

在实际中,使用这些拟合度指标时必须慎重。怀特和潘杰帕克森就曾指出,在测评过程中,简单地删除拟合指标较差的数据并不科学[②]。而测试分析和设计人员应更加关注那些拟合指标不好题目本身存在的问题,尽可能找到其他影响因素,如区分度和猜测效应的影响。邦德(Bond)和福克斯(Fox)也建议利用拟合指标来排查异常被试和题目,而不是把它们作为是否应被删除的标准[③]。史密斯(Smith)等人还指出,应该把实际数据与测量模型的拟合度看作一个连续体[④]。也就是说,"拟合"与"不拟合"之间并没有严格的界限,而在研究中应该根据实际情况来确定标准。

Rasch 模型的主要特点就在于被试的正答率完全是由其能力水平与项目难度关系所决定的,因此它在实现客观测量上实现了很大的突破。Rasch 模型产生以来,一直具有旺盛的生命力并且得到了广泛应用,如后来发展的多维度 Rasch 模型,在一定程度上解决了单维度模型分析数据时所遇到的信效度问题[⑤][⑥]。它不仅能涵盖更为广阔的内容范围,还能提高测验精确度[⑦]。后来,还出

① 晏子.心理科学领域内的客观测量:Rasch 模型之特点及发展趋势[J].心理科学进展,2010,18(8):1298-1305.
② Wright B, Panchapakesan N. A Procedure for Sample-Free Item Analysis [J]. Educational & Psychological Measurement,1969,29(1):23-48.
③ Bond T G, Fox C M. Applying the Rasch Model:Fundamental Measurement in the Human Sciences [M].New Jersey:Lawrence Erlbaum,2007.
④ Zickar M J, Russell, et al. Evaluating Two Morningness Scales with Item Response Theory[J]. Personality & Individual Differences,2002,33(1):11-24.
⑤ Rost J, Carstensen C H. Multidimensional Rasch Measurement via Item Component Models and Faceted Designs[J]. Applied Psychological Measurement,2002,26(1):42-56.
⑥ Yao L, Schwarz R D. A Multidimensional Partial Credit Model with Associated Item and Test Statistics:An Application to Mixed-Format Tests[J]. Applied Psychological Measurement,2006,30(6):469-492.
⑦ Cheng Y, Chang H H, Douglas J, et al. Constraint-Weighted a-Stratification for Computerized Adaptive Testing with Nonstatistical Constraints:Balancing Measurement Efficiency and Exposure Control[J]. Educational & Psychological Measurement,2009,69(1):35-49.

现了测验的等值和链接等研究领域,主要是为了将不同测验中获得的分数转化为可以比较的分数。等值是处理内容相同而难度不同的测验,而链接则处理内容和难度都不相同的测验[①]。此外,基于 Rasch 模型的计算机自适应考试已成为当今教育测量研究与实践的一个重要发展方向。

由于测试者的潜变量往往是测评目标所对应的维度,同时项目反应理论模型中测试群体潜质和试题难度等参数在统计意义上具有不变性,使 Rasch 模型的使用不仅为建立测量目标中不同维度上的量尺提供了工具,同时为测量目标中不同维度与学生的实际表现之间的联系建立了沟通的平台,为基于学生实际表现,以及在试题难度的基础上,分析解释学生在某种潜质上的表现(如能力表现),奠定了扎实的测量基础。从基于证据的推断角度,这在为学生的实际表现提供证据,正好集中体现了测量目标中相关潜质,建立了概率意义上的推断。总体来说,Rasch 模型在大规模教育测试中的应用,能够提供精确、客观的测量结果,帮助教育工作者全面分析和评估试题质量,从而优化考试设计,提高教育质量。

从 20 世纪 60 年代开始,Rasch 模型便逐渐受到研究者的青睐,从自然科学到社会科学的研究领域中都开始应用这一模型,并在心理科学领域取得了更大的进展。2000 年之后,国内研究才开始在教育测评等领域应用 Rasch 模型,特别是在数学教育领域也进行不少尝试,如顾泠沅教授团队对数学教学目标开展大样本测量[②③],刘坚教授主持的义务教育数学质量监测研究[④],曹一鸣教授团队参与的数学学科能力表现测评研究[⑤],徐斌艳教授团队开展的义务教育阶段数学学科核心能力调查研究[⑥],还有宋乃庆教授团队也用项目反应理论技术对高考、中考测试评价展开实证分析[⑦]。此外,沈南山、石琳等学者也应用项目反应

① Kolen M J, Brennan R L. Test Equating, Scaling, and Linking: Methods and Practices[M]. Berlin: Springer, 2004.
② 刘丹,杨玉东,贺真真.教学目标测量的分类学基础:青浦实验的新世纪行动之五[J].上海教育科研, 2007(11):39-42.
③ 周超.八年级学生数学认知水平的检测与相关分析[D].上海:华东师范大学,2009.
④ 刘坚,张丹,綦春霞,等.大陆地区义务教育数学学业状况及影响因素研究[J].全球教育展望,2014,43 (12):44-57.
⑤ 曹一鸣,刘晓婷,郭衎.数学学科能力及其表现研究[J].教育学报,2016,12(4):73-78.
⑥ 徐斌艳,朱雁,鲍建生,等.我国八年级学生数学学科核心能力水平调查与分析[J].全球教育展望, 2015,44(11):57-67.
⑦ 闫成海,杜文久,宋乃庆,等.高考数学中考试评价的研究:基于 CTT 与 IRT 的实证比较[J].华东师范大学学报(教育科学版),2014,32(3):10-18.

理论对学生数学学业水平展开调查[①②]。

第二节　大规模教育测评工具开发的基本流程与基本原则

工具研发是基础教育质量监测的关键环节,很大程度上决定了教育质量监测是否科学、有效。鉴于工具研发的专业化程度较高,首先要依托研究团队。比如,研究团队既应包括教育测量与评价领域的专业人士,又应包括有实践经验的一线教师和教研员,还应包括教育学及心理学领域的专家学者。相关区域开展教育监测时应积极与当地高校或者科研机构寻求合作,逐渐培养和组建自己的团队。其次,结合国际大型教育质量监测和我国国家义务教育质量监测的实践经验,并遵循大规模教育监测工具研发一般流程,例如,确定研发目的、确定框架、编制测评工具、制订数据分析计划、实施预测试以及形成正式问卷等[③]。

一、工具开发基本流程

测评工具的研发是开展大规模教育监测的中心环节,而研发技术则主要取决于测试工具的质量和监测目标的达成。工具研发除了要组建一支具有丰富命题经验和测评专长的团队,最基本的工作还是要制订并遵循科学、规范的研发流程,这也将是确保后期工作按照既定目标顺利实施的前提[④]。一般而言,工具研发程序主要包括监测目标的确定、监测工具的设计、监测内容的确定、监测题目的开发以及监测工具的技术分析[⑤]。此外,边玉芳教授等还根据安德森(Anderson)等人的研究给出了测试工具开发的一般流程,共有 5 个环节 14 个步骤[⑥]。杨涛教授也根据实践经验给出了测试工具开发的 9 个步骤[⑦]。同时,以

① 沈南山.基于 IRT 模型的数学学业成就水平测试分析[J].安徽师范大学学报(人文社会科学版),2012,40(1):67-73.
② 石琳.基于 IRT 的民族地区数学学业成就水平对比研究:以甘肃甘南、新疆巴州、广西宜州三地为例[J].中央民族大学学报(自然科学版),2013(s1):17-22.
③ 侯燕燕,李勉,张丹慧.区域教育质量影响因素监测工具的研发[J].中国考试,2018(6):6.
④ 王燕春.省级基础教育质量监测学科工具研发初探[J].时代教育,2016(12):33.
⑤ 王燕春.基础教育质量监测学科工具研发的思考[J].上海教育评估研究,2017(2):15-19.
⑥ 边玉芳,梁丽婵.基础教育质量检测工具研发[M].北京:北京师范大学出版社,2015.
⑦ 杨涛,李曙光,姜宇.国际基础教育质量监测实践与经验[M].北京:北京师范大学出版社,2015.

PISA、TIMSS 和 NAEP 为代表三大国际测评项目所积累的多年经验为我国的基础教育质量监测提供了重要的国际借鉴[①]。综合以上的分析,笔者对这些开发环节和步骤进行了整理,其基本研发流程可以简化为图 3-2 所示的步骤。

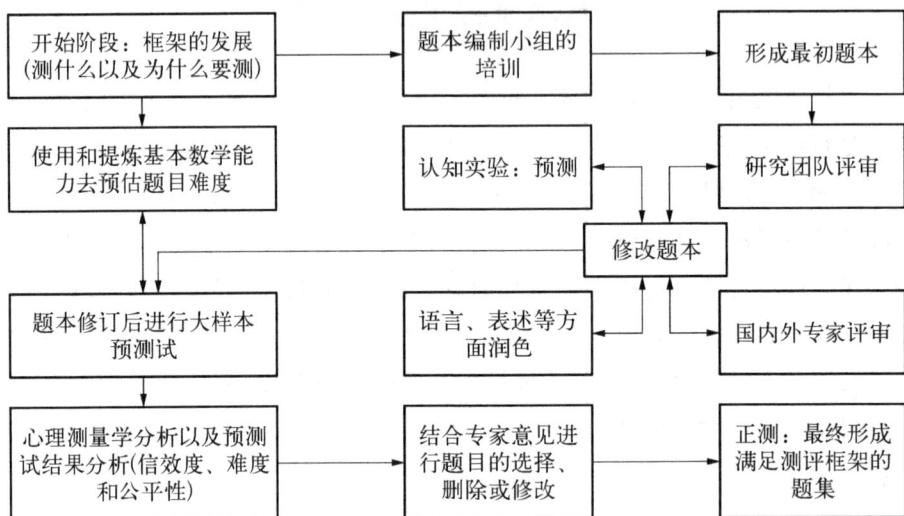

图 3-2　测试工具的开发流程

　　构建测试框架首先要根据研究的目的和内容来确定测试的框架,然后编写命题双向细目表。命题者只能根据双向细目表的要求进行试题命制,即通过能力考查目标和测试内容之间建立关联,并且编写测验题目还要经过一套复杂且严格的执行程序。在本书的研究中,笔者作为核心成员参与了原始题目的命制工作,并重点开发了数学直观素养的影响因素问卷(学生问卷和教师问卷)。整个流程中,与监测团队一起对原始题目不断进行修改和展开预测试,先后进行了6 人访谈,30 人小样本预测试,300 人大样本预测试[②],并根据试题的难度、区分度、项目信息函数等指标以及专家意见对试题进行修改。在经历了多轮的试题核定后最终确定了 25 道试题进入正测。而对于问卷的开发,首先通过文献梳理并结合专家审核确定了基本维度,然后通过改编和自编问卷题项,同样也是先后经过访谈和预测试,然后根据问卷信度、效度、修正指数等指标并结合专家意见

---

① 李勉,张岳,张平平.国际基础教育质量监测评价结果应用的经验与启示[J].外国中小学教育,2017
(5):1-7.
② 需要指出的是,本书中的"6 人访谈、30 人和 300 人"仅是项目组关于大规模数学测评流程的预测试名称,并非预测试样本一定就是"6 人、30 人和 300 人"。

对题目进行修改,最终获得确定好的调查问卷(见图3-3)。整个工具开发周期
长达8个月之久,从而确保工具整体布局合理科学、试卷结构良好、充分发挥每
一道题的测量功能,使试卷的信度、效度、区分度和其他关键指标达到统计和测
量学要求。

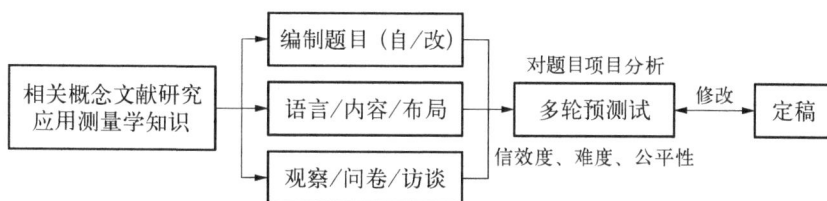

图3-3　问卷编制的一般流程

二、工具开发的一般原则

通常而言,测试题一般分为客观题和主观题两种,客观题是让被试参与者从
既定备选答案中选出正确答案的题目,有判断题、选择题、匹配题等题型;主观题
是指那些能更好地考查学生具体情况或个性的试题。以客观题为主体的试卷整
体覆盖面较广,阅卷和评分人员不仅能够避开个人主观因素的干扰,还可以借助
机器辅助评阅;而主观题是为了更加全面地了解学生对于特定领域知识和内容
的理解和掌握情况,还可以考查学生的识别与回忆能力以及对问题本质的认识,
并且有助于学生清晰表达问题解决的思路。事实上,不同题型的测试题有不同
的命制经验。例如,选择题的题干意义要完整并能表达一个确定的问题,不要滥
用否定结构,要尽可能地采用正面陈述、诱答项具有似真性等;填空题意要明确,
限定要严密,空白处应填的答案是唯一的,尽量将空白放在句子的后面或中间;
简答题的问题叙述要明确,要确定能使被试用简单的语言来回答,而且要避免出
只考机械记忆的题,应注重知识的应用等;最后,论述题的试题应该用来测量较
高层次的教学目标,要明确而系统地陈述问题,使被试能清楚地了解题目的要求
以及最好在题目中能给出回答本题所需的参考时间等。

相形之下,问卷是一种用于收集个体观点和信息的调查工具。它通常包
括一系列问题或陈述,涉及个体的态度、信念、价值观、行为和背景信息等。问
卷的主要目标是了解个体在特定领域的观点和信息,为心理研究和实践提供
数据支持。对于问卷(主要是结构式问卷)来说,一般会使用心理反应量表来

作为教育测量工具。以利克特量表(Likert Scale)为例,通过要求受测者对一组与测量主题有关陈述语句发表自己的看法。其主要优势在于设计简便、使用范围广,还能用于测量其他量表所不能测量的复杂概念或态度。通常情况下,利克特量表比同等长度的量表的信度更高。当然,利克特量表也存在一定的局限,即相同的得分者具有极为不同的态度分布,因为它是用一个题目总加得分来代表被试的同意程度,虽然可以大致区分个体间的态度高低,但无法描述其内部结构差异①。

总之,无论是试题和问卷,其开发始终需要遵循一些基本原则。事实上,测试工具带有很强的测试目的性,为规范化研究提供了依据。因此,必须严格开发每一道题本。PISA项目的多年的测评经验中总结了大规模测试工具开发的一些基本原则,这些原则对于当下的测试工具开发也有重要指导意义:

① 研发人员应理解测评框架,题目尽量真实原创;

② 创设适用于中学生的真实问题情境,在不失原创前提下,进一步简化情境嵌入信息;

③ 学校课程内容尽可能明确体现,试题区分度要明显;

④ 在预测试之前结合专业判断和认知诊断(如访谈)预估试题难度;

⑤ 专家组评审过程应做到科学规范;

⑥ 确保题目内容间相互独立,不宜相互重叠;

⑦ 翻译国外的试题和问卷应注意语言表达和文化差异;

⑧ 题目的作答类型区分明确,编码过程准确可信;

⑨ 尽可能执行严格规范地的抽样程序;

⑩ 问卷的题目应基于问卷框架,为背景变量提供理论基础,帮助理解学生为何出现不同的表现水平;

⑪ 数据录入、分析和处理过程严谨规范②。

本书所选用的试题和问卷一部分改编自国际测试题,因此有些题本命制的原则会对研究有很大借鉴。例如,30人预测试问卷中的例子,"I put off difficult problems"选项从"very much like me"到"not at all like me",这道题直译以后为"我会拖延处理数学难题的时间",选项为"非常像我"到"一点也不像

---

① 周泽兴.公务员职业价值观与职业生涯发展相关性研究[D].南宁:广西民族大学,2013.

② Stacey K,Turner R. Assessing Mathematical Literacy[M]. Berlin:Springer International Publishing,2015.

我",但是访谈之后发现学生很困惑,中国学生不理解什么叫"拖延处理"以及"有点像我"。因此,翻译国外题本一定要注意语言表述和考虑文化背景。此外,有些试题命制还需考虑城乡差异,例如30人预测试试题中出现机场托运、高铁座位等大中城市的背景信息,但是在农村地区可能成为理解障碍,以至于影响测试的有效性。

　　值得注意的是,在一般教育和心理测评中,试题是一个基本测试单元,其目的就是要获取被试的作答信息,并根据应答情况对被试的某些心理特质的表现(如知识、能力等)进行推测[①]。其中,选择题一般由题干和选项组成,不少学者研究认为题干的设计也要有相应要求:如题干自身最好是具有完整意义的句子、并能与备选的答案组成有完整意义的句子,且题干要主题突出、尽量不要用"不"或"否定"等反向表述。当必须使用反向表述时,可以在否定词下方标注区分符号,以示提醒。在语言、修饰和语句长度等方面,对于每一个备选答案应尽可能保持一致,一般不要使用"上述三项都正确"等带有暗示性的选项以及部分答案相互否定的选项。在一张试卷中,试题中不要出现太多的判断式或者无主题的判断式选择题,选项中的相同表述,一般都应放到题干中,当选项是纯数字时,选项的排列应根据命题意图采用一定的排列原则,不能随意放置、所有的"可能的答案"都应合乎情理,符合逻辑,否则学生便会很快猜到正确答案。另外,在同一张试卷中,正确答案应随意出现,平均分配,基本上各占四分之一,不要刻意呈现出一定排列次序[②]。主观题则必须要通过人工阅卷,并且阅卷员要对评分标准充分理解和熟悉,最终方能进行评分,其命制原则有:如挑选的情景材料应该有教育意义、情境材料选择必须考虑测量的认知目标和涉及的内容领域、考生在经历背景和情境材料的刺激后,表现出的作答差异只能与既定的能力测量目标和相关内容领域的知识掌握程度有关,与其他任何因素无关、情境材料尽可能真实复杂、应用清晰、语言和图形表述背景材料明确、情境材料的呈现方式也应多样化、难度的设定要有一定的坡度、设问或题目设计需充分考虑能力目标和内容主题要求、应该用清晰的语言表述设问、问答题和简答题设问应该有一定的综合性,而且涉及的内容范围不易太窄、要对应答提出要求、设计的设问数应与背景材料的长度及其要求相匹配、对试题的赋分应该合理[③]。

[①] 雷新勇,周群.试题命制的理论和技术(一)[J].考试研究,2008(1):85-96.
[②] 雷新勇,周群.试题命制的理论和技术(二)[J].考试研究,2008(2):91-105.
[③] 傅勇.初中数学试卷的命制技巧与方法[J].考试周刊,2013(8):4-4.

三、数学教育测评工具开发各环节所遵循的准则

（一）试题和问卷修订具体原则

试题与问卷是本研究最为重要的测评工具。对于一般的基础教育质量监测与评价而言，试题命制主要遵循以下原则。

首先，试题命制应基于最新的学科课程标准，体现课标的基本理念和要求。注重考察学生对学科核心知识、技能的理解和掌握，尤其是学生综合运用所学知识解决实际问题的能力、收集与分析信息的能力以及对重要学科思想方法的理解与掌握。其次，根据课标、统计测量方法和大规模测试数据确定学生合格、良好和优秀标准，试卷要有足够的试题鉴别学生合格与否，是否达到良好或者优秀水平。再次，控制试卷的总体难度，试卷以体现课标对学生基本要求的题目为主，有难度的题目主要考察学生的高层次认知能力。部分试题需配备真实情境和任务，通过多种类型试题考察学生高层次认知能力。要给学生充分的思考时间，控制试题数量，原则上中等及以上水平的学生在规定时间前半小时答完所有题目。最后，命题过程及程序规范、科学，实行严格的质量控制。此外，每个题目需要做如下几方面的编码标定：考察的具体内容、能力维度和难度。同时，试题的编排表达形式上，力求言简意赅，保证没有歧义或模棱两可的表达，内容尽可能符合语言习惯表达。图文并茂，给人以很好的视觉感受。还有，编排顺序上由浅入深，循序渐进，适合学生心理特征。最后，命题要注重体现积极的价值取向，引导考生关注自身的发展、国家的发展和人类的进步，使试题具有时代性和教育性。

此外，问卷设计也有着极其严格的操作程序。它不仅需要清晰地界定所研究的问题，仔细推敲问题的措辞，还需要对问题的信度和效度进行必要的评估。但是，在实际调查过程中，这些流程和细节往往被忽视或轻视。通常，问卷的设计一般要依据如下原则：① 目标明确，要明确调查的目标和研究问题，确保问卷内容与目标一致；② 简洁明了，问卷应简洁明了，避免使用复杂的语言和术语，确保被调查者能够理解问题；③ 逻辑有序，问卷应按照逻辑顺序设计，从一般到具体，从简单到复杂，避免跳跃式的问题排列；④ 避免双重否定，问题应该避免使用双重否定，以免造成被调查者的困惑；⑤ 避免主观偏见，问题应该中立客观，不应该包含个人观点和偏见，以确保被调查者能够真实回答；⑥ 考虑问卷长度。问卷的长度应该适中，不要过长，以免引起被调查者的疲劳和厌烦；⑦ 考虑

多种问题类型,问卷中应该包含多种问题类型,如选择题、填空题、量表等,以便获取全面的信息;⑧ 采取预测试,在正式使用之前,应该进行问卷的预测试,以发现潜在的问题和改进之处;⑨ 保证匿名性,问卷应保证被调查者的匿名性,以增加回答的真实性和减少偏差;⑩ 保证合理的问卷顺序,问卷中问题的顺序应该合理,避免前后问题的影响。总之,好的问卷设计应该能够准确获取所需信息,同时尽量减少被调查者的负担,确保问卷的有效性和可靠性。

在本书中,测试题是按照搭建好的数学直观素养测评框架来命制题本,其中主要从依托形式(Form of reliance,简称 F)、情境(Situation,简称 S)和认知水平(Cognitive level,简称 C)三个维度去考察数学直观素养表现,以下分别用 F、S 和 C 来表示一道试题的这三个要素编码,也就是需要通过题目的命制来覆盖这三个要素。接下来,按照访谈和预测试的结果进行修改。至于问卷,首先要按照整个问卷框架对各子维度的要求自编或改编问卷题目的陈述,然后根据访谈和预测试结果进行修订完善。下面分别以一道试题和问卷的修订过程为例。

试题案例:M8BO111。

题干:小明从家匀速步行到离家最近的书店,购买了本学期需要读的课外书,然后从书店匀速骑共享单车回家。请你画出他步行到书店过程中的函数图象,用以描述路程 y 与时间 x 之间的关系。

命题意图:认识一次函数图象的特征。

F:图形直观形式。

S:生活情境。

C:水平 1。

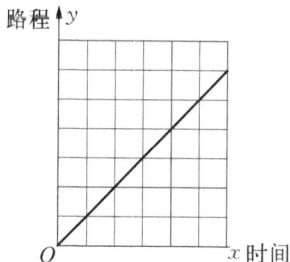

图 3－4　学生画出的正确
　　　　函数图象

该题最初设计是为了考察学生在生活情境下的几何或图形直观,即依托图形直观形式来解决问题。在认知方面主要是测试学生能否直接感知一次函数图象($k>0$),识别图象中的几何特征(斜率),属于水平 1。由于本题对知识和能力的掌握要求还处于了解水平,学生只要知道斜率 k 大于零,也就是直线倾斜角为锐角,就可以解决问题。因此,多数专家认为这种命题方法对学生的鉴别度不大,并且也不符合整个项目组对题型的要求,故对此题进一步讨论,修改为下面的题型。

题干:小明从家匀速步行到离家最近的书店,购买了本学期需要读的课外书,然后从书店匀速骑共享单车回家,下面哪个图象描述了这一过程中的路程 y 与时间 x 之间的关系?(　　)

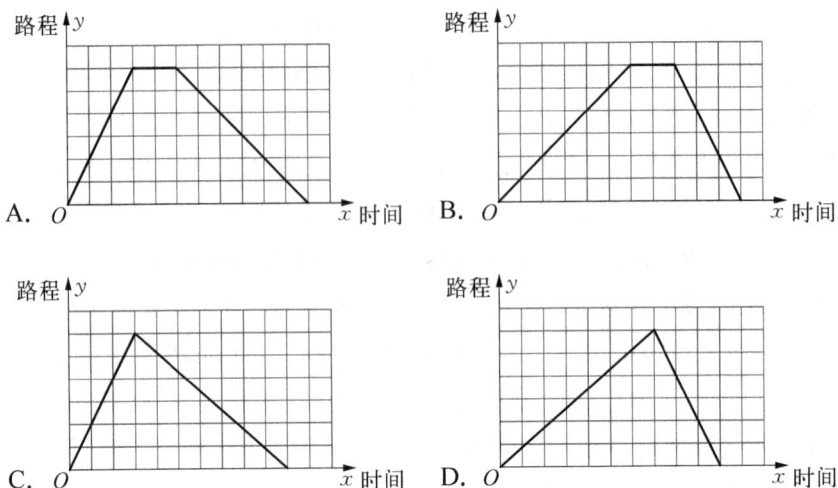

图 3-5 几何直观测试题修改后函数图象

命题意图：通过观察人物运动速度变化来判断一次函数图象。

F：图形直观形式。

S：生活情境。

C：水平 2。

与之前一样，该题主要考察学生利用图形直观来解决问题，属于生活情境。学生需要综合分析一次函数的图像和表达式（$y=kx+b$）在 $k>0$、$k<0$ 及 $k=0$ 时，图像的变化情况，即通过观察速度（斜率）变化来判断函数图象，认知方面属于水平 2。原题修改之后，新题对知识和能力的掌握要求则处于理解水平，学生需要鉴别斜率 k 的各种情况才能解决问题。

为进一步保证试题质量，接下来对修改题进行了 6 人访谈，通过对学生的访谈了解试题情况。访谈主要关注以下问题：① 学生是否了解该题考察的是什么知识点；② 学生是否读懂题意；③ 学生是否之前见过此题；④ 学生认为此题难易程度如何；⑤ 学生认为还有哪些困惑的地方。

通过汇总学生访谈的结果，他们都认为此题考察知识点非常明确，题意较为清晰，难度适中，有部分学生反映之前曾做过此类题型，但具体考点不太一样，从学生的这些作答情况来看，可以认为此题在学生能力可接受的范围内。因此，暂时保留该题进入 300 人范围的预测试。

结果发现，该题在随后的 300 人测试中信效度等各项测量学指标表现较好，难度适中,因此可以用来作为正测工具。同时,在经过专家评审时,他们也给出一些修改建议:即路程改为"离家的距离"。结合评审专家给出的修改建议,对试题再一次修改,得到最终测试表述。

问卷案例: 学生问卷第 20 题。

原始意图: 考察学生问题解决中表现出的毅力。

子维度: 问题解决毅力(来源于学生问卷)。

任务要求: 语言表述清晰、适应学生阅读习惯、符合问卷整体框架。

题干: 你对以下问题的看法如何?

我仍然会对开始的数学问题感兴趣。

很像是我	多半像我	有点像我	不太像我	一点也不像我
1	2	3	4	5

在进行讨论后,认为该题目能够考察学生的毅力,而且此题主要是参考翻译 PISA2012 成熟问卷。但主要问题是选项的问法不太适合中国学生阅读理解习惯,所以修改了选项的相关措辞。

题干: 我仍然会对开始的数学问题感兴趣。

非常不同意	不同意	不确定	同意	非常同意
1	2	3	4	5

此外,通过汇总学生访谈的结果发现,他们普遍认为不理解"开始的"所要表达的意思,30 人小范围预测试数据也显示该题测量学指标表现不是很好。因此,按照意见并结合专家建议修改问题的表述,最后改为:

我仍会对刚开始着手的数学问题一直保持兴趣。

非常不同意	不同意	不确定	同意	非常同意
1	2	3	4	5

不仅如此,该题在随后 300 人测试中数据分析结果也较一般,所以是否作为正测工具值得商榷。在经过专家评审时,专家亦给出不少修改建议,并且结合问

卷验证性因子分析的结果,该题的因子载荷以及所在分维度拟合指数偏低,故最终该题未进入正式施测环节。

(二) 测试题组卷原则

"组卷"实际上是把确定好的试题按照某种原则进行组合成一套或者几套测试卷的过程。目前来说,还是需要根据研究目的和命题意图来确定原则。本研究中选择题和解答题所占的分数比例约为 1∶1;在不同内容领域中,考察数与代数、图形与几何以及统计与概率的题目所占比例约为 5∶3.3∶1;在不同认知维度中,考察学生了解水平、理解水平以及应用水平的题目所占比例约为 1∶1.3∶1。试题既要兼顾到知识点覆盖和学生的个体差异性,又能充分利用各种题型的特点来刻画学生的认知水平、理解程度以及数学逻辑和语言的表达,同时还要体现出学生在问题解决的过程中所表现出的一系列数学活动[1]。组卷以能体现《义务教育数学课程标准(2011 年版)》对学生数学能力基本要求的题为主,而难题一般会考查学生的高层次思维能力。部分试题需配备真实情境和任务,通过多种类型试题考查学生高层次认知能力。此外,还要保证纯计算题目尽可能少;应用题的数据要尽可能符合实际;给予学生充分的思考时间,控制试题数量。本书研究根据两轮预测试结果和修改建议将所有题目按照组卷原则分别组出两套平行测试卷(A 卷和 B 卷),然后根据专家评定法对考察八年级学生数学直观素养的测试题进行维度标定,最终确定了 25 道题,其中客观题 12 道,主观题 13 道。

(三) 试题评分标准

测试题的评分标准一般是由命题专家团队结合命题原则根据经验制定,然后根据学生的具体作答进行编码。总体来看,目前主要有"双重编码"评分法和 SOLO 评分法。SOLO 分类评价法是一种以等级描述为基本特征的质性评价方法,当中涉及的五种层次分别代表了考生对于某项特定知识的掌握程度,从而根据考生的作答情况,评分者便可以参照上述分类标准就考生对知识内容的掌握程度进行评判。国内中高考主要也是采取这种评分方式,并主要根据涉及的知识点来确定赋分点分布。不同于国内学业测评,大型国际测评项目(如 PISA、TIMSS)的理论基础是项目反应理论,即试题难度与考生数学

---

[1] 杜宵丰,齐孟蔚,黄迪.八年级学生数学能力测评及教学建议:基于八万名学生几何典型错例分析[J].教育测量与评价(理论版),2014(12):35-39.

素养的高低建立在同一个量尺上。选择题和大部分封闭式解答题采用的是 0、1 两级计分，而开放式解答题则采用多级计分（如 0、1、2 等）和使用"双重编码"的方式，以兼顾答案的多样性和考生能力水平的差异性。一般来说，等级计分包含"满分""零分"和"部分正确"等类别。"满分"表示被试已理解题目内涵并作答正确，但不意味着其作答已接近完美；"部分正确"表示被试不完全理解问题且作答呈现出部分问题解决步骤；"零分"表示被试并没有理解题目，但不意味着整个作答过程完全错误。当然，这种类别还包含空白作答的情形。[①]此外，还要按照学生在解决既定问题过程中所使用的策略或者按照阻碍学生得出正确解决方案的错误概念的类型来编码。双重编码的优势在于可以收集到更多关于学生信息，包括学生的错误概念、常规错误以及采取的不同作答策略。本书研究主要依托于区域大规模测试平台，因此采用的是"双重编码"评分法。

最终阅卷不是直接给出得分，而是用编码对考生作答进行归类。本书研究中主观题采用双重编码，第一位数字给出的是作答得分层级，第二位数字给出的是同一个得分层级中的不同作答方法策略或错误类型。例如，编码 10、11、20、30、90、91，其中第一位数字"1、2、3"代表的是学生在该题的得分，"9"代表学生在该题没有得分；第二位数字"0、1"代表的是类型，"0"代表的是学生在该题得 1 分中的第一种类型，"1"是得 1 分的第二种类型。"90、91"代表的是学生在该题没有得分，但是错误有多种类型，又进而分成了两种不同的错误分类。下面以一道具体测试题为例。

题干：如图，A 型纸片为边长为 a 的正方形，B 形纸片为长为 b，宽为 a 的矩形，C 形纸片为边长为 b 的正方形（$a \neq b$）（如图 3 - 6 所示）。

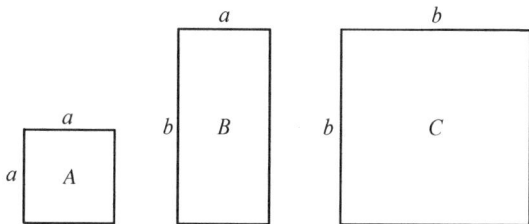

图 3 - 6　三种类型纸片示意图

① 许世红.两类教育测评的碰撞与启示：参加 PISA 2015 试测数学阅卷编码的思考[J].广东教育（综合版），2015(3)：31 - 35.

小曹拿了 1 张 A 型纸片,4 张 C 型纸片,若干张 B 型纸片。若他将这三类纸片没有重叠地拼成一个正方形,请问小曹还需要几张 B 型纸片？请你配合画图进行说明。

命题意图：通过纸片拼接来考察图形面积关系中的因式分解。

F：图形直观形式。

S：生活情境。

C：水平 2。

本题主要考察生活情境下的学生几何或图形直观能力,主要依托的是图形直观形式,即通过纸片拼接来认知图形面积关系中的因式分解,在认识水平上属于水平 2。该题对知识和能力的掌握要求则处于理解水平,学生需要理解完全平方和公式才能解决问题(最终评分标准见表 3 - 1)。

表 3 - 1　测试例题评分标准

代码	回答
	正确回答(3 分)
30	回答出正确答案 4 并且绘图也正确(4 个 C 组成一个正方形)
31	回答出正确答案 4 并且绘图也正确(4 个 C 分布于大正方形四周)

代码	回　　答
	部分正确回答(1、2分)
20	绘图正确,无答案或答案错误
10	答案正确未作图或图错误
	错误回答
90	误认为 $b = 2a$ 引发的错误答案

（续表）

代码	回　　答
91	其他错误
0	空白

从上题的评分标准中可以看出该问满分为 3 分,学生的作答一共分成 7 种类型,完全空白的为"0",而错误回答一般会根据具体的错答类型给予不同的编码。在 IRT 的统计方法下主观题采用分步计分模型(Partial Credit Model,PCM),该模型下较高的得分等级体现了较高的能力,但相邻等级之间的不一定等距。

（四）阅卷流程及标准

在区域教育质量监测一般流程中,所有的纸质测试均通过扫描后进行网上评卷。使用网上评卷系统进行评卷,可通过各项监测和统计指标实时地掌握每一位阅卷员的评卷质量和速度,便于进行过程控制,以确保阅卷质量与进度。中国基础教育质量监测协同中心通过全国公开招标的方式,委托优质网评技术服务单位完成网上阅卷的技术服务和阅卷组织工作。同时,阅卷员均是从重点高校招募专业对口的研究生或一线教师,并经过充分的岗前培训,在上机网评基本操作合格且充分了解评分标准后方可参评。阅卷过程中,阅卷人员严格按照事先制定的《评分手册》给予的相关要求进行评分,突出阅卷的客观性和科学性。并且,学科组设质量监督员和阅卷小组长,全程关注评卷过程,包括评分一致性、阅卷工作进度、重评率等,发现异常现象及时采取措施,确保阅卷质量和效率。

本书研究中,整个阅卷过程也是按照一般规范执行了一套完整的流程。首先数学学科组要讨论基本作答分类,在分别经历 30 人预测试修订、300 人预测试修订、正测后进行试阅卷,每题大约 500 份,然后检验评分标准覆盖范围和合理性,最终确定正测评分标准。在阅卷流程方面,事先招募数学专业本科生和理工类研究生为阅卷员,然后为其讲解测试任务性质、下发评分标准、剖析试题及评分标准,再将所有阅卷员分组并通过经历样卷(典型作答)和培训卷两次试评后方可进入最后正评。一般而言,30%的试卷会进行二评,即阅卷员会对同一道题进行第二次评分,如果前后评分不一致即进入第三次评分。通过严格的阅卷程序保证了阅卷的准确率,也提高了测试结果的有效性。

(五) 数据分析

由于此次开展的大规模教育评价测试在正式实施环节使用的是大样本数据,所以试题源数据采用项目反应理论方法进行分析,并且数据处理过程相对复杂。在本书中,数据分析包括 10 个步骤,从数据库清理、数据库合并、等级转换到最后 IRT 分数计算,每一步均会保留过程性文件,便于检核错误。在双独立审核的基础上,引入第三方核查流程,对过程性文件编码及最终生成的结果数据库进行核对,确保结果真实可靠。

第三节　现代教育测量与评价的发展趋势

进行大规模区域教育质量监测之前,除了遵循教育测评与开发的一般流程,还需要密切关注现代教育测评与评价的发展趋势,广泛吸收当前先进教育理念与优秀测评经验。在新时期新阶段,为落实立德树人根本任务,促进基于核心素养的教育教学深化改革,区域基础教育质量监测目标正从基于课程标准的测评转向基于学生核心素养的测评,监测内容从侧重抽测样本群体的学业表现向关注学生个体的全面发展转变,监测重心从单一结果监测向多元全过程监测转变,监测方式方法从传统教育测评技术向基于信息与智能技术的测评转变。因此,未来需要不断加强教育测评的决策服务意识,继续关注教育测评过程的育人功能,尤其注重多种评价理论与方法的结合,并且进一步加强现代信息技术的及时应用。

一、加强教育测评的决策与服务意识

在现代教育测评的发展中,其教育评价的决策意识和政治服务功能都在显著加强。传统上,教育测评与评价功能之一在于为教育决策提供依据。通过对学生学业成绩和能力的测量与评价,为学校和教育部门提供数据支持,帮助评估教育政策与课程改革的效果,从而做出科学和有效的决策。尤其是当开展大规模教育监测与评估时,通过对学校、地区乃至全国范围内的学生学习情况进行测评,可以得到大量的教育实证数据。这些数据可以帮助教育决策者了解教育现状、发现问题、制定政策。例如,利用对学生学业水平分析的结果,可以发现区域之间的教育资源不平衡问题,如城乡教育差异和校际差异,进而找出优化资源配置、缩小差距的政策措施。因此,具体到实施环节,研究者可以采取多阶段分层抽样的方法,尽可能兼顾各区域、各学校以及各背景的学生样本。此外,还可以借鉴国际测评经验,使用量尺分数和成就水平两大指标来衡量学生学业成就整体表现。其中,用量尺分数可以表示学生在能力评估中的成就表现,同时其结果也能在不同地区以及学校之间进行横向比较。同时,用成就水平来描述学生在了解、理解和应用知识及技能方面的精熟度水平,以衡量学生课程标准的达成度。

二、关注教育测评过程的育人功能

现代教育测评与评价越来越关注评价的育人功能。教育的对象是人,教育的主要功能在"育人",教育评价也必然着眼于"育人"本身。但是长期以来,"分数第一"的观念在人们心中仍根深蒂固,并深深地根植于许多教师、家长的认知中。为此,2020 年中共中央、国务院印发的《深化新时代教育评价改革总体方案》提出新时代教育评价的主要原则是发挥评价指挥棒作用,引导确定科学的育人目标,通过实施综合素质评价,改进结果评价,强化过程评价,促进学生全面发展。以立德树人为根本任务,突出情感态度价值观,实现核心素养培养目标,需要更加重视学生个体在成长过程中品格、态度、情感、价值观、能力等方面的全面发展。基础教育质量监测的内容也需要以了解掌握学生个体全面发展状况为旨趣。特别是在义务教育中学阶段,更应加强对学生各学科领域的综合素质以及关键能力的系统、科学测评,不断增强基础性、综合性,重点考查学生独立思考和分析问题、解决问题的能力,从而实现以教育评价改革牵引育人方式变革。对此,应采用现代测评方法仔细评估学生发展的学科核心素养以及其他高阶思维能力,而不只是考察对基础知识的识记水平。与此同时,分析不同群体学科素养等方面的表现差异,采取个性化的教学方法,以实现因材施教的目的。另外,进一步探明数学情感和非智力因素对学生学业发展的影响作用,这些因素可以帮助诊断、分析影响学业成就的原因,揭示学业成就差异与变化背后的潜在规律,从而为诊断教育现状、改进教学绩效、完善教育政策提供客观的证据支持。同时,还可以对学生问题解决过程进行认知诊断(如错题分析),加强对个体内部的综合评价。

三、注重多种评价理论与方法的结合

注重多种评价理论与方法的结合是现代教育测评与评价发展的另一趋势。尽管经典测试理论存在不少缺点,但目前仍被广泛地应用,并且与项目反应理论有机结合。当前,结合项目反应理论和经典测试理论综合分析测试工具,对试题本身及工具整体的质量进行分析,可有效提高工具的科学性。经典测试理论虽然受样本依赖的影响较大,但对于测试题本身的项目分析未尝不是一种简单有效的方法,尤其是关于题目质量的分析更为直接。另一方面,项目反应理论在潜在特质的基础上也将个体的行为与其潜在能力紧密联系在一起,从而实现其相关能力的间接客观测量。在大规模教育测评的一般流程中,可以在小样本预测试环节使用经典测试理论,对测试题的信度、效度、难度和区分度进行客观分析,以确保调查工具的质量。在正式大规模监测环节采用项目反应理论,细致分析学生的能力参数和项目参数以及单维和多维项目反应理论模型的拟合指数。此外,量化与质性相融互补,实现数据收集的多元化和规范化。转变评价理念,丰富测评手段,探索多元的评估内容和多元的评价方式,弹性运用问卷、观察、访谈、档案等多种方法,以更加有效地收集师生各类监测信息。例如,在测评框架构建和问卷设计的初始环节,不仅要保证测试工具的实证效度(结构效度),还要尽可能保障其内容效度,这时就需要注重质性方法与量化手段的结合,如使用德尔菲法对评价框架及指标体系进一步细化,同时使用专家评定方式对调查问卷进行考察,获取评分者一致性以及内容效度系数,最终实现评价工具的科学化和可操作化。

四、重视现代信息技术的及时应用

数字技术是新时代教育评价的变革因子。近年来,随着信息技术在教育测评领域中的应用,深刻变革了教育测评的理念、技术、方法。与其他具有代表性的国际测评项目一样,目前大规模教育测评开始从纸笔测验向基于技术的测验转变。与纸笔测验相比,利用信息技术能构建交互性的、动态性的测试环境,丰富测试内容的呈现方式,提供关于学科素养或能力测验所需的真实情境[1]。同时,基于核心素养的教育质量监测,要求测评尽可能与学生实际教育活动过程

---

[1] 袁建林,刘红云.国际大规模教育评价的经验与趋势:以 PISA 为例[J].中小学信息技术教育,2016(7):4.

相伴随,覆盖学生认知和非认知领域,包含硬性与软性指标,实时获得直接相关数据并及时对数据进行分析处理,实现多元化、即时化与全时空监测,这些种类繁多的海量数据需要依靠更先进的技术手段来完成信息的获取、处理与分析[1]。例如,PISA 2015采用"人机交互"的方式测量学生的合作问题解决能力,为核心素养这类高阶技能的测量提供了新的测评策略。另外,现代教育测评也更加关注人工智能技术的应用,如基于大模型的生成式人工智能(Artificial Intelligence Generated Content,AIGC)进行教育评价等。有鉴于此,未来对学生类似合作问题解决能力等高阶技能测评可以先利用计算机设计包含嵌入式试题的测验任务,然后获取学生完成任务过程中在项目上的反应模式,进而采用IRT模型估计学生合作问题解决能力的得分。同时,还可以利用大数据技术,采集过程性学习数据,全面展现学生的知识结构、能力表现和内在潜能,为每个学生提供精细的"数字画像"。利用区块链技术,建立分布式学习档案,认证学生的多样化学习成果,有效防止数据被篡改,助力解决学生综合素质评价存在的信任问题。

---

[1] 檀慧玲.新时代我国基础教育质量监测的向度转变[J].教育研究,2018,39(6):7.

第四章

中学生数学直观素养测评框架构建与测评工具形成

本书尽量考虑测量工具开发的科学性、规范性,并保证具有良好的信效度。在本书中,研究工具包括调查问卷和测试题。其中,问卷主要用于调查中学生数学直观素养的影响因素,而测试题是用来考察中学生直观素养的测试表现。为此,首先要根据已有相关文献对数学直观素养进行概念界定,然后厘清其内涵,并确定相关维度以及相应的行为表现特征。接下来,根据前面确定的操作流程与命题准则研制数学直观素养试题题本和数学直观素养影响因素问卷。最后,对中学生数学直观素养测评工具进行质量分析。

第一节 中学生数学直观素养测评框架构建过程与特征描述

为了使测评任务的实施更具有操作性,首先需要构建稳定可靠的测评框架,进而相应地研发测试工具。具体而言,要根据已有相关文献对测评内容进行概念界定,然后厘清其内涵、并确定相关维度以及相应的行为表现特征。国外大规模数学测评经验也表明,构建能力评价框架的关键在于界定数学能力及相关元素的概念和范围,然后基于概念框架设计相对有效的评价工具[①]。与许多代表性测评项目一样,本书中的框架设计也离不开对多个领域学科专家进行咨询。而本书正是通过对前期数学直观相关文献以及数学能力评价框架的梳理,结合多个领域专家的评定意见,最终搭建了中学生数学直观素养表现的测评框架。

---

① 张奠宙,鲍建生,徐斌艳.数学教育研究导引(二)[M].南京:江苏教育出版社,2013.

一、测评框架的形成过程

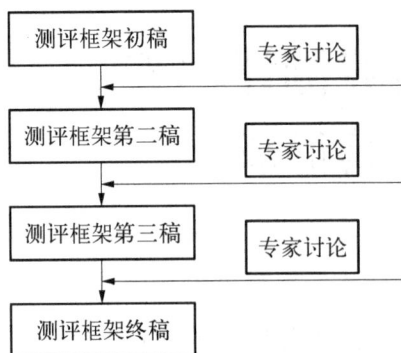

图 4-1　中学生数学直观素养测评框架专家评定过程

测评框架的形成并非简单地根据文献梳理,进而模仿其他测评项目所得。所有评价或测评,都需要综合利用品质好和数量足的资料进行价值判断,从而确保评价工具具有良好的信效度。因此,在制订测评框架的过程中,需要多次邀请境内外数学教育相关领域专家对测评框架进行评定和讨论,以期能够形成科学稳定的测评框架。本书在测评框架制订过程中先后进行三次专家评定(见图 4-1),参与讨论和评定的专家名单详见附录6。

(一) 数学直观素养测评框架初步构建

国内外对数学能力的测评框架大都围绕学科内容、认知要求、表现水平与问题情境等方面加以描述[1]。首先,与其他学科素养相比,数学直观的形成有时依赖意象(如视知觉和想象力),有时出于纯粹的思考(如思维的象征性)[2],说明直观素养的生成需要借助于一定的背景或媒介。如前所述,学习者正是需要通过运用各种数学直观形式,才能在各种情境的数学问题解决过程中逐步形成数学直观素养。实际上,无论是基于可视化的视觉表征还是相对具体的思维背景,这些都是直观素养常依托的重要形式。其次,数学素养评价中知识目标的达成总是与认知发展的要求相一致。并且,已有研究表明,随着学生应用数学知识、能力的深度与广度的变化,个体数学直观认知的发展过程存在不同水平的表现特征[3]。最后,数学素养的形成往往基于特定的问题情境,它的一个重要方面就是在现实情境中运用数学解决问题。学生需要在问题解决中实现生活世界与数学世界的相互转化,进而完成数学化过程。综上来看,本书将综合直观依托形式、问题情境以及认知水平这三个一级维度来刻画中学生数学直观素养表现(见表 4-1)。

---

① 曹一鸣,刘晓婷,郭衍.数学学科能力及其表现研究[J].教育学报,2016,12(4): 73-78.
② Giardino V. Intuition and Visualization in Mathematical Problem Solving[J]. Topoi , 2010, 29(1): 29-39.
③ 皮亚杰.教育科学与儿童心理学[M].杜一雄,钱心婷,译.北京: 教育科学出版社,2018.

表 4-1　中学生数学直观素养测评框架初始结构

指标/维度	指　标　说　明
直观依托形式	实物、图表、图象以及与现实世界密切相关的现实背景和思维模式等数学直观背景
问题情境	在问题解决的过程中应用数学知识和能力的场景
认知水平	在数学问题解决的过程中,根据应用数学知识和能力的深度和广度进行认知调节的水平

(二)数学直观素养测评框架修订过程

与许多代表性测评项目一样,本书中的框架设计也离不开对多个领域学科专家的咨询。正是通过对前期数学直观相关文献以及数学能力评价框架的梳理,结合多领域学科专家(共计三轮)评定意见,本书最终搭建了数学直观素养表现的测评框架(专家信息见表 4-2)。具体而言,邀请评审专家就数学直观素养表现初始测评框架的每个二级指标内涵与相应一级维度的关联性或代表性作出判断选择。通常,可选项有 4 个等级,即"1＝不相关,2＝弱相关,3＝较强相关,4＝非常相关"。其中,前两项为弱相关,后两项为强相关。接下来计算评分间一致性(IR),即专家评分都为 1 或 2 的指标数与专家评分都为 3 或 4 的指标数之和除以指标总数①。当 IR 大于 0.9,可进一步计算指标的内容效度系数,分别为指标条目的一致性指数(ICVI)和分维度的一致性指数(SCVI)以及矫正随机一致性后的 Kappa 值(K*),最终据此决定各个指标的选留与修订。

表 4-2　三轮评审专家背景信息

评定轮次	来　　　源	人数
第 1 轮	2 名数学教育博导和 2 名数学教育博士	4
第 2 轮	2 名数学教育博导、1 名国际学业测评专家、1 名数学史著名教授和 1 名擅长数学教育评价的副教授	5
第 3 轮	1 名擅长数学课程教学论的教授博导、1 名专注数学教育心理学的博士讲师、2 名擅长数学教育测评的副教授	4

① 史静玲,莫显昆,孙振球.量表编制中内容效度指数的应用[J].中南大学学报(医学版),2012,37(2):152-155.

1. 第一轮评定结果与修订过程

第一轮专家评定调查继续使用中学生数学直观素养测评框架初始维度,即直观依托形式、问题情境和认知水平3个1级指标。其中,直观依托形式维度综合了学者刘锡园关于数学直观背景的看法[1]以及张广祥等人对模式直观的界定[2],这里的依托形式主要包括实物、图形图象、常识性经验、数字符号和原始思维等5个2级指标,问题情境维度则借鉴了PISA 2012评价中的数学问题情境划分,分为数学情境、生活情境、职业情境、社会情境和科学情境这5个2级指标[3],而认知水平采用了范希尔几何思维发展水平[4],主要包含视觉(形象)水平、分析(性质)水平以及关系水平这3个2级指标。

针对二级维度,专家一致认为直观依托形式和认知水平1级维度下的2级指标指标划分适宜(S-CVI依托形式=1.00,S-CVI认知水平=1.00)。目前争议比较大的是问题情境1级维度(S-CVI问题情境=0.66),主要集中于数学直观问题解决过程的情境类型划分,其中职业情境和社会情境2级指标的内容效度较差(I-CVI均为0.50;K^*均为0.49)。因此,研究者充分采纳专家意见对问题情境维度各2级指标进行了修改(见表4-3)。

表4-3 第一轮专家评审后2级指标调整情况

1级指标	原2级指标	修改情况
直观依托形式	实物	保留
	图形图象	保留
	常识性经验	保留
	数字符号	保留
	原始思维	保留

① 刘锡园.数学直观我见[J].数学教育学报,1998(1):49-52.
② 张广祥,张奠宙.代数教学中的模式直观[J].数学教育学报,2006(1):1-2.
③ OECD. PISA 2012 Assessment Analytical Framework: Mathematics, Reading, Science, Problem Solving and Financial Literacy[M]. OECD Publishing, 2013.
④ Van Hiele P M. Structure and Insight: A Theory of Mathematics Education[M]. New York: Academic Press, 1986.

（续表）

1级指标	原2级指标	修改情况
问题情境	数学情境	保留
	生活情境	保留
	职业情境	删除
	社会情境	删除
	科学情境	保留
认知水平	视觉(形象)水平	保留
	分析(性质)水平	保留
	关系水平	保留

2. 第二轮评定结果与修订过程

第二轮调查基于第一轮专家意见,继续采用直观依托形式、问题情境和认知水平3个1级指标。其中,依托形式和认知水平维度下的2级指标保持不变,但是问题情境维度下的2级指标减少为3个,分别是数学情境、生活情境和科学情境。

11个2级指标中,专家一致认为目前问题情境1级指标下的2级指标非常合理(S-CVI$_{问题情境}$＝1.00),适合用于数学直观素养评价。但是,直观依托形式维度争议比较大(S-CVI$_{依托形式}$＝0.60),其中实物和原始思维2级指标的内容效度较差(I-CVI均为0.60;K^*均为0.59)。多数专家认为像实物等依托形式在现有测评内容和要求下很难实现,而对图形图象的考察则更为实际。此外,除了常识性经验和数字符号等直观形式外,还有其他相对具体的依托形式。综合来看,目前的分类既不够明确,也无法穷尽所有的类型。此外,关于认知水平维度划分,专家们的意见也出现了分歧(S-CVI$_{认知水平}$＝0.66),其中视觉水平和分析水平2级指标的内容效度较差(I-CVI均为0.60;K^*均为0.59)。

基于上述考虑,研究者重新梳理了数学直观认知水平的相关文献,发现选用霍弗尔直观化水平来描述认知水平相对更合适,因为其内容领域覆盖面比之前更广[1]。

① Hoffer A. Geometry Is More Than Proof[J]. Mathematics Teacher,1981,74(1):11-18.

109

同时,在依托形式方面,结合五位专家的意见,进一步将其概括为图形直观形式和非图形直观形式两种类型,并对 2 级指标进行了调整(见表 4-4)。

表 4-4　第二轮专家评审后 2 级指标调整情况

1 级指标	原 2 级指标	修 改 情 况
直观依托形式	实物	删除
	图形图象	修改为"图形直观形式"
	常识性经验	修改为"非图形直观形式"
	数字符号	修改为"非图形直观形式"
	原始思维	删除
问题情境	数学情境	保留
	生活情境	保留
	科学情境	保留
认知水平	视觉(形象)水平	修改为"形象级水平"
	分析(性质)水平	修改为"性质级水平"
	关系水平	修改为"关系级水平"

3. 第三轮评定结果与修订过程

在这一轮专家评定中,研究者大致获得了相对细致的测评框架,包含数学直观的依托形式、情境和认知水平这 3 个子维度,并将依托形式维度划分为图形直观和非图形直观形式 2 个 2 级指标;认知水平维度分为形象级水平、性质级水平和关系级水平 3 个 2 级指标;问题情境维度则包含生活情境、数学情境和科学情境 3 个 2 级指标。

针对二级维度,专家一致认为直观依托形式和问题情境 1 级维度下的 2 级指标划分适宜($S\text{-}CVI_{依托形式}=1.00$,$S\text{-}CVI_{问题情境}=1.00$)。目前争议比较大的是认知水平 1 级维度($S\text{-}CVI_{认知水平}=0.66$),专家认为当前选用的霍弗尔直观化认知水平的划分仍然存在局限,因为这种描述还是侧重在几何技能方面,并不适用于非图形类依托形式的直观认知,其中形象级水平、性质级水平和关系级水平这 3 个 2 级指标的内容效度都较差(I‐CVI 均为 0.50;K^* 均为 0.49)。因此,研究者充分采纳专家意见对认知水平维度各 2 级指标进行了修改。具体而言,参考 PISA 2012 数学素养测评中的认知分类,将三个水平按能力群进一步说明,这样既可以将知识与能力耦合,又可以考察学生在不同情境下应用特定知识与能力解决数学问题的思维水平,从而细致地刻画出不同领域直观依托形式下的认知要求[1]。具体来说,随着学生应用数学知识和能力的深度与广度的增加,其解决问题所需要的认知复杂性也进一步加强。另外,与一般的几何思维类似,学生的直观思维逻辑逐渐倾向严密化。因此,最后认知水平 1 级维度各 2 级指标被修改为水平 1、水平 2 和水平 3,并且认知水平依次递进(见表 4‐5)。

表 4‐5　第三轮专家评审后 2 级指标调整情况

1 级指标	原 2 级指标	修　改　情　况
直观依托形式	图形直观形式	保留
	非图形直观形式	保留
问题情境	数学情境	保留
	生活情境	保留
	科学情境	保留
认知水平	形象级水平	修改为"水平 1"
	性质级水平	修改为"水平 2"
	关系级水平	修改为"水平 3"

二、测评框架构建结果与特征描述

通过对数学直观研究相关文献的梳理以及三轮专家评定,最终形成了中学生数学直观素养的测评框架。并且,所有参与评定的专家对当前框架的可行性又进行了认真地分析讨论,一致认为该框架在工具开发、模型拟合方面能够达到测量学要求,可以进行施测。整体上,该测评框架可操作性较强,可适用于大规

---

[1] 梅松竹. PISA 2012 数学素养精熟度水平评价研究[J].教育测量与评价(理论版),2014(3):25‐30.

模测试应用,主要包含依托形式、情境和认知水平三个1级维度。此外,还可根据测评框架进一步细化,即将依托形式分为图形直观和非图形直观形式;认知水平分为水平1(理解水平)、水平2(迁移水平)和水平3(探索水平);直观情境分为生活情境、数学情境和科学情境。框架中的三个维度并不是数学直观素养的内在成分,而是考查数学直观素养表现的三个评价维度,这三个维度之间本身并不存在从属、包含关系(具体见表4-6)。

表4-6　中学生数学直观素养测评最终框架结构及说明

1级指标	2级指标	指　标　说　明	观　测　点
直观依托形式	图形直观形式	借助于见到的或者想到的几何图形形象来直接感知与认识数学对象的直观形式	有图形图象作为媒介进行直观感知(如几何直观)
	非图形直观形式	借助于相对具体、易被普遍接受的思维背景来进行直接感知与认识数学对象的直观形式	有相对具体的思维背景作为媒介进行直观感知(如模式直观)
问题情境	数学情境	无问题情境(纯数学背景)	与学生距离最远,熟悉程度低
	科学情境	涉及运用数学解决与自然界、科学技术相关专题的问题情境	与学生距离较远,熟悉程度不高
	生活情境	重点关注与个体自身、个体所在家庭、个体同伴等相关的日常活动	与学生距离最近,熟悉程度高
认知水平	水平1	理解水平	能够直接感知图形图象或相对具体的思维背景
	水平2	迁移水平	能够在实际的数学问题中找到图形图象或相对具体的思维背景等媒介并进行认知分析
	水平3	探索水平	能够使用非形式化演绎逻辑进行问题解决(如合情推理)

其中,依托形式方面,非图形直观形式是指借助于相对具体、易被普遍接受的思维背景来进行直接感知与认识数学对象的直观形式;而图形直观形式是借

助于见到的或者想到的几何图形形象来直接感知与认识数学对象的直观形式。问题情境方面,它是问题所处的个体现实世界的一部分,主要强调两点:一是情境与个体利益相关,二是情境与问题紧密相连。并且,从与学生距离最近的生活情境到最远的数学情境的认知,学生的熟悉程度逐渐降低,但认知与理解的要求在逐步加深。另外,关于认知水平维度,它是指数学问题解决过程中应用知识与能力的水平与层次,这里将其划分为水平1(理解水平)、水平2(迁移水平)和水平3(探索水平),并且3个水平依次递进。其中,水平1主要是指能够直接感知视觉图象、模式或数字符号,如识别物体或图形中几何特征等;水平2是指能够通过辨别、理解和分析具体直观形式来解决问题,如利用函数图象分析运动轨迹、利用具体生活背景展开复杂思维的层次分析;水平3则是指能够通过归纳、猜想等非形式化逻辑方式发现解决问题的思路,如使用归纳、类比等方式探索图形、数字或数量关系规律①。

第二节　中学生数学直观素养测评
工具的开发流程

如前所述,本节主要介绍中学生数学直观素养测评工具的研发过程,即按照大规模教育测评工具开发的一般流程进行相应操作。具体采用定性和定量相结合的混合研究方法,首先运用经典测试理论和项目反应理论方法对两轮预测试数据和师生访谈结果进行分析,如对中学生数学直观素养测试题和调查问卷进行项目分析,以获取信度、效度、难度和区分度等测量学指标,同时对这些测评工具进行修订。此外,再次对修订后的调查问卷展开内容效度分析,同时根据搭建好的中学生数学直观素养测评框架让专家对修订后的测试题进行分维度(测评要素)标定。

一、研究内容

测评工具是进行测评工作的重要载体,没有有效、可信的测评工具,测评结果只是一组无意义的数据,不能反映学生的真实状况,测评研究也会失去价值。因此,开发一套信度、效度合理的测评工具是任何测评研究的基础。本书的主要

---

① 徐柱柱.中小学生数学直观素养测评框架的构建与思考[J].教育测量与评价,2024(04):50-61.

内容是开发一套中学生数学直观素养的测试工具(测试题和问卷)。具体而言,就是通过小样本预测试和大样本预测试的数据分析以及专家的评审进行修改,最终选择高质量的测评工具进入正测环节。

二、分析工具

在测评工具开发的过程中重点关注测试工具的信效度,采用了统计学中的经典测试理论和项目反应理论,使用 SPSS、AMOS 和 ConQuest 软件对试题以及问卷进行分析,得到信度、效度、难度、区分度、项目特征曲线等关键指标。在进行的调查测试中,使用了《第一轮预测试学生访谈提纲》和后期正测前的《中学生数学直观素养测试题的测试维度标定说明》(详见附录 1 和附录 2)。

三、研究流程与方法

中学生数学直观素养表现测评工具的开发首先是根据研究文献和前期研究基础,界定了中学生数学直观素养及各项指标体系的涵义,并形成操作性定义,最终构建测评框架。由于是大规模数据测评,操作流程往往需要团队进行配合。因此,本书主要依托北京师范大学中国基础教育质量监测协同创新中心的中学数学学科团队,形成了由数学教育学科专家(5 人)、一线数学教师和教研员(6 人)、数学教育博士和硕士生(10 人)组成的研究团队。作为核心成员,笔者为整个团队进行数学直观素养测评框架解读,提供样题讨论,也收集了一些国内外数学教育测评中的典型例题,并与团队一起初步编制试题,后与数学教育专家以及团队成员在多轮讨论下编制测试工具。此外,在项目组的配合下,重点开发了数学直观素养的影响因素问卷。

在借鉴大规模国际测评流程的基础上,学科团队先后经历了测评框架及命题细目表编制、题目征集与研磨、第一轮学生访谈和小样本预测试、第二轮大样本预测试以及境内外专家评定和外审等环节,保障了整个测试过程的科学性和规范性,主要测评流程包括测试题和问卷的开发。

(一) 数学直观素养试题题本开发

研究者和项目组以《教育部关于印发义务教育语文等学科课程标准(2011年版)的通知》为指导,借鉴国际数学学科大规模测试的经验,整个数学项目组编制了考察学生数学直观素养的题本,涉及数与代数、图形与几何、统计与概率三大内容领域,能力水平要求覆盖了解水平、理解水平和应用水平。在具体流程中,先将所有题目形成 6 套平行测试卷(A 卷、B 卷、C 卷、D 卷、E 卷和 F 卷),然后进行第一轮小样本(约 30 人规模参与)预测试。与此同时,分别对 6 套卷进行访谈(每套卷都是 6 个学生为访谈对象),结果如下所示。

1. 第一轮试卷预测试结果

由于是小样本测试,用项目反应理论估算被试能力并不合适,因此主要使用经典测试理论进行项目分析,以得出各项测量学指标。其中经典测试理论难度通过计算总体得分率获得,而区分度则是通过计算某题得分与测试总分的点二列相关系数所得。具体计算结果见表 4-7。

表 4-7　小样本预测试中经典测试理论下的项目分析指标

题本	整卷难度	区　分　度	内部一致性
A 卷	0.51	69%的题目大于 0.4	0.847
B 卷	0.55	60%的题目大于 0.4	0.804
C 卷	0.61	54%的题目大于 0.4	0.833
D 卷	0.61	77%的题目大于 0.4	0.842
E 卷	0.66	63%的题目大于 0.4	0.873
F 卷	0.64	67%的题目大于 0.4	0.884

从表 4-7 的结果可以看出,除 C 卷外,大多数试卷题目的区分度分布在 0.4 以上,说明测试卷整体上具有较高的鉴别力。另外,通常对于一般的能力测验,测验项目的难度分布在 0.2~0.8,而本次测验试卷的总难度都在 0.5~0.7,说明这些题目的难度对于中学生来说都是可以接受的。

2. 第一轮试卷访谈结果

根据研究流程,本研究选择了北京市一所初中进行学生访谈,试图通过进一步深入访谈的方法来完善数学直观素养的测评工具。具体而言,按照访谈提纲(见附录 1),分别对 6 套卷(每套 6 人)进行学生访谈,问题主要集中在语言表达和图示方面,具体汇总意见如表 4-8 所示。

表 4-8　测试题小样本访谈意见汇总

题　号	主 要 问 题	修 改 意 见
A 卷第 8 题	"收起来高 100"不好想象	最好增加一个示意图
A 卷第 18 题	72.5% 是针对全国的,不适用于本地	第(3)问:修改
B 卷第 12 题	不理解甜度变化	修改问法
B 卷第 13 题	格点图不完备,要素不全	修图
B 卷第 18 题	对于第 2、3 小问理解困难;用尺判定三点一线;Q 不在图上	修改问法和表述
C 卷第 5 题	题干中对于"平均气温"的表述有问题	用平行题替换
C 卷第 11 题	理解起来有点复杂	应该提示学生更多借鉴左边的图
C 卷第 15 题	条形图中的 B 条对应的数是否为 100	修改图
D 卷第 6 题	表述较长	适当修改
D 卷第 10 题	图象有点乱,需要很认真地看	修图
D 卷第 14 题	像填空,不知道如何表达,只知道是找规律	表述可以改成:用什么公式可以计算
E 卷第 12 题	图不清晰,第 3 幅图可以平放,读不懂,太难;特别是图 2 与图 3 的联系	修改图
E 卷第 17 题	不方便作图,数据不好记忆	改数据
F 卷第 2 题	"墨迹所覆盖的数"表述有问题,是很多数而不是某一个点	数轴放大,墨迹放到某一个点上
F 卷第 17 题	思路有,具体做时不清楚;想不到数形结合	配图

3. 第二轮试卷预测试结果

按照测试流程要求,先将前期经历第一轮预测试(约 30 人参与)的六套平行测试卷(A 卷、B 卷、C 卷、D 卷、E 卷和 F 卷)按照数据分析结果和学生访谈反馈及专家建议进行汇总修改,然后进行第二轮大样本(约 300 人参加试卷作答)测试。由于项目反应理论不受被试群体样本的影响,并且所得分数可以进行横向和纵向比较,许多大型国际测试项目也都采用项目反应理论展开分析研究。因此,本次大样本预测试采用项目反应理论技术进行分析。具体使用 ConQuest 软件进行 Rasch 模型分析来估计题目难度以及被试的能力特质,表 4-9 显示的是使用项目反应理论下的指标进行项目分析的结果。

表 4-9 第二轮预测试中项目反应理论下的项目分析指标

题本	整卷难度	区　分　度	内部一致性	模型拟合指数（MNSQ）	T　指　数
A 卷	0.53	82%的题目大于 0.4	0.89	100%的题目在 0.7~1.4	72%的题目绝对值小于 2
B 卷	0.55	76%的题目大于 0.4	0.89	100%的题目在 0.7~1.4	72%的题目绝对值小于 2
C 卷	0.56	56%的题目大于 0.4	0.88	96%的题目在 0.7~1.4	85%的题目绝对值小于 2
D 卷	0.59	72%的题目大于 0.4	0.89	100%的题目在 0.7~1.4	80%的题目绝对值小于 2
E 卷	0.55	89%的题目大于 0.4	0.92	86%的题目在 0.7~1.4	79%的题目绝对值小于 2
F 卷	0.54	64%的题目大于 0.4	0.88	96%的题目在 0.7~1.4	78%的题目绝对值小于 2

由表 4-9 可知,6 套卷整体难度和区分度符合一般的能力测试标准,并且具有良好的信度。另外,全部试题拟合指数均在 0.7~1.4,且大部分题目的 T 值也在 $[-2, 2]$ 的可接受范围之内,符合测量学标准,说明当前测评工具相对稳定可靠。

（二）数学直观素养影响因素问卷开发

除收集学生在数学直观素养表现方面的信息外,本书还通过学生和教师问卷了解学生数学学习过程以及影响数学直观素养的因素。其中,在影响中学生数学直观素养的相关因素中,学生层面和学校层面因素的影响力更为显著。学生问卷主要考查的是学生个体层面相关影响因素,包含数学直观经验与信念、可视化表征方式、问题解决毅力及数学焦虑等 4 个方面;教师问卷①主要考查的是教师直观教学方式,属于学校层面影响因素。问卷题目主要来自国际上成熟问卷(如 PISA 2012)的改编,部分自编,最终经过数学学科组的修订。在具体流程中,先确定好这 5 个分量表的相关题项,然后进行第一轮小样本(学生问卷 116人,教师问卷 108 人)预测试,并对学生问卷进行 36 人访谈。与此同时,使用修改好的数学直观影响因素问卷重新进行第二轮施测(学生问卷 868 人,教师问卷276 人),所有结果如下所示。

1. 学生问卷第一轮预测试结果分析

通过 SPSS 软件对 116 名被试在 19 道题上作答进行信度分析,结果显示整套问卷的内部一致性为 0.646,除了数学焦虑分量表内部一致性较高,其他分维度量表表现一般,但统计上尚可接受,具体各维度的信度检验结果如表 4-10所示。

表 4-10　学生问卷小样本预测试分维度信度检验结果

潜 变 量	可测变量个数	内部一致性
直观经验与信念	5	0.686
可视化表征方式	4	0.644
问题解决毅力	5	0.610
数学焦虑	5	0.845

此外,使用 AMOS 软件对学生问卷的结构效度进行检验,结果显示该问卷的整体结构效度一般(CFI=0.833, RMSEA=0.074②),并且直观经验与信念和可视化表征方式分维度的部分题项的因子载荷偏低(<0.4),具体各维度效度检验情况如下。

---

① 出于实际条件考虑,此次教师问卷中仅有一个子维度(教师直观教学方式)属于新增项目且与学生问卷内容匹配,其他相关部分往年已测并获得学科专家组认可,故书中教师问卷未进行教师访谈,仅施加两轮预测试,下同。
② 对于 RMSEA,其值小于 0.05 表示模型拟合较好,在 0.05-0.08 间表示模型拟合尚可。因此在实际研究中,可根据具体情况分析。

表 4 - 11　学生问卷第一轮预测试验证性因子分析结果

维度	载 荷 系 数			拟 合 指 数				内部一致性
	题　目	因子载荷	与本维度题总相关	卡方值（自由度）	CFI	RMSEA	NFI	
直观经验与信念	整体一定大于部分；	0.302	0.693**	22.06 (5)	0.88	0.072	0.859	0.686
	负数乘以负数一定是正数；	0.791	0.699**					
	两点确定一条直线；	0.62	0.620**					
	如果 $A = B$，$B = C$，则 $A = C$；	0.863	0.748**					
	糖水加糖后一定变甜	0.326	0.645**					
可视化表征方式	当遇到形如 $\|x-4\|>5$ 等绝对值问题时，我会尝试通过数轴来探究几何意义；	0.216	0.672**	4.4 (2)	0.918	0.102	0.888	0.644
	当遇到 $(2a+b)(a+b)$ 等多项式因式分解等类似问题时，我会尝试构造几何图形的面积来解决问题；	0.491	0.697**					
	当遇到求解函数单调性等类似问题时，我会尝试通过绘制图象来分析问题；	0.639	0.708**					
	当遇到诸如图形的折叠与展开等问题时，我会尝试通过图形的几何性质来解决问题；	0.566	0.514**					
问题解决毅力	当遇到数学问题时，我会很容易放弃；	0.525	0.715**	23.2 (5)	0.755	0.17	0.74	0.61
	我会拖延去处理数学难题的时间；	0.186	0.425**					

（续表）

维度	载 荷 系 数			拟 合 指 数				内部一致性
	题　　目	因子载荷	与本维度题总相关	卡方值（自由度）	CFI	RMSEA	NFI	
问题解决毅力	我仍然会对开始的数学问题感兴趣；	0.6	0.638**	23.2（5）	0.755	0.17	0.74	0.61
	我会坚持完成数学问题，直到完美为止；	0.818	0.765**					
	当遇到数学问题时，我做的会比我想象得要多	0.444	0.591**					
数学焦虑	我常会担心数学课会很困难；	0.736	0.815**	6.9（5）	0.99	0.058	0.966	0.845
	当我要做数学作业时，我会很紧张；	0.813	0.809**					
	解决数学问题时，我会很紧张；	0.805	0.821**					
	解决数学问题时，我觉得很无助；	0.738	0.803**					
	我担心得不到数学好成绩	0.547	0.707**					

2. 学生问卷第一轮访谈结果

类似地，按照访谈提纲，分别对 36 个学生（共 6 组，每组 6 人）进行访谈，可以看出问题主要集中在语言表达上，具体汇总结果如表 4-12 所示。

表 4-12　学生问卷 36 人访谈意见汇总情况表

题号	主 要 问 题	修 改 意 见
1	觉得陈述有问题；"整体"和"部分"学生不能很好理解	可以修改问法
3	学生不能理解这是关于什么的数学问题，以口感还是甜度判断	修改表述

（续表）

题号	主　要　问　题	修　改　意　见
14	学生认为更多的做法是直接去掉绝对值符号	修改表述
16	单调性概念未学	换其他数形结合问题
19	"拖延去处理"在理解上有问题	改为"我会尽量回避数学难题"
20	不理解"开始的"的含义	调整语序、修改表述
22	怎么理解"做的比我想象得要多"，存在歧义，"做的"具体指做什么	修改表述
24	"必须做数学作业"存在歧义	建议去掉"必须"

从表 4-10 和表 4-11 可以看出，数学直观影响因素的学生问卷虽然从统计意义上基本可以接受，但整体信度和结构效度一般，部分子维度下题目的因子载荷偏低。此外，结合学生访谈的结果（见表 4-12）可以发现，4 个子维度的题目表述都存在问题，需要进一步修正和完善。

3. 教师问卷第一轮预测试结果分析

通过 SPSS 软件对 108 名教师被试在 21 道题上作答进行信度分析，结果显示整套问卷的内部一致性为 0.666，并且各维度量表的内部一致性也在 0.7 以上，表明教师问卷总体上符合统计学要求，具体各维度的信度检验结果如表 4-13 所示。

表 4-13　教师问卷小样本预测试分维度信度检验结果

潜　变　量	可测变量个数	内部一致性
直观教学方式	7	0.715
认知激活策略	8	0.754
教师自我效能	6	0.858

此外，使用 AMOS 软件对教师问卷的结构效度进行检验，结果显示该问卷的整体结构效度正常（CFI＝0.835，RMSEA＝0.080），具体各维度效度检验情况如表 4-14 所示。

121

表 4-14 教师问卷第一轮预测试验证性因子分析结果

维度	载 荷 系 数			拟 合 指 数				内部一致性
	题 目	因子载荷	与本维度题总相关	卡方值（自由度）	CFI	RMSEA	NFI	
直观教学方式	当遇到形如 $\lvert x-4 \rvert > 5$ 等不等式问题时，我会引导学生通过数轴来探究几何意义；	0.545	0.608**	24.89 (14)	0.903	0.085	0.813	0.715
	当遇到形如 $(2a+b)(a+b)$ 等多项式乘积问题时，我会引导学生尝试构造几何图形的面积来解决问题；	0.436	0.618**					
	当遇到求解一次函数表达式等类似问题时，我会提示学生通过绘制图象来分析问题；	0.511	0.634**					
	当遇到诸如图形的折叠与展开等问题时，我会提醒学生通过图形的几何性质来解决问题；	0.601	0.591**					
	当遇到诸如糖水变甜等问题时，我会引导学生结合生活经验来探索不等式的性质；	0.591	0.682**					
	当遇到诸如概率基本性质等问题时，我会用在教学中呈现掷硬币等实例加深学生对其理解；	0.512	0.625**					
	当遇到诸如探索平方差公式等问题时，我会引导学生尝试写出几组结果来逐步归纳出规律	0.497	0.552**					

（续表）

维度	载 荷 系 数			拟 合 指 数				内部一致性
	题 目	因子载荷	与本维度题总相关	卡方值（自由度）	CFI	RMSEA	NFI	
认知激活策略	教师提出的问题是没有显而易见的方法；	0.602	0.158	28.91（20）	0.960	0.065	0.884	0.754
	教师提出的问题并让我们思考时间；	0.706	0.657**					
	教师借助于不同的情境去展示问题，以便知道我们是否理解了概念；	0.764	0.680**					
	教师提出的问题让我们反思；	0.646	0.783**					
	教师提出的问题可以用不同的方式去解决；	0.401	0.690**					
	教师让我们从错误中学习；	0.609	0.533**					
	教师提出的问题是需要我们应用于已知新的情境中；	0.717	0.683**					
	教师要求我们解释我们是如何解决问题的	0.408	0.751**					
教师自我效能	回答学生的数学问题；	0.820	0.809**	19.83（9）	0.964	0.10	0.934	0.858
	展示给学生不同的解决问题的策略；	0.864	0.851**					
	给有能力的学生提供具有挑战性的任务；	0.828	0.841**					
	调整自己的教学以引起学生的兴趣；	0.607	0.717**					
	帮助学生领会学习数学的价值；	0.737	0.795**					
	给学习困难的学生提供针对性强的学习支持	0.408	0.580**					

　　此次教师问卷中仅直观教学方式子维度属于新增项目,且与学生问卷相关问题匹配,其他两个子维度(认知激活策略和教师自我效能)往年已测并获得学科专家组认可。调查结果(见表4-13和表4-14)亦表明,教师问卷整体满足测量学基本要求,但直观教学方式子维度部分题目信效度指标偏低,故后期第二轮施测前需着重对该维度题目进行修订。

　　4. 学生问卷第二轮预测试结果

　　根据第一轮问卷预测试的数据分析结果以及访谈记录,并结合学科组专家的建议,对存在问题的题目进行修改,然后进行第二轮大样本(868人)预测试。通过 SPSS 软件对 868 名被试在 19 道题上作答进行信度分析,结果显示整套问卷的内部一致性为 0.810,相对于第一轮问卷质量,其信度指标有了明显改善,但是直观经验与知识和可视化表征方式分维度的信度仍然较低,具体各维度的信度检验结果如表4-15所示。

表4-15　学生问卷第二轮预测试分维度信度检验结果

潜 变 量	可测变量个数	内部一致性
直观经验与信念	5	0.694
可视化表征方式	4	0.703
问题解决毅力	5	0.795
数学焦虑	5	0.876

　　此外,使用 AMOS 软件对学生问卷的结构效度进行检验,结果显示第二轮问卷的整体结构效度良好(CFI=0.849,RMSEA=0.081),但直观经验与信念分维度的部分题项的因子载荷依旧偏低,具体各维度相对指标和绝对指标结果如表4-16所示。

表4-16　学生问卷第二轮预测试验证性因子分析结果

维度	载 荷 系 数			拟 合 指 数				内部一致性
	题　　目	因子载荷	与本维度题总相关	卡方值(自由度)	CFI	RMSEA	NFI	
直观经验与信念	整体一定大于部分;	0.151	0.568**	67.4(5)	0.843	0.120	0.828	0.694
	负数乘以负数一定是正数;	0.545	0.560**					

（续表）

维度	载 荷 系 数			拟 合 指 数				内部一致性
	题　　目	因子载荷	与本维度题总相关	卡方值（自由度）	CFI	RMSEA	NFI	
直观经验与信念	两点确定一条直线；	0.434	0.572**	67.4 (5)	0.843	0.120	0.828	0.694
	如果 $A=B$，$B=C$，则 $A=C$；	0.822	0.657**					
	糖水加糖后一定变甜；	0.425	0.549**					
可视化表征方式	当遇到形如 $\|x-4\|>5$ 等不等式问题时，我会尝试通过数轴来探究其几何意义；	0.741	0.729**	70.8 (2)	0.897	0.199	0.896	0.703
	当遇到形如 $(2a+b)(a+b)$ 等多项式乘积问题时，我会尝试构造几何图形的面积来解决问题；	0.63	0.729**					
	当遇到求解一次函数表达式等类似问题时，我会尝试通过绘制图象来分析问题；	0.563	0.682**					
	当遇到诸如图形的折叠与展开等问题时，我会尝试通过图形的几何性质来解决问题	0.527	0.744**					
问题解决毅力	当遇到数学问题时，我会很容易放弃；	0.804	0.770**	363.5 (5)	0.768	0.288	0.767	0.795
	我会尽量回避数学难题；	0.821	0.686**					
	我仍会对刚开始着手的数学问题一直保持兴趣；	0.473	0.804**					
	我会坚持完成数学问题，直到完美为止；	0.628	0.702**					

125

(续表)

维度	载 荷 系 数			拟 合 指 数				内部一致性
	题 目	因子载荷	与本维度题总相关	卡方值(自由度)	CFI	RMSEA	NFI	
问题解决毅力	遇到数学问题时,我完成的会比我预期的要多	0.495	0.744**	363.5(5)	0.768	0.288	0.767	0.795
数学焦虑	我常会担心数学课会很困难;	0.768	0.836**	147.7(5)	0.936	0.181	0.809	0.876
	当我要做数学作业时,我会很紧张;	0.803	0.822**					
	解数学问题时,我会很紧张;	0.827	0.842**					
	解数学问题时,我觉得很无助;	0.788	0.825**					
	我担心数学拿不到好成绩	0.649	0.771**					

从表4-15和表4-16的结果可以发现,经过第一轮问卷修订后,学生问卷整体信效度良好,但仍有部分题目存在问题(如因子载荷偏低),所以正式施测前需要进一步调整。

5. 教师问卷第二轮预测试结果

根据第一轮问卷预测试的数据分析结果,并结合学科组专家的建议,对存在问题的题目表述进行修改,然后进行第二轮大样本(276人)预测试。通过SPSS软件对276名教师被试在21道题上作答进行信度分析,结果显示整套问卷的内部一致性为0.728,相对于第一轮问卷质量,其信度指标也有了明显改善,具体各维度的信度检验结果如表4-17所示。

表4-17 教师问卷第二轮预测试分维度信度检验结果

潜 变 量	可测变量个数	内部一致性
直观教学方式	7	0.803
认知激活策略	8	0.822
教师自我效能	6	0.911

此外,使用 AMOS 软件对教师问卷的结构效度进行检验,结果显示该问卷的整体结构效度良好(CFI＝0.934,RMSEA＝0.059),但认知激活策略分维度部分题目的题总相关为负,具体各维度相对指标和绝对指标结果如表 4-18 所示。

表 4-18 教师问卷第二轮预测试验证性因子分析结果

维度	载 荷 系 数			拟 合 指 数				内部一致性
	题 目	因子载荷	与本维度题总相关	卡方值(自由度)	CFI	RMSEA	NFI	
直观教学方式	当遇到形如 $|x-4|>5$ 等不等式问题时,我会引导学生通过数轴来探究几何意义;	0.650	0.698**	20.72 (14)	0.986	0.042	0.959	0.803
	当遇到形如 $(2a+b)(a+b)$ 等多项式乘积问题时,我会引导学生尝试构造几何图形的面积来解决问题;	0.473	0.624**					
	当遇到求解一次函数表达式等类似问题时,我会提示学生通过绘制图象来分析问题;	0.672	0.706**					
	当遇到诸如图形的折叠与展开等问题时,我会提醒学生通过图形的几何性质来解决问题;	0.680	0.710**					
	当遇到诸如糖水变甜等问题时,我会引导学生结合生活经验来探索不等式的性质;	0.551	0.659**					
	当遇到诸如概率基本性质等问题时,我会在教学中使用掷硬币等实例加深学生对其的理解;	0.581	0.657**					

（续表）

维度	载 荷 系 数			拟 合 指 数				内部一致性
	题　　目	因子载荷	与本维度题总相关	卡方值（自由度）	CFI	RMSEA	NFI	
直观教学方式	当遇到诸如探索平方差公式等问题时，我会引导学生尝试写出几组结果来逐步归纳出规律	0.711	0.733**	20.72（14）	0.986	0.042	0.959	0.803
认知激活策略	我提出的问题没有明确的解题方案；	0.005	−0.008	67.49（20）	0.950	0.093	0.931	0.822
	我会提出问题并让学生有时间去思考；	0.773	0.779**					
	我会借助于不同的情境去展开问题，以便知道学生是否理解了概念；	0.751	0.768**					
	我提出问题后会让学生反思；	0.816	0.814**					
	我提出的问题可以用不同的方法去解决；	0.677	0.744**					
	我会让学生经历从错误中学习；	0.601	0.676**					
	我提出的问题需要学生把已有知识经验应用到新情境中；	0.737	0.775**					
	我要求学生能够解释自己解决问题的过程	0.761	0.785**					
教师自我效能	回答学生的数学问题；	0.768	0.819**	26.14（9）	0.983	0.083	0.975	0.911
	展示给学生不同的解决问题的策略；	0.859	0.874**					
	给有能力的学生提供具有挑战性的任务；	0.840	0.863**					

（续表）

维度	载荷系数			拟合指数				内部一致性
	题　　目	因子载荷	与本维度题总相关	卡方值（自由度）	CFI	RMSEA	NFI	
教师自我效能	调整自己的教学以引起学生的兴趣；	0.786	0.824**	26.14（9）	0.983	0.083	0.975	0.911
	帮助学生领会学习数学的价值；	0.793	0.825**					
	给学习困难的学生提供针对性强的学习支持	0.723	0.787**					

　　从表 4-17 和表 4-18 的结果可以发现，经过第一轮问卷修订后，教师问卷整体信效度提升，但仍有部分题目存在问题（如题目与子维度相关为负），故正测前也还需进一步调整。

四、试题维度的标定及正测工具的形成

　　根据预测试的分析结果确定了初步的测试工具，此时需要邀请专家对试题进行维度评定。一道测试题既要满足测试本身的要求，也就是试题的命题规范，同时更要符合测试的意图。本书的目的是调查中学生的数学直观素养表现。因此，测试工具要满足测试框架的基本要求。但是原始试题在经历多次修改中很容易让数学直观素养分维度发生变化。因此，在试题最终确定前需要邀请专家对试题的测试维度进行评定（具体标定见附录8）。

　　此外，能力估计的精准性取决于个体测量误差，测量误差可理解为参加若干相似的测验，学生测验分数可能的变化情况。而要减少这种误差最好的办法是让学生进行多次测试，或者在一次测试中回答更多的题目。因此，从测量学的角度看，试卷中的试题越多，所刻画的学生能力值越稳定。通过第二轮预测试后筛选出适合测试框架的 33 道试题，最终 5 位评定专家达成一致性较高的有 25 道题，而另外关于 8 道题，专家们的意见分歧较大，故未进入最后测试（见表 4-19 和表 4-20）。

表 4-19　选定的 25 道正测试题维度标定评分者一致性

测评维度	评分者一致性(ICC[①])
依托形式(F)	0.979
问题情境(S)	0.959
认知水平(C)	0.938

表 4-20　剔除的 8 道备选试题维度标定评分者一致性

测评维度	评分者一致性(ICC)
依托形式(F)	0.625
问题情境(S)	0.475
认知水平(C)	0.746

在这 8 道题中,关于情境分维度,专家评分的一致性较差(ICC$_{问题情境}$ = 0.475),5 位评定专家对 2 道题的评定差异较大,其中有 3 位专家认为是生活情境,另 2 位则认为是科学情境。关于认知水平分维度,有 5 道题 4 位专家都认为是水平 1,只有 1 位专家认为是水平 2,专家评分的一致性也不高(ICC$_{认知水平}$ = 0.746)。关于依托形式分维度,专家评分的一致性也不理想(ICC$_{依托形式}$ = 0.625),还有 1 题的正确作答不仅需要图形直观还需非图形直观,故大部分专家不能有效把握其中直观素养的依托形式。由于这些题目专家之间分歧较大,因此不适合作为测量工具使用,最后决定剔除。

同时,在问卷方面,第二轮学生问卷预测试(868 人预测试)的结果表明,19 道题中因子载荷系数在 0.75~0.85 的有 7 题,在 0.65~0.75 的有 1 题,在 0.4~0.65 的有 10 题,这些题目保持不变。低于 0.4(因子载荷为 0.151)的有 1 道题目,故可以将其删除[②]。而教师问卷预测试结果指出,21 道题中因子载荷系数在 0.75~0.86 的有 9 题,在 0.65~0.75 的有 7 题,在 0.4~0.65 的有 4 题,这些题目

---

① 由于测评框架的三个子维度不全是等级资料,而基于方差分析的组内相关系数(ICC)既可用于记数资料,又可用于计量资料的信度评价,故此处 ICC 来表示试题维度标定的评分者一致性。
② 侯杰泰,温忠麟,成子娟.结构方程模型及其应用[M].北京:经济科学出版社,2004.

保持不变。低于 0.4(因子载荷为 0.005 且与分维度相关为负)的有 1 道题目,可以考虑删除。此外,进一步检验模型的各拟合指数,并依据题目的修正指数(MI)重新评估问卷,结果发现学生问卷中仍有 2 道题 MI 值大于 30,且删除它们之后卡方值大幅度减小,故决定删除这 2 道题目,最终学生问卷剩余 16 道题目、教师问卷剩余 20 道题目(修正后问卷的信效度见表 4 - 21~表 4 - 24)。

表 4 - 21　最终学生问卷的信度指标

	直观经验与信念	可视化表征方式	问题解决毅力	数学焦虑	总问卷
α 系数	0.679	0.703	0.778	0.871	0.803
分半信度	0.615	0.694	0.627	0.875	0.689

表 4 - 22　最终教师问卷的信度指标

	直观教学方式	认知激活策略	教师自我效能感	总问卷
α 系数	0.803	0.890	0.911	0.720
分半信度	0.808	0.855	0.887	0.652

表 4 - 23　最终学生问卷的结构效度指标

学生问卷最终模型	拟　合　指　数							
	χ^2	df	χ^2/df	RMSEA	NFI	TLI	CFI	GFI
	589.473 ($p=0.000$)	98	6.02	0.076	0.875	0.851	0.892	0.914

表 4 - 24　最终教师问卷的结构效度指标

教师问卷最终模型	拟　合　指　数							
	χ^2	df	χ^2/df	RMSEA	NFI	TLI	CFI	GFI
	313.399 ($p=0.000$)	167	1.88	0.056	0.892	0.938	0.946	0.899

值得注意的是,在许多实证研究中,不少学者常常过度强调结构效度和实证效度等统计学指标,而忽视内容效度的价值。实际上,内容效度非常重要,它代表了一个量表实际测得内容与所测内容之间的吻合程度[①]。尽管本研究前期的问卷设计参考了大量相关文献,部分题目也借鉴了一些成熟量表,使得初始问卷具有一定的可靠性,但为了能够更加准确地考察被试,还需要保证问卷本身的内容效度。因此,本研究邀请了本领域相关咨询专家(名单见附录7)就每个题目与相应内容维度的关联性或代表性作出判断选择。通常,可选项有 4 个等级,即 1=不相关,2=弱相关,3=较强相关,4=非常相关。其中,前两项为弱相关,后两项为强相关。接下来计算评分间一致性水平(inter-rater agreement,IR),即专家评分都为 1 或 2 的题目数与专家评分都为 3 或 4 的题目数之和除以题目总数,本研究两类问卷计算结果分别为 0.94 和 1.0。由于 IR 都大于 0.9,故可进一步计算题目的内容效度系数(Content Validity Index,CVI)、随机一致性概率(P_c)及矫正随机一致性,计算调整后的 Kappa 值(K^*),如表 4-25 和表 4-26 所示[②]。

表 4-25　学生问卷内容效度专家评分及内容效度指数的计算

题目	专 家 评 分						评分为3或4的专家人数	I-CVI	P_c	K^*	评价
	A	B	C	D	E	F					
1	4	3	4	3	4	3	6	1.00	0.016	1.00	优秀
2	4	3	4	4	4	4	6	1.00	0.016	1.00	优秀
3	4	4	4	4	4	4	6	1.00	0.016	1.00	优秀
4	4	4	4	4	4	4	6	1.00	0.016	1.00	优秀
5	3	3	4	4	4	3	6	1.00	0.016	1.00	优秀
6	3	4	4	4	3	4	6	1.00	0.016	1.00	优秀
7	4	4	4	4	4	4	6	1.00	0.016	1.00	优秀
8	3	4	3	3	4	3	6	1.00	0.016	1.00	优秀

[①] 赵德成.内容效度:一个不容忽视的问题[J].语文建设,2006(9):62-64.
[②] 史静琤,莫显昆,孙振球.量表编制中内容效度指数的应用[J].中南大学学报(医学版),2012,37(2):152-155.

（续表）

题目	专家评分						评分为3或4的专家人数	I-CVI	P_c	K^*	评价
	A	B	C	D	E	F					
9	4	4	4	4	4	4	6	1.00	0.016	1.00	优秀
10	4	3	3	4	4	3	6	1.00	0.016	1.00	优秀
11	4	4	4	3	3	4	6	1.00	0.016	1.00	优秀
12	4	3	3	3	3	2	5	0.83	0.094	0.82	优秀
13	4	4	4	4	4	4	6	1.00	0.016	1.00	优秀
14	4	4	4	3	4	4	6	1.00	0.016	1.00	优秀
15	4	4	3	4	4	4	6	1.00	0.016	1.00	优秀
16	4	4	4	4	4	4	6	1.00	0.016	1.00	优秀

表4-26　教师问卷内容效度专家评分及内容效度指数的计算①

题目	专家评分						评分为3或4的专家人数	I-CVI	P_c	K^*	评价
	A	B	C	D	E	F					
1	3	3	4	4	4	3	6	1.00	0.016	1.00	优秀
2	3	4	4	4	3	3	6	1.00	0.016	1.00	优秀
3	4	4	4	4	4	4	6	1.00	0.016	1.00	优秀
4	4	4	4	3	4	4	6	1.00	0.016	1.00	优秀
5	3	3	4	4	4	3	6	1.00	0.016	1.00	优秀
6	4	3	4	4	3	4	6	1.00	0.016	1.00	优秀
7	4	4	4	4	4	4	6	1.00	0.016	1.00	优秀

① 由于本书中的教师问卷只考察教师直观教学方式这个维度,故专家咨询仅对这个维度的7道题进行评分,下同。

数据结果显示,学生问卷中有 15 道题的 I-CVI 值为 1.00,说明这 15 道题目得到 6 位专家的一致认可,内容效度很高;仅 1 道题的 I-CVI 值为 0.83,即这些题目得到了 5 位专家的认可。校正了随机一致性后的 K^* 为 0.82,按照一般的评价标准(K^* 值在 0.40~0.59 为一般,0.60~0.74 为良好,大于 0.74 为优秀[1]),表明该指标表现良好;教师问卷中有 7 道题的 I-CVI 和 K^* 值都为 1.00,即 7 道都得到了所有专家的一致认可,内容效度很高。进一步计算问卷的内容效度值 S-CVI(即所有专家都评 3 分或 4 分的题目数量占全部题量的百分比),算得学生问卷和教师问卷的 S-CVI 分别为 0.94 和 1.00,S-CVI/Ave(问卷所有条目 I-CVI 的平均数)分别为 0.99 和 1.00。根据 S-CVI 不低于 0.80,S-CVI/Ave 应达到 0.90 的标准[2],说明中学生数学直观素养影响因素问卷的内容效度达到了测量学标准。

第三节　中学生数学直观素养测评工具的质量分析

本书构建评价框架的重要目的是开发中学生数学直观素养测试的工具,并运用工具诊断中学生数学直观素养表现及影响因素作用机制。根据上述构建的评价框架与评价指标,以数与代数、图形与几何以及统计与概率等初中数学核心知识为内容载体,并参照上一章节总结的大规模教育测评的开发流程进行工具开发。在整个环节中,对原始题目不断进行修改和展开预测试,先后进行了 6 人访谈,30 人小样本预测试,300 人大样本预测试,并根据试题的难度、区分度、项目信息函数等测量指标以及专家意见对试题进行修改[3]。在经历了多轮的试题核定后最终确定 25 道试题进入正式测试。与前面类似,需要对此次正式施测的调查工具(测试题和调查问卷)进行质量分析。

一、测试题的基本信息

如前所述,中学生数学直观素养正式施测试题总计 25 道试题,分别来自由

① Polit D F, Beck C T, Owen S V. Is the CVI an Acceptable Indicator of Content Validity? Appraisal and Recommendations[J]. Research in Nursing & Health, 2010, 30(4): 459-467.
② Davis L L. Instrument Review: Getting the Most from a Panel of Experts[J]. Applied Nursing Research, 1992, 5(4): 194-197.
③ 徐柱柱.基于 Rasch 模型的数学直观素养测验质量分析[J].理科考试研究,2023,30(16):21-25.

A、B、S 三套试卷[①]合库而形成的 A/B/S 卷,其中 A、B 卷为两轮预测试修改后组成的独立试卷,S 卷是经共同题设计而组成的独立试卷(约一半来自 A 卷,一半来自 B 卷),最终通过锚测验的设计实现测试等值[②]。其中,A 卷总计 12 道试题,B 卷总计 13 道试题,S 卷总计 14 道试题。测试工具的题型分为单项选择题(四选一)和主观题,且主观题作答在两到三个小问之间(题目信息详见图 4-2 及表 4-27~表 4-31)。可以看出,三套试卷的内部一致性均在 0.89 及以上,说明信度良好。此外,三套卷测试题难度分布适中。与此同时,中学生数学直观素养测试题的分维度要素的分布也相对比较均匀,其中图形直观 15 题、非图形直观 10 题。数学情境 9 题、科学情境 6 题和生活情境 10 题。水平 1 为 6 题、水平 2 为 13 题、水平 3 为 6 题。此外,如前所述,在借鉴已有国际学业测评经验的基础上,结合学生在具体作答中的表现、思维方式等元素所反映出的其他认知特点,本书对各测试题采用"双重编码"的方式进行评分以获得学生的作答表现,一方面兼顾答案的多样性和考生能力水平的差异性,另一方面收集更多关于学生的信息,包括学生出现的错误概念、常规错误以及采取的不同作答策略(见表 4-27~表 4-31)。

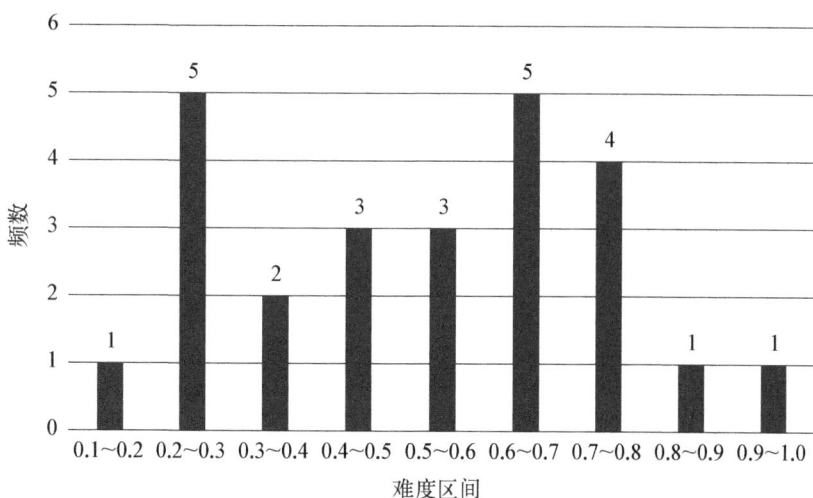

图 4-2 A/B/S 卷试题难度分布

[①] A 卷和 B 卷被试都来自同一地区(Z 市),而 C 卷被试则来自另一地区(P 市)。

[②] 两个不同的测验分别向不同的被试组施测,这两个测验中有一组相同的题目用来作为等值媒介,则这部分题目叫锚测验(Anchor test,又译为铆测验);使用锚测验的设计,叫锚测验设计,又叫共同题设计。

表 4-27　A/B/S 试卷基本信息

试　卷	样本容量	内部一致性(α)
A	10 486	0.89
B	10 439	0.90
S	5 078	0.89

表 4-28　A/B/S 卷试题经典测试理论区分度

序号	A卷题号	区分度	B卷题号	区分度	S卷题号	区分度
1	A011	0.454	B051	0.468	S041	0.418
2	A021	0.494	B061	0.369	S071	0.366
3	A071	0.513	B081	0.468	S081	0.559
4	A081	0.599	B091	0.368	S091	0.387
5	A101	0.433	B111	0.465	S111	0.431
6	A121	0.348	B121	0.278	S121	0.303
7	A131	0.286	B142	0.389	S132	0.271
8	A132	0.393	B152	0.556	S142	0.489
9	A133	0.606	B161	0.685	S151	0.617
10	A171	0.612	B162	0.678	S152	0.609
11	A172	0.476	B163	0.639	S153	0.557
12	A181	0.645	B171	0.615	S161	0.671
13			B172	0.553	S191	0.438
14					S192	0.284

表 4-29 A/B/S 试卷试题测试维度分布

试卷类型	测试维度								各卷题量
	依托形式(F)		情境(S)			认知过程(C)			
	图形直观	非图形直观	数学情境	科学情境	生活情境	水平1	水平2	水平3	
A		A081	A081					A081	
A		A011		A011			A011		
A		A131			A131	A131			
A		A132			A132		A132		
A		A133			A133			A133	
A	A021				A021	A021			12
A	A071				A071		A071		
A	A101				A101		A101		
A	A121				A121			A121	
A	A181			A181		A181			
A	A171		A171				A171		
A	A172		A172					A172	
B		B081			B081	B081			
B		B142		B142		B142			
B		B161	B161			B161			
B		B162	B162				B162		
B		B163	B163					B163	
B	B091				B091		B091		13
B	B121			B121				B121	
B	B171		B171			B171			
B	B172		B172				B172		
B	B051			B051			B051		
B	B061		B061			B061			

（续表）

试卷类型	测试维度									各卷题量
	依托形式(F)		情境(S)			认知过程(C)				
	图形直观	非图形直观	数学情境	科学情境	生活情境	水平1	水平2	水平3		
B	B111			B111			B111			13
B	B152				B152		B152			
分维度题量	15	10	9	6	10	6	13	6		25
总计	25		25			25				

表 4-30　试卷锚题设计

A 卷	S 卷	B 卷
	S041	B051
	S071	B061
A081	S081	
	S091	B081
	S111	B111
A121	S121	
	S132	B142
	S142	B152
	S151	B161
	S152	B162
	S153	B153
A181	S161	
A171	S191	
A172	S192	

表 4 - 31　中学生数学直观素养评价工具指标说明

评价维度	试题特征	内涵描述	题 目 示 例	评分标准	学生作答表现
依托形式	图形直观形式	借助于见到的或者想到的几何图形形象来直接感知与认识数学对象的直观形式	如图,A 型纸片为边长为 a 的正方形;B 形纸片为长为 b,宽为 a 的矩形;C 形纸片为边长为 b 的正方形($a \neq b$)。	正确回答（3 分）	回答出正确答案 4 并且绘图也正确（编码：30、31）
情境	生活情境	数学问题情境源于日常生活	图 4 - 3　三种类型纸片示意图 小曹拿了 1 张 A 型纸片,4 张 C 型纸片,若干张 B 型纸片。若他	部分正确回答（2 分/1 分）	绘图正确,无答案或答案错误;答案正确未作图或绘图错误（编码：20、10）
认知水平	水平 2	通过辨别、理解和分析具体直观形式来解决问题	将这三种纸片没有重叠地拼成了一个正方形,请问小曹还需要几张 B 型纸片? 请你配合画图进行说明。	回答错误或未答（0 分）	错误回答、其他错误和空白（编码：90、91、0）

二、测试题的拟合结果分析

此次正测被试的样本容量已经属于大数据研究的范畴,而项目反应理论不受被试群体样本的影响,并且所得分数可以进行横向和纵向比较,故这里应采用项目反应理论技术进行最终测试题的项目分析。

（一）整体信度分析

通过表 4 - 32 数据可知,用单维 Rasch 模型检验测试工具的学生信度为 0.79、试题信度为 0.89,测试工具信度良好。利用 ConQuest 软件进行多维 Rasch 模型运算,所得依托形式、认知水平、情境三个测评维度要素的平均信度都大于 0.7,信度良好。

表 4-32　试题测试工具信度

Rasch 模型	整　体　信　度		
单维模型	学生信度	试题信度	
	0.79	0.89	
多维模型	依托形式(F)	认知水平(C)	情境(S)
	0.76	0.75	0.72

(二) 基于单维 Rasch 模型的项目质量分析

利用单维 Rasch 模型所得各题拟合指数(Weighted MNSQ)值如表 4-33 所示。

表 4-33　单维 Rasch 模型下的各题拟合指数

题　号	MNSQ	题　号	MNSQ
A011	1.00	B051	0.96
A021	0.96	B061	1.05
A071	0.92	B081	1.01
A081	0.90	B091	1.07
A101	0.97	B111	0.99
A121	1.07	B121	1.10
A131	0.97	B142	1.01
A132	1.21	B152	1.27
A133	1.07	B161	0.84
A171	1.05	B162	0.74
A172	0.91	B163	0.72
A181	0.97	B171	1.10
		B172	1.01

由表 4-33 可知,全部试题拟合指数均在 0.7～1.3,表明试题与模型的匹配度较好。同时,用分步评分模型对试题中的所有项目进行分析,其结果主要包括试题的难度以及项目反应与 Rasch 模型的拟合,其结果见表 4-34。

表 4-34 基于项目反应理论标定的项目参数以及模型拟合统计量

序号	项目	不同计分点难度				拟合度	区分度
		1	2	3	4		
1	A011	−0.79				1.00	0.40
2	A021	1.12				0.96	0.44
3	A071	−1.52				0.92	0.44
4	A081	−0.78				0.90	0.51
5	A101	−1.44				0.97	0.38
6	A121	−0.76				1.07	0.39
7	A131	−2.35				0.97	0.31
8	A132	3.53	−3.16			1.21	0.54
9	A133	2.57	0.41	−1.41		1.07	0.73
10	A171	2.05	0.97	1.34	−0.04	1.05	0.71
11	A172	3.51	1.67	1.42	−0.02	0.91	0.59
12	A181	1.14	−0.77			0.97	0.64
13	B051	−1.51				0.96	0.38
14	B061	−0.39				1.05	0.33
15	B081	−0.53				1.01	0.39
16	B091	0.11				1.07	0.32

（续表）

序号	项目	不同计分点难度				拟合度	区分度
		1	2	3	4		
17	B111	−0.28				0.99	0.41
18	B121	1.11				1.10	0.26
19	B142	−0.64				1.01	0.38
20	B152	1.26	0.94	−2.55		1.27	0.60
21	B161	1.38	3.35	−2.94		0.84	0.78
22	B162	2.47	1.48	−1.33		0.74	0.78
23	B163	2.03	0.41			0.72	0.72
24	B171	1.61	0.39	−0.78		1.10	0.71
25	B172	1.14	−0.13	3.44		1.01	0.63

对于主观题，试题的拟合指数在 0.72～1.27。从表 4-34 难度的估计结果可以看出，主观题在各评分点的难度有随分数递增的趋势。同时，利用 Rasch 模型对学生被试的测查数据进行分析，还可得到相应的怀特图（Wright Map），即试题难度与学生能力分布对应图，如图 4-4 所示。其中，图 4-4 最左侧的数值是被试能力水平和题目难度的 logit 值，用于标定试题难度与学生能力的对应关系，其中"X"代表被试，且每个"X"代表一定数量的样本，被试的能力水平自下而上依次升高。图 4-4 右侧数值为试题编码。当学生能力分布与题目难度匹配时，才能有很好的估计和测量①。从图 4-4 中不难看出：第 11 题最难，而第 7 题最容易。考生的能力主要分布在（−2，2），其中大多数考生的能力水平处于（−1，1）。

———————

① 刘晓婷.教师数学教学知识与小学生数学学科能力表现及其相关性研究[D].北京：北京师范大学，2016.

```
========================================================================
                模型中的术语(不包括步骤术语)＋题目序号
------------------------------------------------------------------------

        3



        2           X
                     X
                     XX
                     X     11
                     XX    25
                     XXX
                     XXX   23
                     XXX   10  18
        1           XXXX
                     XXXXX  22
                     XXXXXX
                     XXXX   21
                     XXXXXXX 9
                     XXXXXXX 24
                     XXXXXX
              XXXXXXXXXX  8  12  16
        0           XXXXXX
                     XXXXXXX 20
                     XXXXXXX
                     XXXXXXXX 17
                     XXXXXXXX 14
                     XXXXXXX 15
                     XXXXXXX 19
                     XXXXX   1  4  6
                     XXXX
       -1            XXXX
                     XXXX   2
                     XXX
                     XX     5
                     XXX    3  13
                     XX
                     X
       -2            X
                     X


                     X
                            7



       -3


========================================================================
              每"X"个代表  170.4 个样本
========================================================================
```

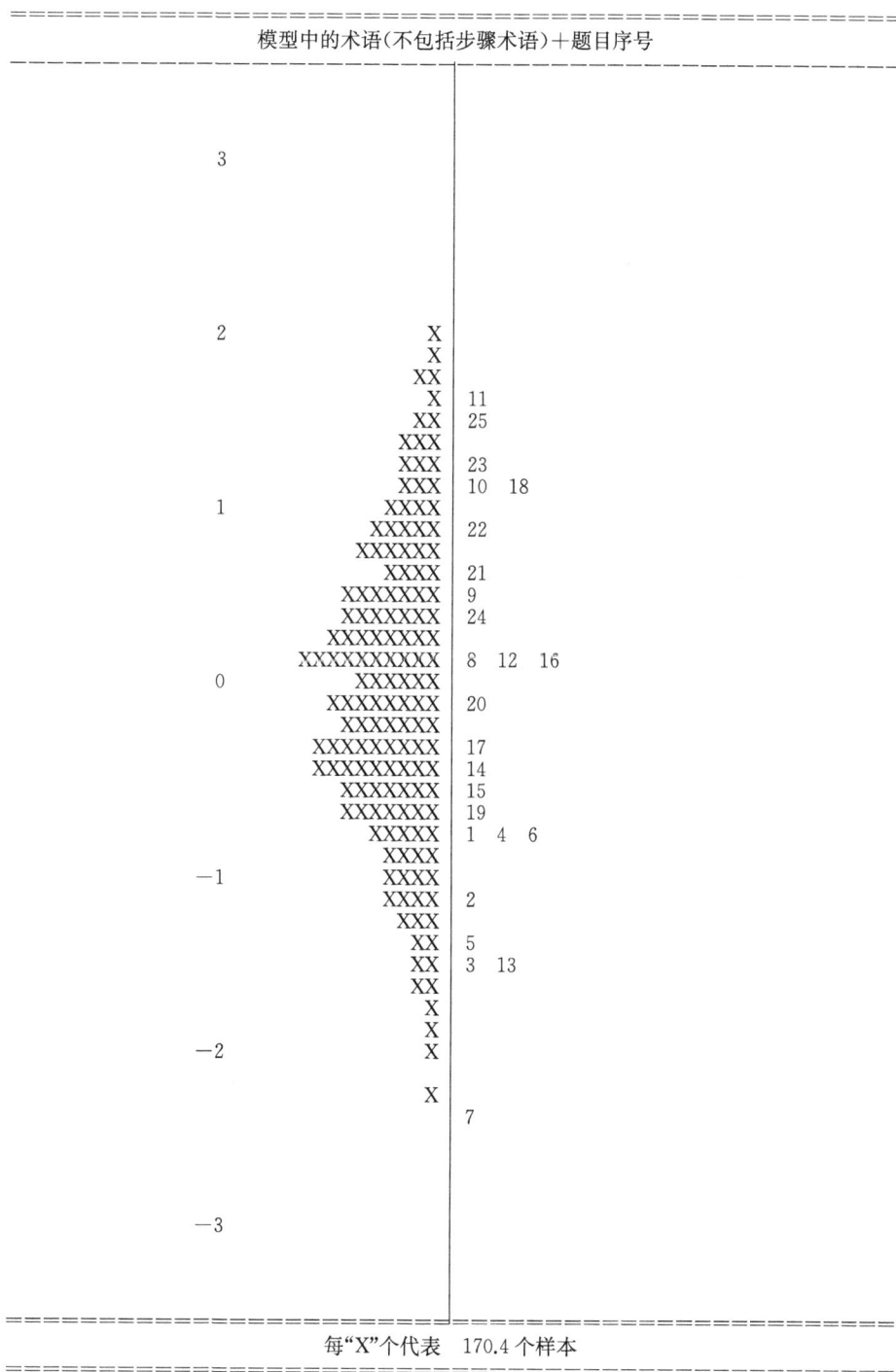

图 4-4 整体测试怀特图

143

此外,还可以通过测验的信息量来考查题目质量。测验的信息量越大,则对被试能力水平测量的误差就越小,它与测量的标准误成反比。同一份测验对于不同能力的考生,其信息量也不同。当测验在某个能力特质的信息量达到峰值,则说明该测验对此能力特质的测量误差最小。图4-5为此次测验的项目信息函数。可以看出,本书中测试题对于估计能力水平在0.7左右的被试,测量误差最小。也就是说,此次测试对于潜在能力特质为0.7的学生人群鉴别力最高。

测验信息
(包含所有题目)

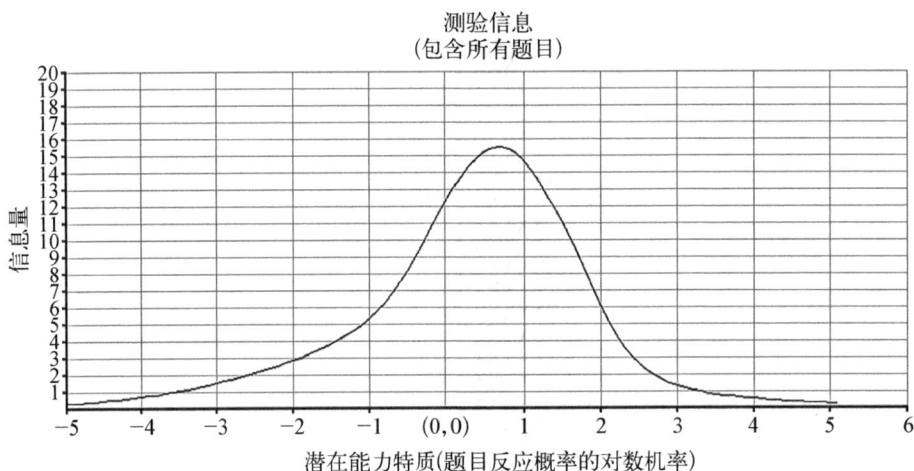

潜在能力特质(题目反应概率的对数机率)

图4-5 整卷测试项目信息函数

(三) 多维项目反应理论的项目质量分析

根据本书中的测评框架,数学直观素养可以从依托形式、直观情境和认知水平三个维度进行刻画,故分别使用多维Rasch模型对试题中的所有项目进行分析,所得各题拟合指数见表4-35、试题难度与学生能力分布对应见图4-6~图4-8。整体来看,各维度下的所有项目的拟合指数(INFIT MNSQ)都在0.7~1.3,表明测试数据符合模型,进一步表明从依托形式、情境和认知过程这三个方面预测学生数学直观素养表现更加精确。

表 4 - 35　多维 Rasch 模型下的各题拟合指数

序　号	项　目	不同维度下的试题拟合指数（MNSQ）		
		依托形式（F）	情境（S）	认知水平（C）
1	A011	1.09	1.02	0.99
2	A021	0.95	0.96	0.99
3	A071	0.92	0.92	0.91
4	A081	0.95	0.94	0.91
5	A101	0.96	0.98	0.97
6	A121	1.06	1.04	1.10
7	A131	1.00	0.95	1.00
8	A132	1.25	1.13	1.18
9	A133	1.03	0.94	1.11
10	A171	0.95	1.08	1.05
11	A172	0.82	0.91	1.01
12	A181	0.94	0.94	0.97
13	B051	0.97	0.97	0.95
14	B061	1.04	1.15	1.04
15	B081	1.09	0.98	1.00
16	B091	1.06	1.02	1.06
17	B111	0.99	1.01	0.99
18	B121	1.08	1.10	1.14
19	B142	1.09	1.03	1.05
20	B152	1.19	1.07	1.20
21	B161	0.83	0.88	0.92
22	B162	0.78	0.79	0.80
23	B163	0.73	0.76	0.78
24	B171	0.97	1.27	1.17
25	B172	0.94	1.14	1.00

```
=================================================================
分维度 1                 模型中的术语(不包括步骤术语)+题目序号(右侧)
----------------
                         图形直观形式        非图形直观形式
-----------------------------------------------------------------
        5
        4
        3                                      X
                                               X
                                               X
                              X               XX
        2                     X               XX
                             XX               XX
                              X               XX
                            XXX              XXX       11 23
                            XXX             XXXX       25
                            XXX             XXXX       22
        1                  XXXX             XXXX       10 18
                          XXXXX            XXXXX       21
                          XXXXX            XXXXX       9
                         XXXXXX            XXXXX       24
                         XXXXXX          XXXXXXX       8 12
        0          XXXXXXXXXXXX           XXXXXX       16
                         XXXXXX            XXXXX       20
                         XXXXXX           XXXXXX       17
                         XXXXXX            XXXXX       14
                         XXXXXX           XXXXXX       15
                          XXXXX          XXXXXXX       1 4 6 19
       -1                  XXXX            XXXXX       2
                           XXXX            XXXXX
                             XX            XXXXX       3 5 13
                            XXX              XXX
                              X              XXX
       -2                     X               XX
                              X               XX
                                              XX
                                               X       7
                                               X
       -3
       -4
       -5
=================================================================
              每"X"个代表   217.2 个样本
=================================================================
```

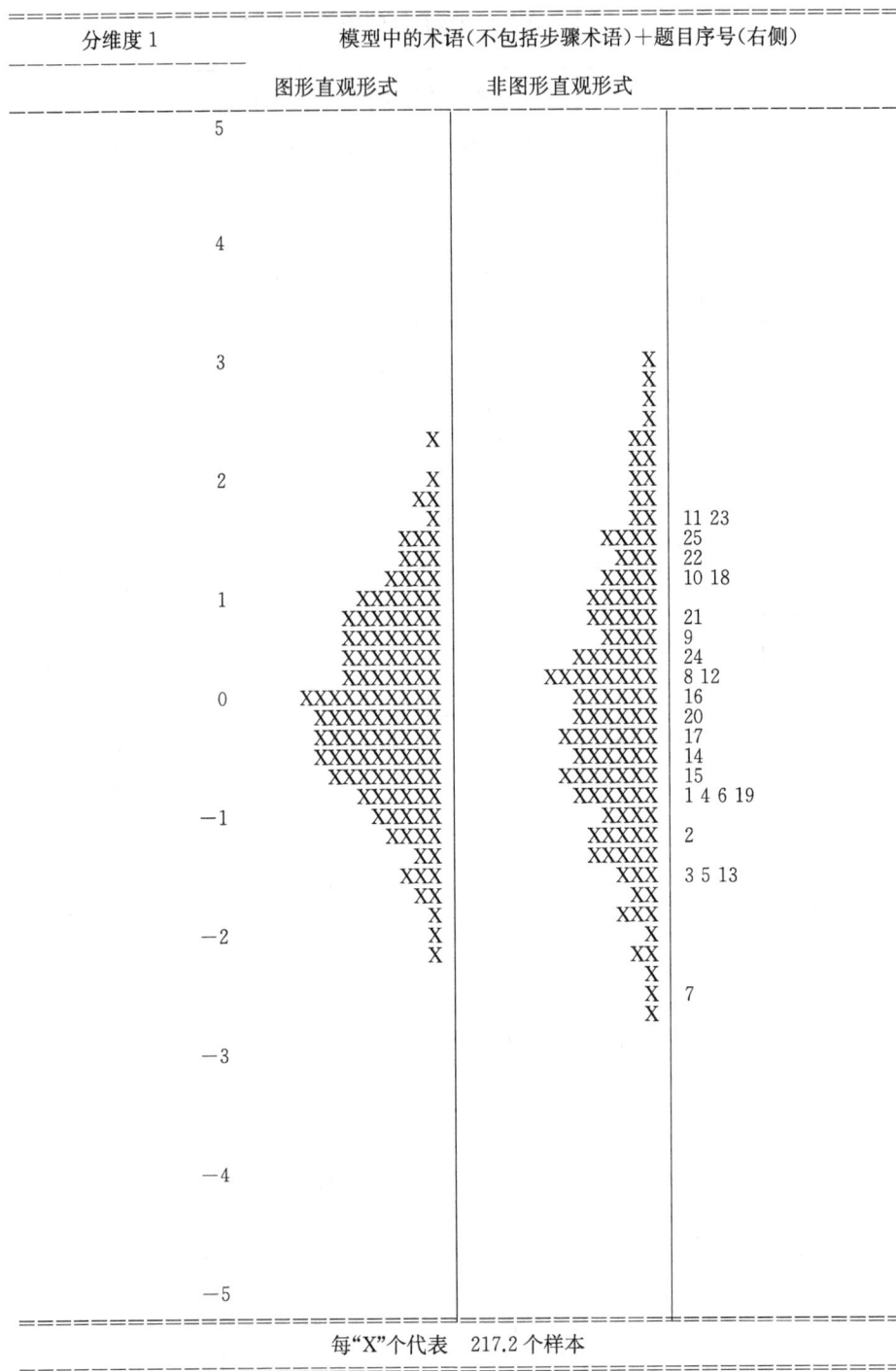

图 4-6　不同直观依托形式怀特图

146

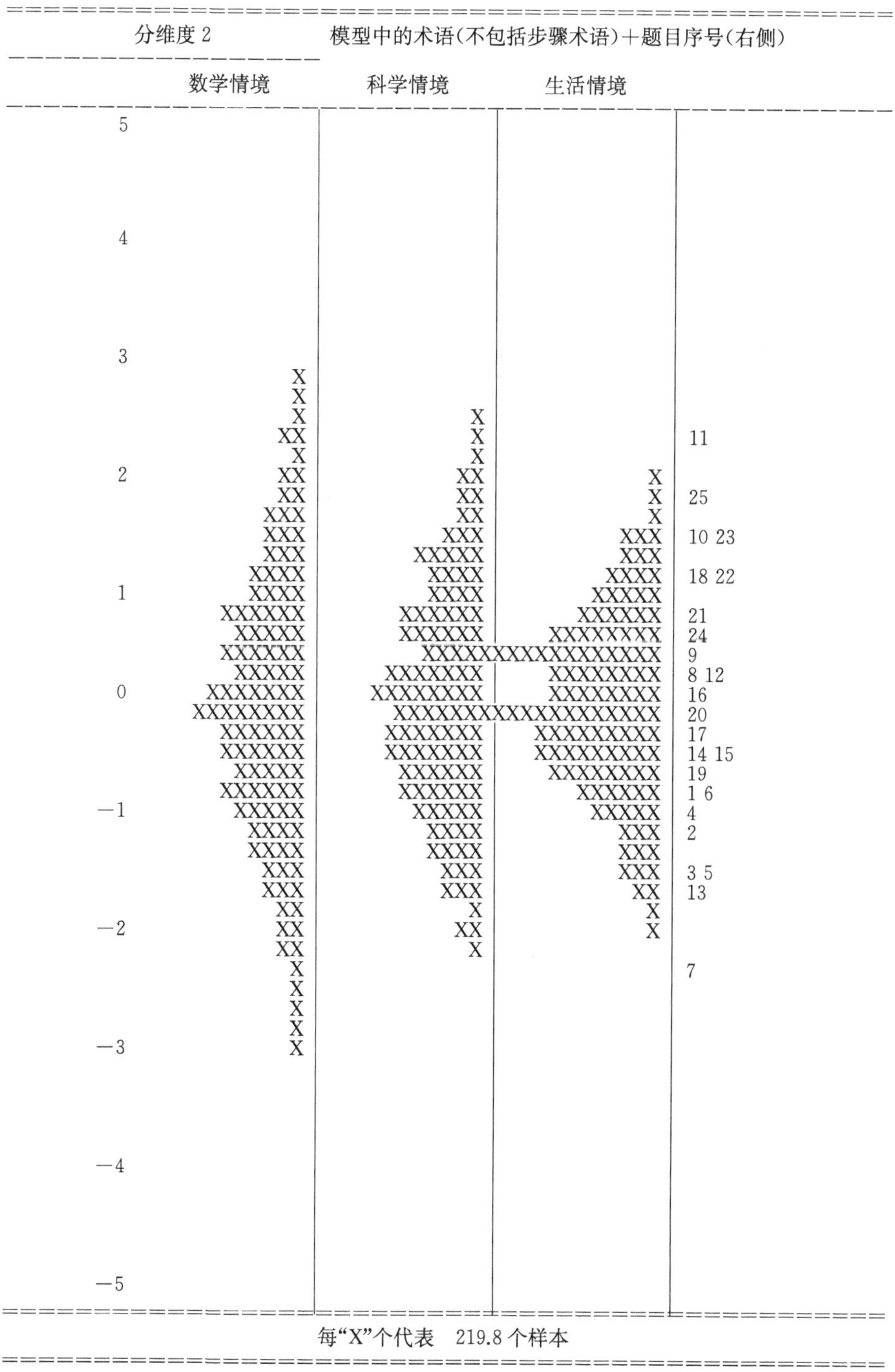

```
================================================================
    分维度 2          模型中的术语(不包括步骤术语)＋题目序号(右侧)
    ——————————
                数学情境      科学情境      生活情境
    ——————————
        5

        4

        3                X
                         X
                         XX        X
                         XX        X
        2                XX        XX             X
                         XX        X              X        25
                         XXX       XXX            XXX      10 23
                         XXX       XXXXX          XXX      18 22
                         XXXX      XXXXX          XXXX
        1                XXXXX     XXXXX          XXXXX    21
                         XXXXX     XXXXX          XXXXX    24
                         XXXXX     XXXXXXX        XXXXXXX  9
                         XXXX      XXXXXXX        XXXXXXX  8 12
        0                XXXXXX    XXXXXXXXX      XXXXXXXX 16
                         XXXXXXX   XXXXXXXXX      XXXXXXX  20
                         XXXXX     XXXXXXX        XXXXXXX  17
                         XXXXX     XXXXXXX        XXXXXXXX 14 15
                         XXXXX     XXXXXXX        XXXXXXX  19
                         XXXX      XXXXX          XXXXX    1 6
       −1                XXXX      XXXX           XXXXX    4
                         XXXX      XXXX           XXX      2
                         XXX       XXXX           XXX      3 5
                         XXX       XX             XX       13
                         XX        X              XX
       −2                XX        XX             X
                         X         XXX
                         X         X                       7
                         X
       −3                X
                         X


       −4



       −5
================================================================
              每"X"个代表   219.8 个样本
================================================================
```

图 4‑7　不同直观情境怀特图

分维度 3　　　　模型中的术语(不包括步骤术语)＋题目序号(右侧)

水平 1　　　　　水平 2　　　　　水平 3

```
  4

  3                                                    X
                    X                                  X
                    X                                  X
                    X                                  X
                   XX                    X            XX
  2                 X                    X            XX        11
                   XX                    X           XXX
                   XX                   XX           XXX
                  XXX                   XX          XXXX        25
                  XXX                  XXX          XXXX        23
                  XXX                  XXX          XXXX        18
  1              XXXX                 XXXXX        XXXXX        10
                 XXXX                XXXXXX        XXXXX        22
                XXXXX               XXXXXXX       XXXXXX        21
               XXXXXX              XXXXXXXX      XXXXXXX        9 24
              XXXXXXX            XXXXXXXXXXX    XXXXXXXX        8 12
  0      XXXXXXXXXXX      XXXXXXXXXXXXXXXXX    XXXXXXXX        16
              XXXXXXX        XXXXXXXXXXXX     XXXXXXXX        20
              XXXXXXX        XXXXXXXXXXXX     XXXXXXXX        17
               XXXXXX         XXXXXXXXXX      XXXXXXX        14
               XXXXX          XXXXXXXXX       XXXXXX         15
               XXXXX           XXXXXXX        XXXXXX         19
               XXXXX            XXXXXX        XXXXX         1 4 6
 -1            XXXX             XXXXX         XXXXX         2
              XXXX              XXXX          XXX
               XXX              XXX           XXX          3 5 13
                XX               XX           XX
                XX                X           XX
 -2             XX                X           X
                 X                X           X
                 X                            X
                 X                            X
                 X                                        7

 -3

 -4
```

每"X"个代表　　201.1 个样本

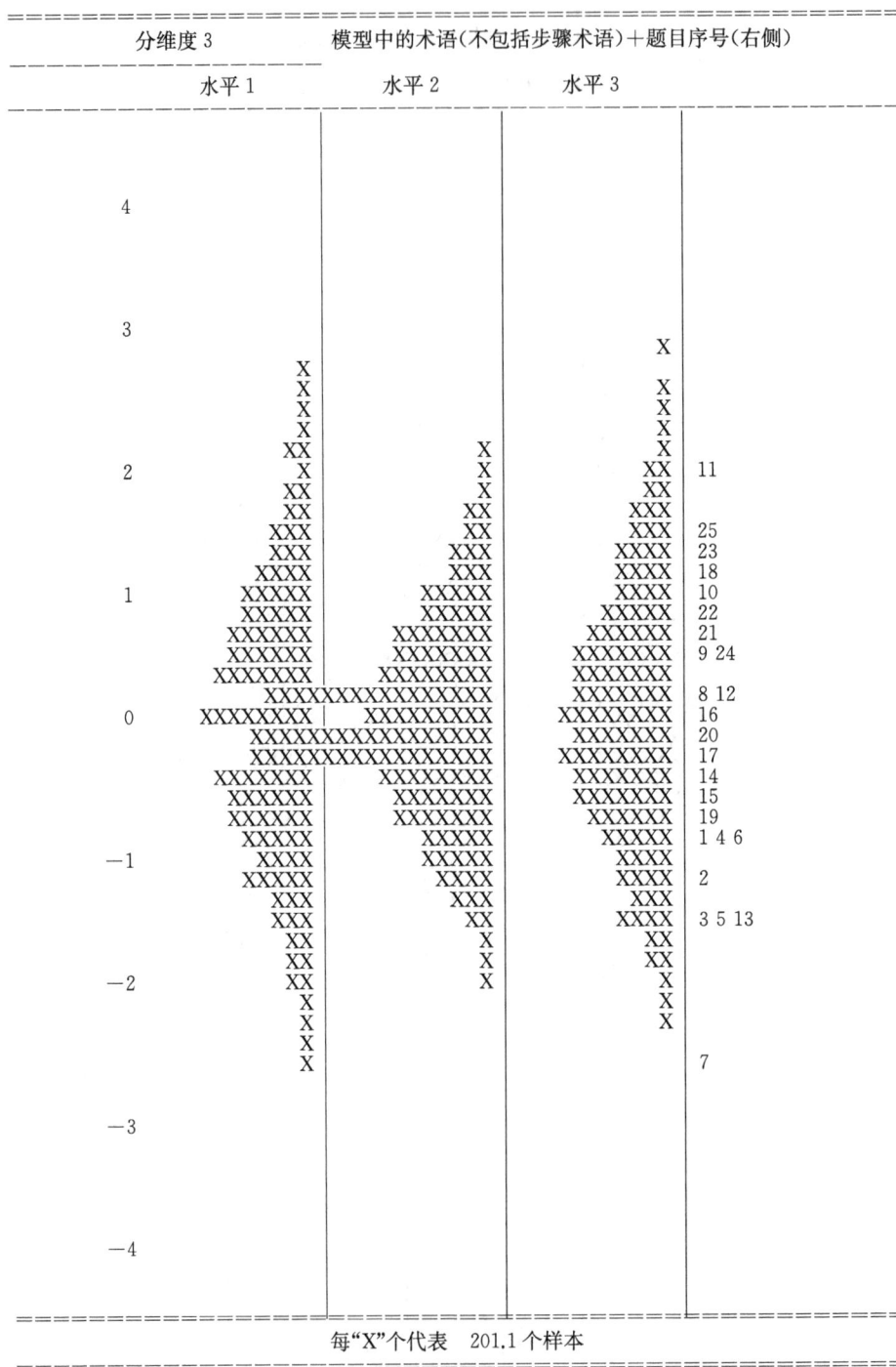

图 4-8　不同认知水平怀特图

三、问卷测试的拟合结果分析

本书中,正式施测的问卷(学生问卷和教师问卷)分别经历了两轮预测试的数据分析以及由专家意见进行调整和修订。其中,学生问卷最终由直观经验与信念、可视化表征方式、问题解决毅力等 4 个子维度构成,共计 16 题;教师问卷最终由直观教学方式、认知激活策略以及教师的自我效能等 3 个子维度构成,共计 20 题。其中仅直观教学方式子维度为本书中学校层面直观素养影响因素的考察对象(问卷内容详见附录 4 和附录 5)。

(一)学生问卷的质量分析

通过 SPSS 软件对参与正测的 24 340 名学生被试在 16 道题上作答进行信度分析,结果显示学生问卷的内部一致性为 0.841,除直观经验与知识分量表的内部一致性相对较低外(接近 0.7),其他分维度量表表现良好,但统计上均在可接受范围,具体各维度的信度检验结果如表 4-36 所示。

表 4 36　学生问卷正测分维度信度检验结果

潜　变　量	可测变量个数	内部一致性
直观经验与信念	4	0.697
可视化表征方式	4	0.825
问题解决毅力	4	0.732
数学焦虑	4	0.908

此外,使用 AMOS 软件对学生问卷的结构效度进行检验,结果显示该问卷的整体结构效度良好(CFI=0.888,RMSEA=0.093),具体各维度相对指标和绝对指标结果如表 4-37 所示。

从表 4-36 和表 4-37 可以看出,无论是 4 个子维度还是整个学生问卷,结果都显示出良好的信效度。尽管问题解决毅力子维度个别题项的因子载荷相对偏低,但整个维度的结构效度良好,说明该调查问卷整体稳定可靠,符合测量学基本要求,可以用来考察学生层面因素对数学直观素养表现的影响。

表 4 - 37　学生问卷正测验证性因子分析结果

维度	载荷系数			拟合指数				内部一致性
	题　目	因子载荷	与本维度题总相关	卡方值（自由度）	CFI	RMSEA	NFI	
直观经验与信念	负数乘以负数一定是正数；	0.737	0.553**	149.03 (2)	0.993	0.055	0.993	0.697
	两点确定一条直线；	0.617	0.506**					
	如果 $A=B$，$B=C$，则 $A=C$；	0.807	0.619**					
	糖水加糖后一定变甜	0.443	0.296**					
可视化表征方式	当遇到形如 $\lvert x-4 \rvert > 5$ 等不等式问题时，我会尝试通过数轴来探究其几何意义；	0.679	0.709**	4 118.4 (2)	0.893	0.093	0.893	0.825
	当遇到形如 $(2a+b)(a+b)$ 等多项式乘积问题时，我会尝试构造几何图形的面积来解决问题；	0.756	0.598**					
	当遇到求解一次函数表达式等类似问题时，我会尝试通过绘制图象来分析问题；	0.704	0.686**					
	当遇到诸如图形的折叠与展开等问题时，我会尝试通过图形的几何性质来解决问题	0.810	0.607**					
问题解决毅力	当遇到数学问题时，我会很容易放弃；	0.875	0.582**	8 360.02 (2)	0.753	0.114	0.753	0.732
	我会尽量回避数学难题；	0.858	0.566**					
	我会坚持完成数学问题，直到完美为止；	0.438	0.519**					

（续表）

维度	载 荷 系 数			拟 合 指 数				内部一致性
	题　　目	因子载荷	与本维度题总相关	卡方值（自由度）	CFI	RMSEA	NFI	
问题解决毅力	遇到数学问题时,我完成的会比我预期的要多;	0.392	0.425**	8 360.02（2）	0.753	0.114	0.753	0.732
数学焦虑	我常担心数学课会很难;	0.734	0.712**	1 034.04（2）	0.985	0.146	0.985	0.908
	当我要做数学作业时,我会紧张;	0.917	0.847**					
	解数学问题时,我会紧张;	0.919	0.841**					
	解数学问题时,我觉得无助	0.807	0.775**					

（二）教师问卷的质量分析

通过 SPSS 软件对参与正测的 297 名教师被试在 20 道题上作答进行信度分析,结果显示教师问卷的内部一致性为 0.784,并且各分维度量表的内部一致性均在 0.8 以上,具体各维度的信度检验结果如表 4-38 所示。

表 4-38　教师问卷正测分维度信度检验结果

潜　变　量	可测变量个数	内部一致性
直观教学方式	7	0.825
认知激活策略	7	0.939
教师自我效能	6	0.907

另外,使用 AMOS 软件对教师问卷的结构效度进行检验,结果显示该问卷的整体结构效度良好($CFI=0.903$,$RMSEA=0.085$),具体各维度相对指标和绝对指标结果如表 4-39 所示。

表 4 - 39　教师问卷正测验证性因子分析结果

维度	载荷系数			拟合指数				内部一致性
	题　目	因子载荷	与本维度题总相关	卡方值（自由度）	CFI	RMSEA	NFI	
直观教学方式	当遇到形如 $|x-4|>5$ 等不等式问题时,我会引导学生通过数轴来探究几何意义;	0.587	0.579**	90.90 (14)	0.892	0.106	0.876	0.825
	当遇到形如 $(2a+b)(a+b)$ 等多项式乘积问题时,我会引导学生尝试构造几何图形的面积来解决问题;	0.485	0.496**					
	当遇到求解一次函数表达式等类似问题时,我会提示学生通过绘制图象来分析问题;	0.716	0.585**					
	当遇到诸如图形的折叠与展开等问题时,我会提醒学生通过图形的几何性质来解决问题;	0.776	0.665**					
	当遇到诸如糖水变甜等问题时,我会引导学生结合生活经验来探索不等式的性质;	0.624	0.592**					
	当遇到诸如概率基本性质等问题时,我会在教学中呈现掷硬币等实例加深学生对其理解;	0.745	0.655**					
	当遇到诸如探索平方差公式等问题时,我会引导学生尝试写出几组结果来逐步归纳出规律	0.608	0.505**					

（续表）

维度	载 荷 系 数			拟 合 指 数				内部一致性
	题 目	因子载荷	与本维度题总相关	卡方值（自由度）	CFI	RMSEA	NFI	
认知激活策略	我会提出问题并让学生有时间去思考；	0.781	0.768**	148.73（14）	0.924	0.078	0.917	0.939
	我会借助于不同的情境去展开问题，以便知道学生是否理解了概念；	0.770	0.756**					
	我提出问题后会让学生反思；	0.871	0.846**					
	我提出的问题可以用不同的方法去解决；	0.856	0.815**					
	我会让学生经历从错误中学习；	0.827	0.785**					
	我提出的问题需要学生把已有知识经验应用到新情境中；	0.847	0.812**					
	我要求学生能够解释自己解决问题的过程	0.852	0.814**					
教师自我效能	回答学生的数学问题；	0.803	0.743**	64.24（9）	0.950	0.144	0.942	0.907
	展示给学生不同的解决问题的策略；	0.845	0.785**					
	给有能力的学生提供具有挑战性的任务；	0.795	0.746**					
	调整自己的教学以引起学生的兴趣；	0.818	0.781**					
	帮助学生领会学习数学的价值；	0.776	0.746**					
	给学习困难的学生提供针对性强的学习支持	0.695	0.668**					

　　由表 4-38 和表 4-39 也可以看出，3 个子维度和整个教师问卷信度良好，同时各子维度和整个教师问卷的结构效度各项指标均符合测量学要求，进一步说明教师问卷整体稳定可靠，尤其是直观教学方式可以用来考察学校层面因素对数学直观素养表现的影响。

实践探索篇

实践篇是对中学生数学直观素养测试表现及特征进行细致分析,同时系统总结数学直观素养的测评经验。取得如下发现:

第一,中学生数学直观素养测评框架相对稳定、可操作性强。当前基于多维 Rasch 模型的数学直观素养大规模测评的结果显示试题与模型的匹配度较好,表明从依托形式、情境和认知过程这三个方面去表征学生数学直观素养表现更加精确,也进一步说明本书中的测评模型相对稳定,能从不同角度了解学生数学问题解决的过程。

第二,数学直观素养测评工具的质量整体科学可信。

第三,中学八年级学生数学直观素养整体表现和分维度表现存在群体差异。其中,经济发展水平越高的地区,学生数学直观素养的整体表现相对越好;留守学生数学直观素养整体表现要明显弱于非留守学生许多;城市学生数学直观素养表现明显高于县镇学生,县镇学生的表现好于农村学生。与整体表现类似,学生在依托形式、认知水平以及情境这三个维度的表现上都存在显著城乡差异和留守背景差异,即城市学生表现好于县镇和农村学生,留守生表现明显弱于非留守生。同时,八年级学生数学直观素养的总体表现和分维度表现还存在一定的校间差异。

第四,数学直观素养影响因素的预测作用明显。在学生层面,直观经验与信念、可视化表征方式和问题解决毅力都能显著正向预测学生的数学直观素养表现,而数学焦虑则对学生数学直观素养表现有负向预测作用,并且问题解决毅力和数学焦虑的影响更大。在学校层面,尽管直观教学方式对数学直观素养表现的正向预测作用并不显著,但仍不可忽视其重要影响。

第五,数学直观素养测试中学生典型错误作答具有分类特征。中学生总体上更容易犯"中低难度—非图形直观错误",同时男生和非城市中学生容易犯"高难度—图形直观错误",并且图形直观错误对学生整体数学学业成绩的负面影响更大一些。另一方面,可视化表征方式显著负向影响男生犯"高难度—图形直观错误"的概率,同时数学直观经验与信念和数学焦虑会显著正向影响非城市学生犯"高难度—图形直观错误"的概率。

由此可见,本书中构建的中学生数学直观素养测评框架,确实能够分析中学生数学直观素养表现的主要特征,同时考查不同层面数学直观素养影响因素的预测作用以及挖掘不同群体中学生数学直观错误的类型差异。

第五章

中学生数学直观素养
测试表现与特征

本章主要调查对象为中学八年级学生,最终正式测试的样本为我国中部地区两大城市(Z市和P市)的26 003名八年级学生和297名教师。其中,Z市为中等经济水平的非省会地级市,P市为经济水平偏弱的地级市。两市都采取多阶段分层随机取样方法,即按城乡标志(城市、县镇、农村)对总体进行分类,然后从各层中按随机原则分别抽取一定数目的调查被试构成样本,使得样本在总体中分布更加均匀、更能代表中部地区学生的平均水平。在此次监测中,中学生数学直观素养测试题将采用纸笔测试方式,而问卷则使用网上在线系统作答。这一章节将从中学生数学直观素养的总体表现、分维度表现和相关影响因素及其预测作用分析,还有数学直观素养测试中的学生错误类型分析这四个方面展开论述。其中,中学生数学直观素养的总体表现和分维度整体表现采用描述统计方法,中学生数学直观素养的总体表现和分维度表现以及相关影响因素表现的群体异质性采用独立样本 t 检验和方差分析等方法进行考察。与此同时,使用多层线性模型(Hierarchical Linear Model,HLM)去探究数学直观素养相关影响因素对其预测作用。另外,利用潜在类别分析(Latent Class Analysis,LCA)探索中学生群体在数学问题解决过程中犯直观错误的内部差异。

第一节 中学生数学直观素养的总体表现

在分析前,研究者通过对试题数据库进行清理和核查,获得了八年级学生数学直观素养表现的原始数据库。本节将通过 SPSS 软件从不同学生背景和直观素养不同测评维度对数据结果进行报告和分析。由于 Conquest 软件输出结果为学生个体的潜在特质,即能力值参数(有正有负),但该取值不便于比较分析。为此,研究者考虑使用标准分数,因为标准分数是一个不受原始分数单位影响的抽象化数值,能使不同性质的原始分数具有相同的参照点,同时不改变原始数据的分布形态,故后续分析将测试结果数据改为标准分数形式,并且使用国际通用惯例将得到的学生数学直观能力值乘以 100 再加上 500,而分维度能力值则乘以 50 再加上 300,分别代表学生数学直观素养整体表现和分维度表现。

一、中学生数学直观素养的整体表现

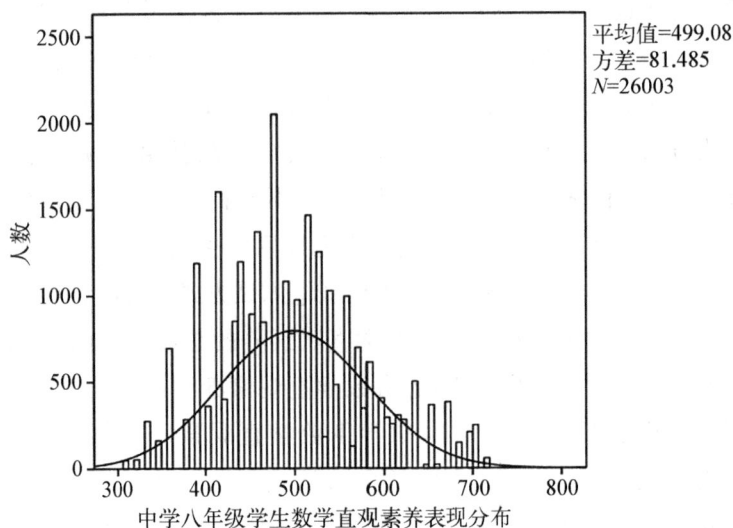

图 5-1 所测地区中学八年级学生数学直观素养整体表现分布

从图 5-1 可以看出,所测地区中学八年级学生数学直观素养整体表现呈现正偏态分布(偏度>0),且比正态分布要平坦一些(峰度<0)。另外,大部分学生的数学直观素养表现处在 400 分到 600 分之间(约占 80%),并且约有 45% 的学生数学直观素养表现达到了平均水平(平均值=499.08),说明中学生数学直观素养总体表现处于中等偏下水平。

为进一步了解不同地区来源的学生数学直观素养表现状况,分别对选取的 Z 市和 P 市被试作描述分析,具体结果见表 5-1。

表 5-1　中学生在各卷上的总体作答表现

被试来源	作答人数	平均值	方　差
Z 市	20 925	499.94	81.52
P 市	5 078	486.51	72.69
两地总体水平	26 003	499.08	81.49

从表 5-1 可以发现,Z 市八年级学生数学直观素养表现与两地总体水平最为接近,并且明显高于 P 市学生表现(平均值比较: Z 市＞总体水平＞P 市),但 P 市学生数学直观素养表现的波动性更小。上述结果表明,经济发展水平越高的地区,学生数学直观素养的表现相对越好。

二、不同群体中学生数学直观素养的表现状况

通过与学生背景库进行链接并清理,获得了中学八年级学生数学直观素养表现的完整信息库。其中,有效样本 25 528 人,有 475 人背景变量(如性别、地域等)缺失。

通过独立样本 t 检验可以发现,如表 5-2 所示,所测地区八年级学生数学直观素养表现不存在统计意义上的性别差异($t=1.753, p>0.05, d=0.021$),但男生表现总体略高于女生,且从统计功效上来看也不具有实际意义。而对于留守群体来说,如表 5-3 所示,留守与非留守学生数学直观素养表现存在显著差异($t=-10.179, p<0.01, d=0.21$),尽管是小效应,但留守学生总体表现要明显弱于非留守学生,说明对于类似留守学生等处境不利的群体,其数学学科素养表现仍需要被重视。

表 5-2　不同群体的中学八年级学生数学直观素养表现情况[①]

群　体	性　别		留守情况	
	男	女	留守生	非留守生
中学八年级学生数学直观素养表现	498.11	496.36	482.78	498.86

---

① d、η²分别代表 t 检验和方差分析的效应值,下同。

表 5-3　不同地域的中学八年级学生数学直观表现情况

地　域	城乡背景		
	城　市	县　镇	农　村
中学八年级学生数学直观素养表现	512.28	496.76	456.64

由单因素方差分析可以发现,所测地区学生数学直观素养表现存在显著地域差异 $[F(2, 25\,528) = 978.427, p < 0.001, \eta_p^2 = 0.071]$,并且在统计意义上为中等效应。对于不同地域的学生来说,城市学生表现明显优于县镇,县镇学生表现优于农村,说明城乡差异仍是义务教育中学数学事业发展的短板。

进一步分析发现,对于城市学校来说,男生数学直观素养表现始终优于女生,而县镇和农村的男生数学直观素养表现都弱于女生。另外,城市和县镇的留守学生的数学直观素养表现都弱于非留守学生,而农村留守学生数学直观素养表现要略优于非留守学生(见图 5-2 和图 5-3)。

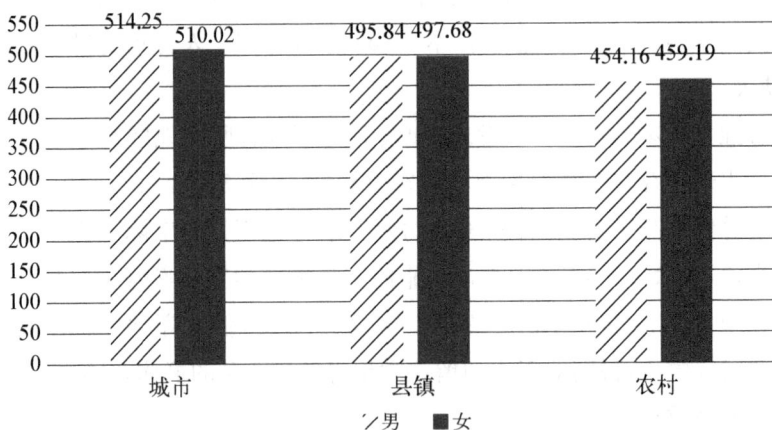

图 5-2　城乡学校男女学生数学直观素养表现

上述结果表明,男生和女生尽管在生理特征和学习心理上有所不同,但并没有造成两性数学直观素养的表现差异。相较而言,学生数学直观素养表现的城乡差距显著。由于城市和县镇的经济发展水平和教育资源都明显优于农村,农村学生的数学直观素养表现整体处于不利地位。此外,还有社会转型期形成的特殊群体(如留守生与非留守生)之间的数学直观素养表现也具有明显差异。通常情况下,留守学生因受学业焦虑等消极作用的影响,其数学直观素养整体表现

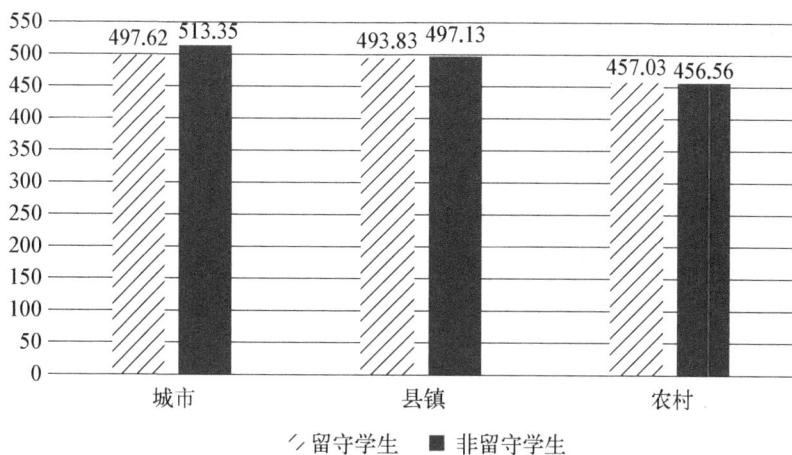

图 5-3　城乡学校留守生与非留守生数学直观素养表现

相对薄弱,并且这种差异在城市和县镇更为明显。同时,在城乡内部,学生的数学直观素养表现也存在一定差异。

三、不同学校学生数学直观素养的表现状况

已有研究表明,学生的数学学业成就和能力表现往往存在校间差异,不同学校之间学生表现会出现一定的差距[①]。从这次调查结果来看,施测地区的 86 所学校的学生数学直观素养表现出明显的校间差异,51%的学校女生数学直观素养表现优于男生,且有 43%的学校非留守生数学直观素养表现好于留守学生。

从现实情况来看,学校之间教育资源的配置不均和生源背景差异可能是造成学生的数学直观素养出现校间差异的重要原因,并且这种差距在具有城乡、留守等背景的学校表现得更为明显。同时,结合此次调查发现,不同学校间学生数学直观素养表现的性别差异比较均匀,但是多数学校的办学条件还不够优越,因而导致不足一半的学校非留守生数学直观素养表现好于留守学生。

第二节　中学生数学直观素养分维度表现分析

本书主要搭建了以两大依托形式、三类问题情境以及三种认知水平为特征

---

① 刘坚,张丹,綦春霞,等.大陆地区义务教育数学学业状况及影响因素研究[J].全球教育展望,2014,43(12):44-57.

的中学生数学直观素养评价框架。因此,要全面考查学生的数学直观素养测试表现,除了要分析其总体表现及特征,还需要从依托形式、问题情境以及认知水平这三个分维度上进行细致分析,包括各分维度整体表现以及不同群体间表现的异质性。

在方法上,通过多维 Rasch 模型可以得到学生在某一维度的能力表现,从而避免了其他变量的干扰。就所测地区整体情况而言,从依托形式来看,学生在图形直观形式方面表现优于非图形直观形式;从情境维度来看,学生在生活情境表现好于科学情境表现,科学情境表现也优于数学情境表现;从认知水平来看,学生在水平 2 的表现要优于水平 1 和水平 3(见图 5-4)。

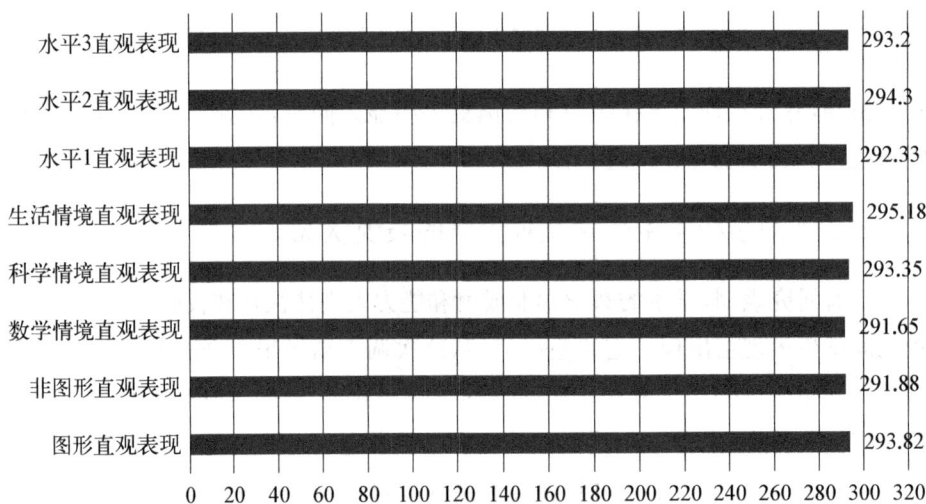

图 5-4 不同维度下的学生数学直观素养整体表现

究其原因,主要是因为我国义务教育数学课程一直强调发展学生几何或图形直观等形式的数形结合能力,而对于非图形依托形式的数学直观的重视则明显不足。特别地,在本书中,三个认知水平中考查水平 2 的题目多数需要借助于图形直观形式。所以,学生在解决图形直观问题和水平 2 的问题上表现得也相对较好。此外,在运用数学直观解决问题的过程中,问题呈现的情境与学生生活背景越接近,往往更容易把握,所以学生在生活情境的表现一般要好于科学情境和数学情境表现。此外,为了更加具体地了解不同维度下的数学直观素养的特征,下面还将从性别、地域等人口学背景角度深入分析。

一、数学直观素养的依托形式维度表现

(一) 不同群体学生数学直观素养的依托形式维度表现

通过独立样本 t 检验可以发现,所测地区学生数学直观素养的图形直观形式维度表现存在性别差异,而在非图形直观形式维度表现不存在性别差异($t=2.325, p<0.05, d=0.006; t=0.176, p>0.05, d=0.022$)。如表 5-4 所示,男生和女生在非图形直观形式方面表现非常接近,而在图形直观形式方面,男生表现总体略优于女生,但从统计功效上来看不具有实际意义。如表 5-5 所示,对于留守群体来说,留守与非留守学生在各依托形式维度表现都存在差异($t=-10.358, p<0.01, d=0.18; t=-8.999, p<0.01, d=0.16$),尽管都是小效应,但无论是图形直观形式还是非图形直观形式,留守学生总体表现都要弱于非留守学生。上述结果表明,在义务教育中学阶段,男生可能更擅长几何直观,同时留守学生由于受各方面条件限制,不擅于利用各种数学直观形式去解决问题。

表 5-4　不同群体学生数学直观素养的依托形式维度表现

群　　体	性　别		留守情况	
	男	女	留守生	非留守生
学生数学直观素养的图形直观形式维度表现	299.17	298.06	291.58	299.41
学生数学直观素养的非图形直观形式维度表现	298.32	298.2	289.32	299.25

表 5-5　不同地域学生数学直观素养的依托形式维度表现

地　　域	城乡背景		
	城　市	县　镇	农　村
学生数学直观素养的图形直观形式维度表现	305.89	298.45	278.95
学生数学直观素养的非图形直观形式维度表现	307.88	297.89	272.29

由单因素方差分析可以发现,所测地区学生数学直观素养的依托形式维度表现存在显著地域差异[$F(2, 25\,528)=1\,002.581, p<0.001, \eta_p^2=0.073$;

$F_{(2,25\,528)}=837.380$，$p<0.001$，$\eta_p^2=0.062$]，并且在统计功效上为中等效应。无论是图形直观形式还是非图形直观形式，城市学生的表现都明显优于县镇，县镇学生表现好于农村，可见城乡教育资源配置状况对学生的数学学业发展非常重要，特别是对直观素养的影响较大。

进一步分析发现，对于城市学校来说，男生在图形直观形式方面和非图形直观形式方面的表现始终优于女生，而县镇和农村的男生在各依托形式维度表现都弱于女生。另外，城市和县镇的留守学生在图形直观形式方面和非图形直观形式方面的表现都弱于非留守学生，反而农村留守学生在图形直观形式方面和非图形直观形式方面表现要优于非留守学生（具体见图5-5和图5-6），上述关于依托形式的发现为城乡学校针对数学直观素养的因材施教提供了契机。

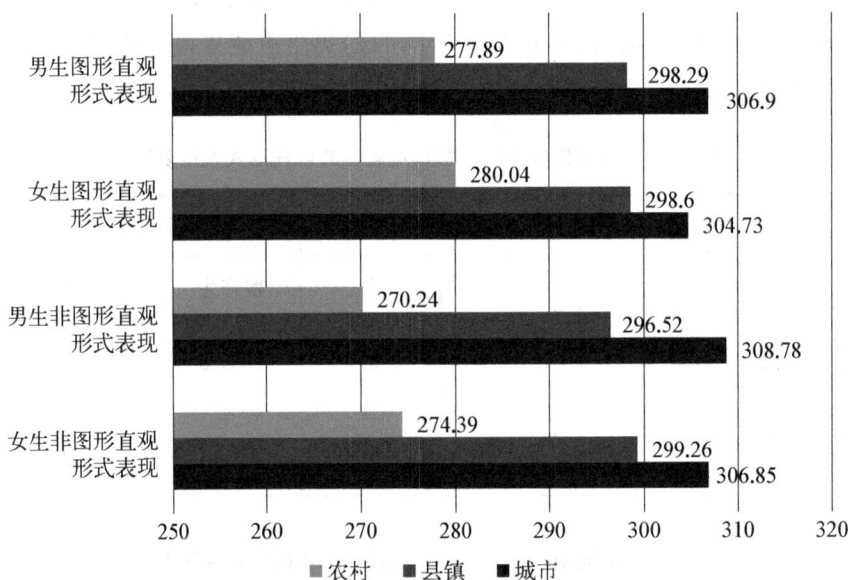

图5-5 城乡学校男女学生数学直观素养的依托形式维度表现

综上所述，尽管男生和女生在图形表征和思维的象征性上都有所不同，但并没有造成两性数学直观素养的依托形式差异。相较而言，无论是依托图形直观形式还是非图形直观形式，学生间的表现总是存在显著的城乡差异。由于城市和县镇的经济发展水平和教育资源都明显优于农村，农村学生在数学直观素养的各种依托形式的表现上都明显弱于城镇学生。此外，留守生与非留守生在数学直观素养在各种依托形式上的表现也具有明显差异。一般来说，留守学生因

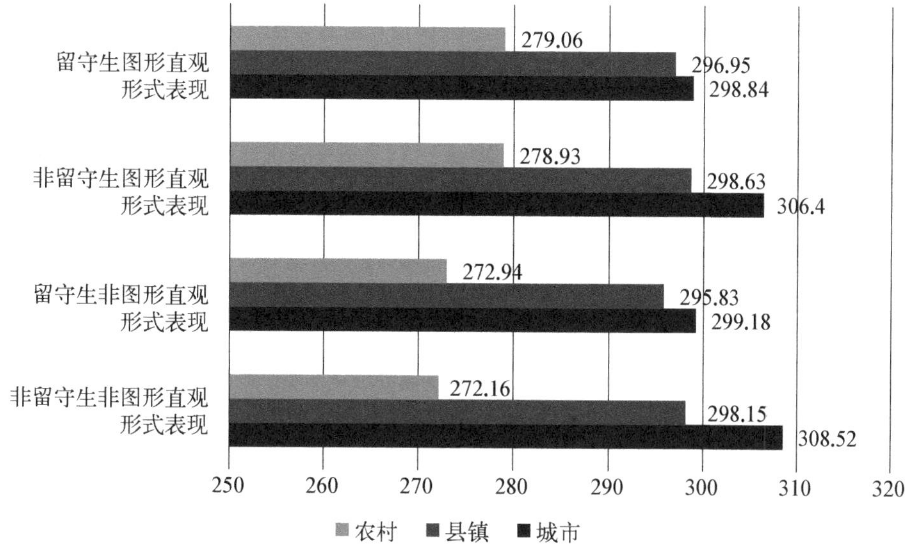

图 5 - 6　城乡学校留守生与非留守生数学直观素养的依托形式维度表现

受学校办学条件和教学质量的影响,整体都不太擅长借助于图形直观形式或非图形直观形式去解决问题,且城乡留守生与城乡非留守生数学直观素养的依托形式间的差异更为显著。

(二)不同学校学生数学直观素养的依托形式维度表现

从学校层面来看,本次施测地区的 86 所学校的学生数学直观素养的依托形式维度表现出明显的校间差异,45% 的学校女生在图形直观形式方面表现优于男生,而仅有 41% 的学校非留守生在图形直观形式方面表现优于留守学生;56% 的学校女生在非图形直观形式方面表现优于男生,而有 36% 的学校非留守生在非图形直观形式方面表现优于留守学生。

整体来看,学校之间教育资源和背景的差异可能是造成学生数学直观素养的各依托形式表现出现校间差异的主要原因。并且,进一步分析发现,多数城市学校的男生和非留守生在图形直观形式和非图形直观形式方面都更有优势。由此可见,学校的背景及教学环境对于学生利用数学直观素养依托形式的影响十分重要。

二、数学直观素养的认知水平维度表现

(一)不同群体学生数学直观素养的认知水平维度表现

通过独立样本 t 检验可以发现,如表 5 - 6 所示,所测地区中学生在水平 1、

水平 2 和水平 3 都不存在性别差异 ($t=1.434, p>0.05, d=0.007; t=1.735, p>0.05, d=0.001; t=1.855, p>0.05, d=0.002$),只是男生在水平 1、水平 2 和水平 3 的表现总体略优于女生。如表 5 - 7 所示,对于留守背景来说,留守与非留守学生在认知水平维度表现都存在差异 ($t=-9.793, p<0.01, d=0.18; t=-10.204, p<0.01, d=0.18; t=-10.030, p<0.01, d=0.17$),尽管都是小效应,但在三大认知水平上,留守学生总体表现都要弱于非留守学生,再次表明留守学生的直观认知水平仍有待提升。

表 5 - 6　不同群体学生数学直观素养的认知水平维度表现

群　　体	性　　别		留守情况	
	男	女	留守生	非留守生
学生数学直观素养的水平 1 表现	299.14	298.25	289.98	299.67
学生数学直观素养的水平 2 表现	299.4	298.59	292.19	299.76
学生数学直观素养的水平 3 表现	299.28	298.23	290.71	299.66

表 5 - 7　不同地域学生数学直观素养的认知水平维度表现

地　　域	城乡背景		
	城　市	县　镇	农　村
学生数学直观素养的水平 1 表现	308.35	298.25	272.79
学生数学直观素养的水平 2 表现	306.10	298.76	279.83
学生数学直观素养的水平 3 表现	307.16	298.57	275.99

此外,由单因素方差分析可以发现,所测地区中学生数学直观素养的认知水平维度表现存在显著地域差异 [$F(2, 25\,528)=1\,041.348$, $p<0.001$, $\eta_p^2=0.075$; $F(2, 25\,528)=993.934$, $p<0.001$, $\eta_p^2=0.072$; $F(2, 25\,528)=958.761$, $p<0.001$, $\eta_p^2=0.070$],并且在统计功效上为中等效应。而无论是水平 1 或水平 2 还是水平 3,城市学生的表现都明显优于县镇,县镇学生表现好于农村。

进一步分析发现,对于城市学校来说,男生在认知水平分维度表现始终优于女生,而县镇和农村的男生在认知水平维度表现都弱于女生。另外,城市和县镇的留守学生在认知水平表现都弱于非留守学生,反而农村留守学生在认知水平维度表现要优于非留守学生(见图5-7和图5-8)。

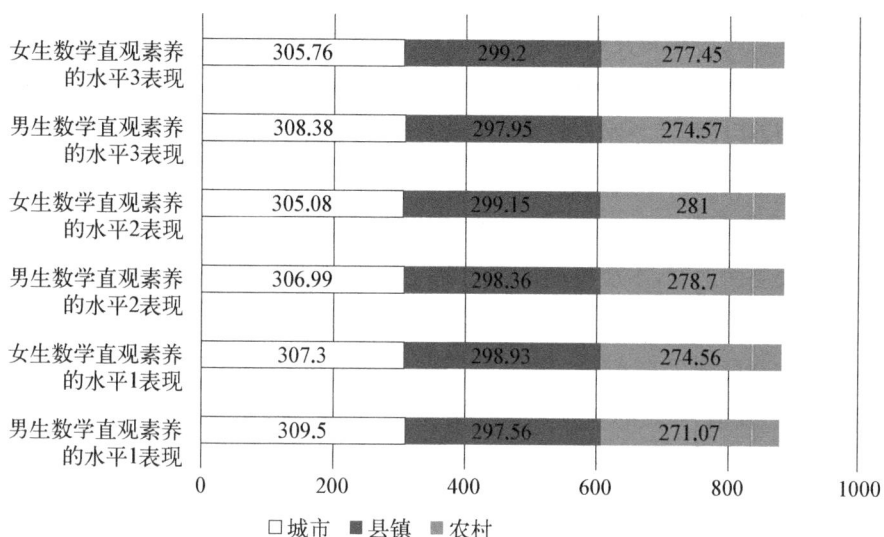

图5-7　城乡学校男女学生数学直观素养的认知水平维度表现

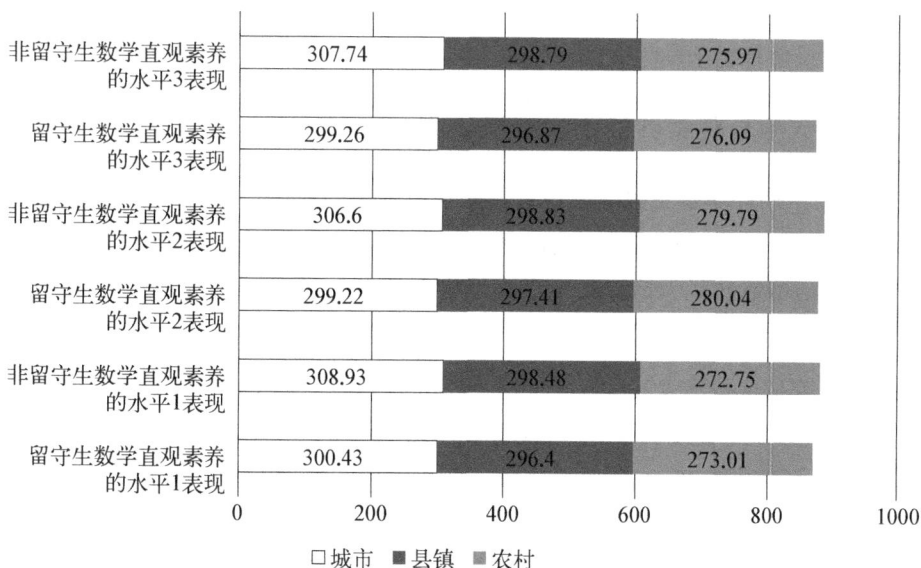

图5-8　城乡学校留守生与非留守生数学直观素养的认知水平维度表现

上述结果表明,尽管不同思维难度的问题对男女生的认知要求有所不同,但这并没有造成他们数学直观素养的认知水平间的差异。反而,无论学生处于何种认知水平,其表现总是存在显著的城乡差异。由于城市和县镇的整体教育优势明显,农村学生在数学思维认知方面往往处于不利地位。此外,留守生与非留守生在数学直观素养的各种认知水平上的表现也具有明显差异。一般来说,留守学生因受心理问题和学业焦虑等负面因素的影响,整体在认知水平上的表现都相对较弱,并且这种差距在城市和县镇学校间表现得更为显著,未来在教学中应给予这部分学生更多的关注与学习支持。

(二) 不同学校学生数学直观素养的认知水平维度表现

从学校层面来看,本次施测地区的 86 所学校的学生数学直观素养的认知水平维度表现出明显的校间差异,53%的学校女生在水平 1 表现优于男生,而仅有 43%的学校非留守生在水平 1 表现好于留守学生;49%的学校女生在水平 2 表现优于男生,而有 39%的学校非留守生在水平 2 表现好于留守学生;48%的学校女生在水平 3 表现优于男生,且有 36%的学校非留守生在水平 3 表现好于留守学生。

综上来看,学校间教育资源和思维教学的差异可能是造成学生数学直观素养各认知水平表现出现校间差异的重要原因。并且,进一步分析发现,多数城市学校的男生和非留守生在三大认知水平的表现都更具优势。由此可见,学校资源和办学条件等对于学生数学直观素养的认知水平的影响也十分重要。

三、数学直观素养的情境维度表现

(一) 不同群体学生数学直观素养的情境维度表现

通过独立样本 t 检验可以发现,如表 5 - 8 所示,所测地区中学生数学直观素养的生活情境和科学情境表现存在性别差异,而在数学情境表现不存在性别差异($t=2.404,p<0.05,d=0.030;t=2.404,p<0.05,d=0.030;t=0.247,p>0.05,d=0.030$)。男女生在数学情境表现非常接近,而在生活情境和科学情境上,男生表现总体略高于女生,但从统计功效上来看不具有实际意义。如表 5 - 9 所示,对于留守群体来说,留守与非留守学生的问题情境各维度表现都存在差异($t=-9.113,p<0.01,d=0.19;t=-10.060,p<0.01,d=0.21;t=-10.060,p<0.01,d=0.22$),尽管都是小效应,但无论处在何种问题情境,留守学生总体表现都要弱于非留守学生。

表5-8　不同群体学生数学直观素养的情境维度表现

群　　体	性　　别		留守情况	
	男	女	留守生	非留守生
学生数学直观素养生活情境维度表现	299.68	298.34	293.63	299.92
学生数学直观素养科学情境维度表现	299.68	298.34	290.99	299.92
学生数学直观素养数学情境维度表现	298.84	298.67	290.99	299.92

表5-9　不同地域学生数学直观素养的情境维度表现

地　　域	城乡背景		
	城　市	县　镇	农　村
学生数学直观素养生活情境维度表现	305.44	299.37	282.35
学生数学直观素养科学情境维度表现	307.59	298.71	275.91
学生数学直观素养数学情境维度表现	307.59	298.71	275.91

由单因素方差分析可以发现,所测地区学生数学直观素养的情境维度表现都存在显著地域差异 $[F(2, 25\ 528) = 1\ 099.590, p < 0.001, \eta_p^2 = 0.067;$ $F(2, 25\ 528) = 1\ 032.052, p < 0.001, \eta_p^2 = 0.075; F(2, 25\ 528) = 1\ 032.052,$ $p < 0.001, \eta_p^2 = 0.075]$,并且在统计功效上为中等效应。而无论是何种问题情境,城市学生的表现都明显优于县镇,县镇学生表现优于农村。

进一步分析发现,对于城市学校来说,男生在情境维度表现始终优于女生,而县镇和农村的男生在情境维度表现都弱于女生。另外,城市和县镇的留守学生在情境维度表现都弱于非留守学生,而农村留守学生在生活情境上的表现要优于非留守学生(见图5-9和图5-10)。

上述结果表明,由于男女生对于不同直观情境下的问题理解程度不同以及认知风格差异,所以在各种情境的表现亦有所不同,尤其是在生活情境和科学情境方面性别差异显著,这进一步表明距离学生日常生活越远,对男女生数学问题解决表现的影响越小。并且,无论遇到何种问题情境,学生的表现总是存在显著的城乡差异,整体教育优势明显的城市和县镇学生,其数学直观素养表现总是好

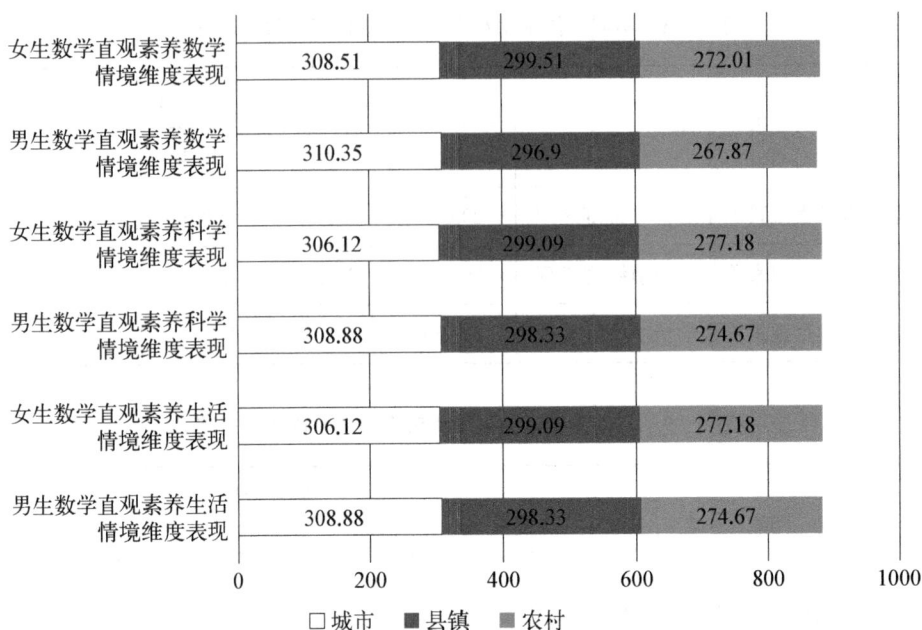

图5-9 城乡学校男女学生数学直观素养的情境维度表现

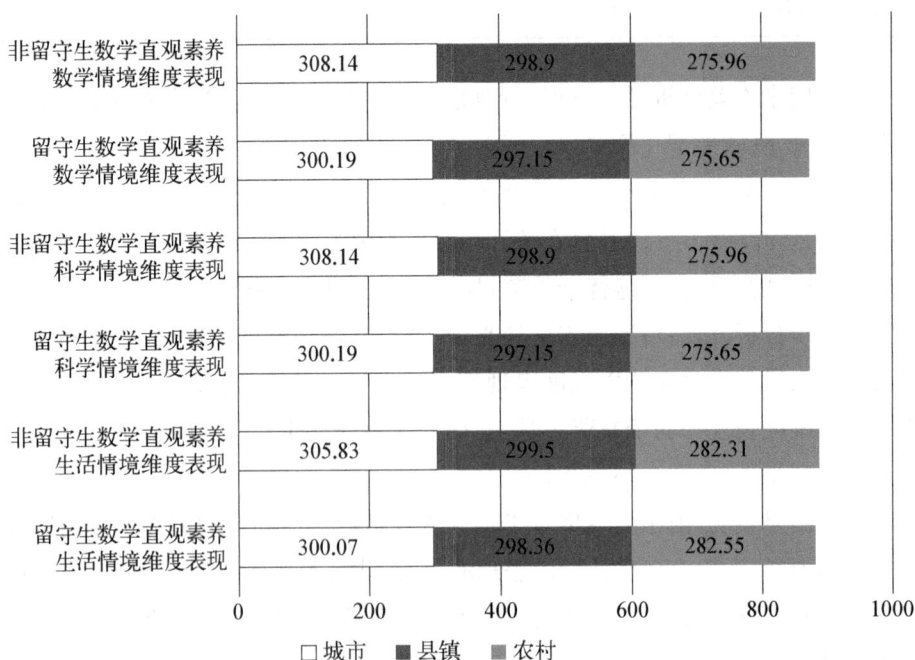

图5-10 城乡学校留守生与非留守生数学直观素养的情境维度表现

于农村学生。此外,留守生与非留守生在数学直观素养的各种问题情境上的表现也具有明显差异。多数情况下,留守学生因受心理问题和学业焦虑等负面作用的影响,在各种情境下的问题解决表现都相对较弱,并且这种差距在城市和县镇学校间的表现得更为显著。

(二) 不同学校学生数学直观素养的情境维度表现

从学校层面来看,本次施测地区的 86 所学校的学生数学直观素养的情境维度表现出明显的校间差异,45% 的学校女生在生活情境表现优于男生,而有 46% 的学校非留守生在生活情境表现好于留守学生;45% 的学校女生在科学情境表现优于男生,且有 40% 的学校非留守生在科学情境表现好于留守学生;53% 的学校女生在数学情境表现优于男生,而仅有 38% 的学校非留守生在数学情境表现好于留守学生。

综上来看,学校之间背景和教学的差异可能是造成学生数学直观素养的各种情境表现出现校间差异的重要原因。进一步分析发现,多数城市学校的男生和非留守生在三大直观情境的问题解决表现都更有优势。可见,学校背景因素对于学生在数学直观素养的各大问题情境表现影响十分重要。因此,未来就中学生数学直观素养教学与培养环节应充分考虑学校的实际情况,有针对性地对各类学生群体采用不同的教学引导方式,帮助他们尽可能熟悉各种数学问题情境。

第三节　中学生数学直观素养影响因素表现及其预测作用

如前所述,本书根据文献梳理确定了影响中学生数学直观素养的五大因素,分别是学生层面的直观经验与信念、可视化表征方式、问题解决毅力和数学焦虑以及学校层面的直观教学方式。为此,首先对这五大影响因素表现进行描述统计分析和群体差异检验,接下来使用多层线性模型进行预测作用分析。

一、数学直观素养影响因素的表现分析

类似地,通过问卷库与背景变量库进行链接并清理,获得了中学八年级学生数学直观素养的学生层面影响因素和教师层面影响因素的完整信息库。其中,学生问卷有效样本 23 891 人,449 人背景变量缺失;教师问卷有效样本仍是 297 人,并无教师背景变量缺失。本节也将从不同人口学背景角度分别对学生层面

和学校层面数学直观素养的影响因素进行深入分析①。

(一) 学生层面影响因素的表现分析

在本书中,学生层面影响因素共有四个子维度,分别是直观经验与信念、可视化表征方式、问题解决毅力②和数学焦虑,且所有子维度题目都为李克特式5点计分。可视化表征方式子维度从"从不"到"频繁",其他子维度从"非常不同意"到"非常同意",分别记1~5分,计算这些项目的均分,得分越高,表示该维度的接受程度越高。

1. 学生层面数学直观素养影响因素的整体表现

描述统计分析发现,所测地区的学生数学直观经验与信念较高,中高水平的比例约有82.2%,而他们使用可视化表征方式的频率并不高,仅有35.1%,约有52%的学生在解决数学直观问题时的毅力较强,且仍有28.9%的学生存在数学焦虑(见表5-10)。上述结果表明,中学生在直观认知的形成中,其数学直观经验与信念十分强大,在一定程度上支持他们解决各类数学问题,但并不是所有学生都擅于使用图形图象等直观形式去解决问题。另一方面,少部分学生也因高数学焦虑而阻碍其问题解决的进程。

表5-10 学生层面数学直观素养的影响因素整体表现

学生层面影响因素	选择比例/(%)				
	1	2	3	4	5
直观经验与信念表现	1.3	2.7	13.8	40.2	42
可视化表征方式表现	4.9	15.6	44.4	25.6	9.5
问题解决毅力表现	1.4	6.8	39.8	35.5	16.5
数学焦虑表现	16.3	25.2	29.6	20.6	8.3

2. 不同群体学生层面数学直观素养影响因素表现

通过独立样本 t 检验可以发现,所测地区学生的直观经验与信念、问题解决毅力以及数学焦虑等方面都存在性别差异,而在可视化表征方式方面不存在性

---

① 本书中,采用学生数学直观素养影响因素对应的子维度题项的平均值代表该维度的值,且部分反向计分题已经转化。此外,本书只考察教师问卷的直观教学方式子维度,其他子维度不作分析,下同。
② 在本书中,问题解决毅力分量表中共计两道反向题,这里进行了反向计分处理,下同。

别差异($t=-6.037$, $p<0.01$, $d=0.07$; $t=12.980$, $p<0.01$, $d=0.17$; $t=-19.721$, $p<0.01$, $d=0.26$; $t=0.922$, $p>0.05$, $d=0.02$)。男女生使用可视化表征方式的频率非常接近,而男生的问题解决毅力明显高于女生,但女生的直观经验与信念略高于男生且学习数学更为焦虑,从统计功效上来看这些差异不具有实际意义。而对于留守背景来说,留守与非留守学生的各影响因素表现都存在差异($t=-3.093$, $p<0.01$, $d=0.06$; $t=-4.111$, $p<0.01$, $d=0.09$; $t=-3.296$, $p<0.01$, $d=0.07$; $t=-4.543$, $p<0.01$, $d=0.09$),尽管都是小效应,但非留守学生总体比留守学生直观经验与信念和问题解决毅力更强,更倾向于使用可视化表征方式,但留守学生的数学焦虑感也更高(见表5-11)。上述结果表明,男生在数学问题解决时有足够的毅力,而女生则表现出更高的学习焦虑感。值得注意的是,在初中阶段的日常数学教学下,并没有出现两性几何直观发展的差别。此外,与前一节类似,非留守学生比留守学生数学学习有绝对优势,他们往往更擅长运用学习方法,如可视化表征方式,并且数学焦虑感也相对更低一些。

表 5-11　不同群体学生数学直观素养的学生层面影响因素表现

群　　体	性　　别		留守情况	
	男	女	留守生	非留守生
直观经验与信念表现	4.04	4.10	4.02	4.07
可视化表征方式表现	3.11	3.09	3.03	3.11
问题解决毅力表现	3.54	3.40	3.42	3.48
数学焦虑表现	2.57	2.86	2.81	2.70

　　由单因素方差分析可以发现,所测地区学生的直观经验与信念、可视化表征方式、问题解决毅力和数学焦虑都存在显著地域差异[$F(2, 23\,891)=32.197$, $p<0.001$, $\eta_p^2=0.003$; $F(2, 23\,891)=58.283$, $p<0.001$, $\eta_p^2=0.005$; $F(2, 23\,891)=85.456$, $p<0.001$, $\eta_p^2=0.003$; $F(2, 23\,891)=85.456$, $p<0.001$, $\eta_p^2=0.007$],但在统计上不具有实际意义。相对而言,城市学生的表现比县镇和农村学生直观经验与信念以及问题解决毅力更强,且更倾向于使用可视化表征方式,但数学焦虑感相对也更低(见表5-12)。上述结果进一步表明,城乡数学教育发展极不平衡,相比于县镇和农村学生,城市学生的数学学习心理过程和教育环境更加有优势。

表 5‑12   不同地域学生数学直观素养的学生层面影响因素表现

地　　域	城乡背景		
	城　市	县　镇	农　村
直观经验与信念表现	4.10	4.09	3.99
可视化表征方式表现	3.14	3.12	2.97
问题解决毅力表现	3.34	3.33	3.10
数学焦虑表现	2.66	2.67	2.90

深入分析发现,对于城市学校来说,男生比女生问题解决毅力更强,且更倾向于使用可视化表征方式,但女生数学直观经验与信念相对更强,数学焦虑感也更高;县镇与农村学校的男生比女生问题解决毅力更强,但女生数学直观经验与信念相对更强,且更倾向于使用可视化表征方式,学习数学也更为焦虑。另外,城市和县镇学校的留守学生数学焦虑感要略高于非留守学生,但农村学校的留守学生与非留守学生数学焦虑感并无差异;无论城市、县镇或是农村,非留守学生总是比留守学生在问题解决毅力和直观经验与信念上更强,且更倾向于使用可视化表征方式(见图 5‑11 和图 5‑12)。

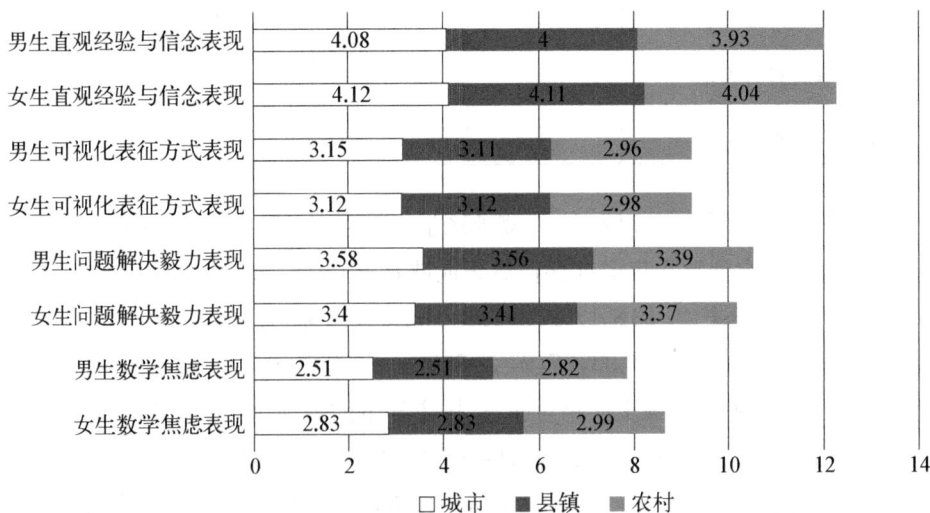

图 5‑11   城乡学校男女学生数学直观素养的学生层面影响因素表现

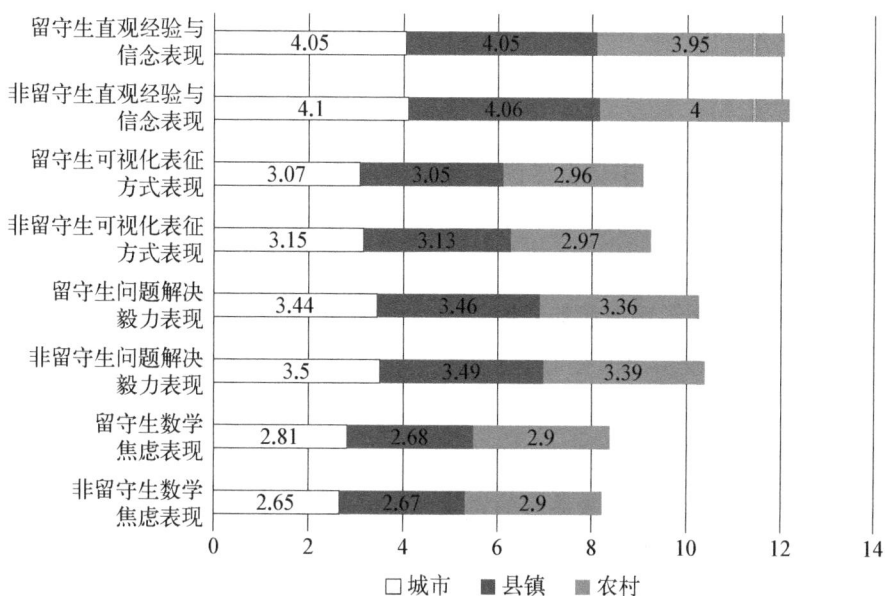

图 5 - 12　城乡学校留守与非留守生直观素养的学生层面影响因素表现

　　从上述结果中可以看出,由于男女生在数学学习心理倾向和已有知识经验背景上的差异,他们的数学直观认知过程所受到的影响也有所不同,尤其是在直观经验与信念、问题解决毅力以及数学焦虑等方面性别差异显著。并且,学生在城乡和留守等背景下,各影响因素表现也都差异明显。城镇学生由于整体教育优势明显,所以问题解决毅力和直观经验与信念更强。相较而言,农村学生的数学焦虑感更高,且不善于使用可视化表征方式去解决问题。此外,留守学生因受心理问题和学业焦虑等负面作用的影响,常表现为问题解决的毅力和恒心不足,学习数学时也表现得更为焦虑。

　　3. 不同学校学生层面数学直观素养影响因素表现

　　从学校层面来看,本次施测地区的所有学校的学生数学直观素养在学生层影响因素上表现出明显的校间差异,66%的学校女生在直观经验与信念方面表现优于男生,而仅有 40% 的学校非留守生在直观经验与信念表现优于留守学生;49%的学校女生在可视化表征方式方面表现优于男生,而有 43% 的学校非留守生在可视化表征方式方面表现好于留守学生;仅 22% 的学校女生在问题解决毅力方面表现高于男生,有 44% 的学校非留守生在问题解决毅力方面表现高于留守学生;87%的学校女生在数学焦虑方面表现高于男生,有 50% 的学校非留守生在数学焦虑方面表现高于留守学生。

结合上述分析来看,学校人文环境和背景的差异可能是造成学生层面数学直观素养影响因素出现校间差异的重要原因。进一步分析发现,多数城市学校的男生和非留守生问题解决毅力更强,更擅于使用可视化表征方式,说明优质教育资源的支持可以帮助中学生尽快适应数学学习中的困难,在问题解决过程中更擅于运用合适方法,同时也十分重视自身心理品质的发展,如毅力和恒心等等。

(二) 学校层面影响因素的表现分析

在本书中,学校层面仅有 1 个子维度,即直观教学方式,且该维度题目都为 5 点计分。从"从不"到"频繁",分别记 1~5 分,计算这些项目的均分,得分越高,表示教师使用直观教学方式的频率越高。

1. 学校层面数学直观素养影响因素的整体表现

描述统计分析发现,所测地区的教师经常使用直观的教学方式频率很高(占比为 88.3%),远远超过一半以上,说明所测地区教师充分认识到了直观教学的重要意义,这也为中学生数学直观素养的培育提供了便利的条件(如表 5-13 所示)。

表 5-13 学校层面数学直观素养的影响因素整体表现

学校层面影响因素	选择比例/(%)				
	1	2	3	4	5
直观教学方式	0	0.7	11	55.4	32.9

2. 不同群体学校层面数学直观素养影响因素表现

通过独立样本 t 检验可以发现,所测地区教师的直观教学方式不存在性别差异($t=-1.356$,$p>0.05$,$d=0.16$)。相对而言,女教师比男教师使用直观教学方式的频率要略高一些,但从统计功效上来看并不明显(见表 5-14)。

表 5-14 不同性别学生数学直观素养的学校层面影响因素表现

群 体	性 别	
	男	女
直观教学方式	4.14	4.23

由单因素方差分析可以发现,所测地区教师的直观教学方式存在显著地域差异 $[F(2, 297) = 96.088, p < 0.001, \eta_p^2 = 0.008]$,但在统计上不具有实际意义。相对而言,城市教师使用直观教学方式的频率比县镇和农村教师更高,说明城市教师更加重视直观教学的实践价值(见表5-15)。

表 5-15　不同地域学生数学直观素养的学校层面影响因素表现

地　　域	城乡背景		
	城　市	县　镇	农　村
直观教学方式	4.14	4.09	4.07

进一步分析发现,对于城市和农村学校来说,男女教师在使用直观教学方式的频率上并无差异,而县镇学校的男教师使用直观教学方式的频率略高于女教师(见图5-13)。

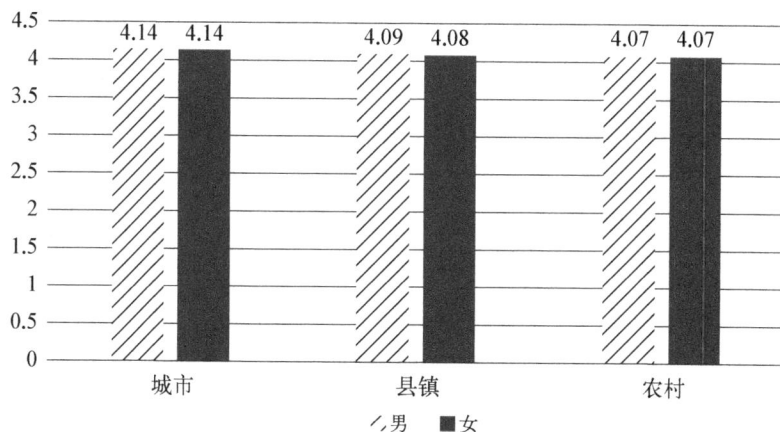

图 5-13　城乡学校男女教师数学直观素养的学校层面影响因素表现

上述分析结果表明,多数教师已经认识到了直观教学的重要意义,所以在日常教学中的使用频率也相对较高。事实上,男女教师在使用直观教学方式的频率上并不具有显著差异,只是女教师的倾向性更大一些。另外,尽管城乡教师在使用直观教学方式的频率上存在一定的差异,但实际意义并不明显。相对而言,城市教师使用直观教学方式的频率高于县镇和农村,且县镇男教师使用直观教学方式的频率要略高于女教师。

3. 不同学校的校际层面数学直观素养影响因素表现

从学校层面来看,本次施测地区的所有学校的教师在数学直观素养的学校层面影响因素上也表现出一定的校间差异,62%的学校女教师在使用直观教学方式方面的频率高于男教师;99%的城市学校教师使用直观教学方式的频率高于县镇学校和农村学校教师,但仍有1%的城市学校和县镇学校教师使用直观教学方式的频率低于农村学校教师。上述结果表明,城市学校普遍重视直观教学。另一方面,多数女教师在教学中使用实物或图形图象辅助的倾向性会更高一些。

结合上述分析来看,学校间教育和背景的差异可能是造成学校层面数学直观素养影响因素出现校间差异的重要原因。进一步分析发现,县镇学校的男教师使用直观教学方式的倾向性更大,说明县域的男教师更愿意尝试各种数学直观教学方法来提升学生的学业成绩和问题解决能力。

二、数学直观素养影响因素的预测作用分析

不同教育水平的因素会对教育结果产生不同程度的影响,从而可能导致学生数学学业表现的校际差异和群体差异并不相同。在社会科学研究中,某些调查数据可能会存在嵌套结构的特点。而本书中,学生水平嵌套于班级水平,班级水平嵌套于学校水平,此时传统的回归分析方法便无法考虑数据分层的特点,从而无法准确解释中学生数学直观素养表现的差异。因为在统计上,对于嵌套的数据,传统回归分析关于个体相互独立的假设无法满足,导致估计的标准误偏小,无形中增加了犯第一类统计错误的概率。相形之下,与传统回归方法相比,多层线性模型方法在进行学业成绩差异分析时能够充分利用各层数据信息,将学业成绩差异在各相关层面上进行分解,并对差异的来源与大小进行更准确的估计和更合理的解释。因此,本书中使用多层线性模型,从学生层和学校层来综合考察不同层面影响因素对中学生数学直观素养的预测作用[1]。

(一) 学生数学直观素养表现及影响因素模型设定

结合前面对既有文献的梳理,以中学八年级学生数学直观素养整体表现为因变量,以学生层,包括:性别、留守背景、直观经验与信念、可视化表征方式、问题解决毅力及数学焦虑;学校/教师层,包括:地域、教师直观教学方式为自变

---

① 张雷,雷雳,郭伯良.多层线性模型应用[M].北京:教育科学出版社,2005.

量,使用分层线性模型(Hierarchical Linear Model,HLM)展开回归分析。

(二)分层线性模型分析

零模型

第一层回归方程:$Y_{ij}=\beta_{0j}+r_{ij}$;

第二层回归方程:$\beta_{0j}=\gamma_{00}+\mu_{0j}$。

其中,Y_{ij}是j学校的i学生的数学直观素养测试成绩,β_{0j}为j学校的平均成绩,r_{ij}是学生个体的随机误差,表示j学校的i学生与学校平均成绩的差异,γ_{00}为总体平均成绩,μ_{0j}是学校的随机误差,表示j学校平均成绩与总体平均成绩的差异。

纳入背景变量(模型1)

在零模型学生层的基础上加入学生性别(男-女)和留守背景(是-否)变量,学校层加入地域(城市-县镇-农村)变量,以研究背景变量对学生数学直观素养的影响,模型为:

$Y_{ij}=\beta_{0j}+\beta_{1j}(性别)+\beta_{2j}(留守)+r_{ij}$;

$\beta_{0j}=\gamma_{00}+\gamma_{01}(地域)+\mu_{0j}$;$\beta_{1j}=\gamma_{10}$;$\beta_{1j}=\gamma_{20}$

考虑学生变量(模型2~模型6)

在模型1的学生层加入直观经验与信念、可视化表征方式、问题解决毅力及数学焦虑,以研究学生层面影响因素对数学直观素养的预测作用:

$Y_{ij}=\beta_{0j}+\beta_{1j}(性别)+\beta_{2j}(留守)+\beta_{3j}(直观经验与信念)+\beta_{4j}(可视化表征方式)+\beta_{5j}(问题解决毅力)+\beta_{6j}(数学焦虑)+r_{ij}$;

$\beta_{0j}=\gamma_{00}+\gamma_{01}(地域)+\mu_{0j}$;

$\beta_{1j}=\gamma_{10}$;$\beta_{2j}=\gamma_{20}$;$\beta_{3j}=\gamma_{30}$;$\beta_{4j}=\gamma_{40}$;$\beta_{5j}=\gamma_{50}$;$\beta_{6j}=\gamma_{60}$

考虑学校变量(模型7)

在模型6学校层的基础上加入直观教学方式,以研究学校层变量对学生数学直观素养的影响:

$Y_{ij}=\beta_{0j}+\beta_{1j}(性别)+\beta_{2j}(留守)+\beta_{3j}(直观经验与信念)+\beta_{4j}(可视化表征方式)+\beta_{5j}(问题解决毅力)+\beta_{6j}(数学焦虑)+r_{ij}$;

$\beta_{0j}=\gamma_{00}+\gamma_{01}(地域)+\gamma_{02}(直观教学方式)+\mu_{0j}$;

$\beta_{1j}=\gamma_{10}$;$\beta_{2j}=\gamma_{20}$;$\beta_{3j}=\gamma_{30}$;$\beta_{4j}=\gamma_{40}$;$\beta_{5j}=\gamma_{50}$;$\beta_{6j}=\gamma_{60}$

表5-16给出了所测地区中学八年级学生数学直观素养影响因素的预测作用分析结果。

表 5－16　中学八年级学生数学直观素养及影响因素 HLM 分析结果

	变　量	零模型	模型 1	模型 2	模型 3	模型 4	模型 5	模型 6	模型 7
学生层	性别(男-女)		−3.14**	−3.85**	−2.93**	0.19	2.28**	2.06*	2.06*
	留守(是-否)		1.75	1.46	1.50	1.13	1.46	0.99	0.99
	直观经验与信念			11.06**				6.48**	6.47**
	可视化表征方式				11.13**			2.56**	2.56**
	问题解决毅力					22.85**		11.87**	11.86**
	数学焦虑						−18.38**	−13.02**	−13.02**
学校层	地域(城-县-农村)		−19.14**	−18.77**	−18.42**	−17.68**	−17.26**	−16.68**	−16.56**
	教师直观教学方式								15.25
方差估计	学生层	4 564.23	4 563.53	4 481.83	4 459.77	4 212.18	4 161.26	4 024.59	4 024.57
	学校层	1 408.91	1 014.95	963.45	930.30	893.04	835.54	786.94	760.71

注：方差估计结果为未标准化的残差估计，均在 $p < 0.001$ 上显著；* 代表 $p < 0.05$，** 代表 $p < 0.01$。

在本研究中，零模型其实就是方差成分分析，通过计算跨级相关系数(Intraclass Correlation Coefficient，ICC)可以发现，中学八年级学生数学直观素养影响因素的零模型的 ICC 约为 23.6%，这就说明造成八年级学生数学直观素养表现差异有 23.6% 来自学校间的差异，即模型存在较大的组间差异，所以很有必要采用分层线性模型进行分析。同时也表明，所调查的样本学校中学生的直观素养表现的校际差异仍有很大的改善空间。

纳入背景变量后(模型 1)可以发现，学生层变量(性别和留守背景)对学生的数学直观素养影响很小，并且男生和非留守学生的表现更高一些。此时，八年级学生数学直观素养的学生层解释率仅为 0.4%。相比之下，学校层变量(地域)对学校平均数学直观素养表现有很大影响(回归系数绝对值较大)，并且其影响十分显著，这些和前文方差分析的结果也相互印证。上述结果进一步说明，城乡教育资源配置不均是导致学生数学表现出现差异的关键因素，远远超出了学生家庭和个人背景的影响。

当考虑学生层变量时,在模型1的基础上(即控制性别和留守背景)分别纳入直观经验与信念、可视化表征方式、问题解决毅力和数学焦虑这四个变量,观察模型2到模型5可以发现,在加入问题解决毅力和数学焦虑时,学生层残差方差缩减较多,且观察模型6也可以看出,这两个变量的回归系数绝对值都明显大于直观经验与信念以及可视化表征方式。这一结果表明,在中学生数学直观素养表现的学生层面影响因素中,问题解决毅力和数学焦虑分别发挥的积极作用和消极作用更大。另一方面,学生的直观经验与信念强弱以及使用可视化表征方式的频率对其数学问题解决的积极影响也不容忽视。

当考虑学校层变量时,在模型6的基础上纳入了直观教学方式这个变量,观察模型7可以发现,在加入直观教学方式时,学校层残差方差缩减较多,同时对比发现该变量的回归系数较大,但直观教学方式整体上并不显著($p > 0.05$),说明直观教学方式并不依赖学校环境,但仍需继续重视它对学生数学直观素养表现的重要影响。同时结合前面的描述统计分析结果,推测是和此次调查的样本学校特点有关[①]。

总体而言,在学生层面,直观经验与信念、可视化表征方式和问题解决毅力都能显著地正向预测中学生的数学直观素养表现,而数学焦虑则对学生数学直观素养表现有负向预测作用,并且问题解决毅力和数学焦虑的影响更大。而在学校层面,尽管直观教学方式对数学直观素养表现的正向预测作用并不显著,但实际教学中始终不可忽视其重要影响。

第四节　中学生数学直观错误类型及其影响

由于数学学科的严谨性和科学性以及学生认知发展和已有经验的不足,数学错误与数学学习如影相随。在教学理论中,数学错误被看作教师教学和学生学习的资源,因为数学错误可以作为辅助教师诊断学生学习效果的一种有效工具,另一方面学生也可以通过对错误的反思加深自身对知识的理解[②]。对数学直观而言,一旦建立起来,其力量是非常强大的。错误的直观意识可以一直与正确的概念解释共存,直到被多次修正为止。这种矛盾的直观意识不仅可能会给

[①] 徐柱柱.初中生数学直观素养的实证研究与启示:基于湖南省Z市八年级的数学学业监测[J].教育测量与评价,2019(12):26-33.
[②] 邹学红,周钧.小学高年级学生数学错误分析过程研究[J].教学与管理,2021(30):4.

学生数学学业发展造成不利影响,也给老师的教学带来了一定的困难。因此,仔细分析学生在数学直观问题解决中的错误表现更具有课程教学指导意义[①]。

一、中学生直观认知错误的表现分析

从心理学和教育学的角度分析,在任何一种学习的过程中,由于学生受生理、心理特征及认知水平的限制,错误都是在所难免的[②]。在本次正式测试调查中,从所有学生的原始作答中找到了 4 道学生最为典型的错误作答题目,并对此进行深入分析(题目不分顺序):

例 1:一杯糖水重 b g,其中含糖 a g。几分钟后往糖水中加入 m g 糖,经搅拌后完全溶解。那么下面哪个选项能正确表示加糖前后糖水浓度的大小关系?(   )

A. $\dfrac{a+m}{b+m} > \dfrac{a}{b}$ B. $\dfrac{a+m}{b+m} < \dfrac{a}{b}$ C. $\dfrac{b+m}{a+m} > \dfrac{b}{a}$ D. $\dfrac{b+m}{a+m} < \dfrac{b}{a}$

命题意图:通过依托"糖水变甜"这种具体背景来认识不等式性质。

F:非图形直观形式。

S:生活情境。

C:水平 2。

此题主要考查学生在生活情境下对不等式性质的理解。而为了成功地解决问题,学生首先要意识到糖水加糖后会变甜的常识性经验,即借助于这种相对具体、易被普遍接受的思维背景作为依托形式来认识不等式间的数量关系。显然,在认知水平上属于水平 2,主要是依托非图形直观形式来展开复杂思维的层次分析[③]。只要学生相信糖水加糖后一定会变甜,那么很快就能得出浓度的前后变化,即 $a/b < (a+m)/(b+m)$。具体来看,有 58.9% 的学生选择了正确选项 A,13.8% 的学生选择选项 B,18.1% 的学生选择选项 C,8.2% 的学生选择选项 D,仍有 1% 的学生未作答。结合前期的访谈结果可以发现,选择 C 和 D 的学生对溶液浓度的概念模糊不清,且学生问卷中也反映了一部分学生始终不确定糖水加糖后会变甜的直观经验,故最终不能借助这种非图形直观形式来解决问题。

例 2:已知一列数前 5 个数依次为:$1, \dfrac{3}{4}, \dfrac{5}{9}, \dfrac{7}{16}, \dfrac{9}{25}, \cdots$ 如果按照这个规律

① Kruglanski A W, Ajzen I. Bias and error in human judgment [J]. European Journal of Social Psychology, 2010, 13(1): 1-44.

② 吴杰.数学错误的教育心理学分析[C]//全国高师会数学教育研究会 2006 年学术年会论文集.2006.

③ 张广祥,张奠宙.代数教学中的模式直观[J].数学教育学报,2006,15(1): 1-4.

进行下去,则第 n 个数可以表示为(　　　)。

A.$\dfrac{2n-1}{n^2}$　　　　B.$\dfrac{2n-1}{3n-2}$　　　　C.$\dfrac{2n+1}{n^2}$　　　　D.$\dfrac{2n+1}{3n-2}$

命题意图:通过观察分子与分母的数字特征来归纳整个分式规律。

F:非图形直观形式。

S:数学情境。

C:水平 3。

此题主要考查学生在数学情境下对分式规律的探索,学生首先要能识别每个数分子与分母各自的数字特征,并借助于这种相对具体形象的数字符号和数字特定作为依托形式来认识整个分式的排列规律。在认知水平上属于水平 3,主要使用归纳、猜想等方式探索数字或数量关系规律。实际上,在初中阶段,学生需要通过归纳和类比等非形式化逻辑在数学问题解决中培育合情推理能力。针对这道题而言,学生若能通过数感归纳出每个数字的分子与分母的数字特征,那么很快就会求得数字规律。结果显示,有 69.0% 的学生选择了正确选项 A,10.6% 的学生选择选项 B,11.2% 的学生选择选项 C,8.2% 的学生选择选项 D,且仍有 1% 的学生未作答。结合之前的访谈可以发现,选择 C 和 D 的学生没有充分感知分子的数字特征,而选择 B 学生尽管已经感知到分子呈奇数交替,但没有归纳出分母的"平方"规律,这些学生都不能借助非图形直观形式来解决问题。

例 3:一艘轮船在同一航线上往返于甲、乙两地。已知轮船在静水中的速度为 18 km/h,水流速度为 8 km/h。轮船先从甲地顺水航行到乙地,在乙地停留一段时间后,又从乙地逆水航行返回甲地。设轮船从甲地出发后所用时间为 $t(\mathrm{h})$,航行的路程为 $s(\mathrm{km})$,则 s 与 t 的函数图象大致是(　　　)。

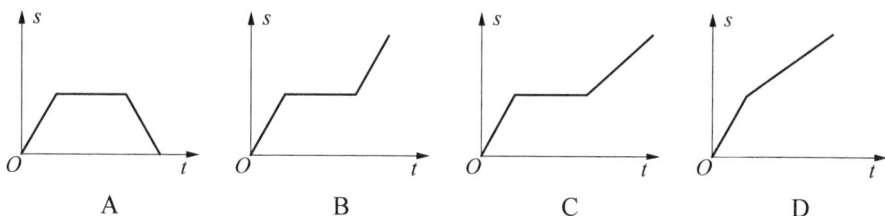

图 5-14　例 3 示意图

命题意图:通过观察船只航行速度(斜率)来判断一次函数图象变化。

F:图形直观形式。

S：科学情境。

C：水平 2。

此题主要考查学生在科学情境下对一次函数的理解,首先需要了解船只在顺水和逆水条件下的速度变化,进而根据斜率的变化确定答案,主要是借助于函数图象作为依托形式来解决问题。在认知水平上属于水平 2,即利用函数图象来分析轮船运动轨迹。具体来看,有 58.2％的学生选择了正确选项 C,11.8％的学生选择选项 B,24.7％的学生选择选项 A,5.3％的学生选择选项 D。从前期的访谈可以知道,选择 A 的学生把航行路程错误理解成甲乙两地的距离,这是一种情境转译错误;而选择 D 的学生没有注意到轮船的短暂停泊状态,选择 B 学生则没有认识到船在逆水中行驶速度会放慢,所以不能发现函数图象在停留一段时间后的斜率变化。奥苏伯尔(David Pawl Ausubel)曾经指出,从心理学最基本的原理看,"影响学习最重要的原因是学生已经知道了什么",要使新旧知识能够相互发生作用、建立联系,前提就是要有相应的基础图式。但是,对部分学生来说,他们不能根据物理学中运动与静止的相关知识想出正确的图式,因而在具体的问题解决中会出现各种认知错误。

例 4:如图,A 型纸片为边长为 a 的正方形,B 型纸片为长为 b、宽为 a 的矩形,C 型纸片为边长为 b 的正方形($a \neq b$)。

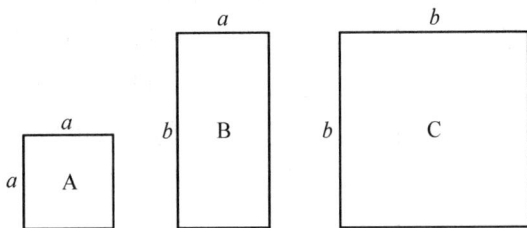

图 5 - 15　例 4 示意图

小曹拿了 1 张 A 型纸片,3 张 C 型纸片,若干张 B 型纸片。若他将这三类纸片没有重叠地拼成了一个矩形,请问小曹还需要几张 B 型纸片? 请你结合画图进行说明。

命题意图:通过纸片拼接来考察因式分解。

F：图形直观形式。

S：生活情境。

C：水平 2。

此题主要考查学生在生活情境下对因式分解的理解,这里需要用图形面积公式转换进而获取因式间的等量关系,主要是借助于三种纸片的形状特征作为依托形式来获取各图形之间的面积关系。在认知水平上属于水平2,即通过分析具体的图形直观形式来解决问题。事实上,在课程标准中未对因式分解作过细要求,仅在"整式与分式"部分要求能用提公因式法、公式法(直接利用公式不超过二次)进行因式分解(指数是正整数)。从作答结果来看,学生的错误答案主要表现为仅会作图或仅写出答案的"部分正确"以及因图形直观错误而出现的"其他错误"(如弄错等量关系,误认为 $b=a$ 或 $b=2a$ 或 $b=3a$)。接下来,分别对学生的作答情况进行了编码、统计,约 38.2% 的学生对此题作答完全正确,而在错误作答中,约 1% 的学生仅绘图正确,约 24.3% 的学生虽答案正确但绘图错误,且仍有约 36.5% 的学生出现了"其他错误"。

综上来看,上述学生的典型错误作答表现呈现出明显的分类特征。在非图形直观形式方面,不少学生还不能有效感知各种情境中数字特征和数的意义,有些学生甚至怀疑自己的生活和常识经验,从而无法从这些具体的背景中展开复杂思维的层次分析。而在图形直观形式方面,一部分学生仍无法了解不同图形间的内在关系(基本属性)以及转述图中给定的逻辑信息,还有一部分学生则不能利用给定的图形发现相应的数量关系,最终出现了各种错误。

二、学生各类直观错误类型表现、作用以及影响因素

已有神经科学研究成果表明,个人的直观思维过程尤为复杂。因此,单纯分析学生在数学直观问题解决测试题上的错误得分表现仍然显得较为表面,且这种类型划分可能存在一定的主观性。因为若依据表面得分高低对被试的划分,则忽视了在不同题目上反应模式不同但得分相同的被试被分在同一组别可能导致的问题,其研究结论缺乏对组内群体异质性的关照。也就是说,从变量水平上对样本总体进行分析虽然在一定程度上反映了共性问题,但不能充分考虑样本间的个体差异。为弥补上述不足,本书将使用潜类别分析方法,它是通过间断的潜变量即潜在类别来解释外显指标间的关联,从而使这种关联通过潜在类别变量来估计,进而维持其局部独立性的统计方法。为此,书中将应用这一方法来探讨中学生直观错误类型和其对数学学业表现的影响以及自身相关影响因素,以期为促进中学生的认知发展和数学直观素养培育提供建议。

为考察中学生直观错误类型,以前述 4 道学生典型错误作答题为自变量(覆

盖了不同依托形式、问题情境以及中高级认知水平等测评要素）。很显然,中学生在这4道题目上的作答错误表现是典型的二分类变量（正确和错误）。因此,这里采用潜在类别分析,并应用统计软件 Mplus 8.3 进行操作,将其类型依次分为1类、2类、3类等进行潜类别分析（见表5-17）。

表 5-17　中学生数学直观错误类型的潜在类别模型拟合信息

统计量	模型				
	1类别模型（C1）	2类别模型（C2）	3类别模型（C3）	4类别模型（C4）	5类别模型（C5）
AIC	12 893.053	12 884.725	12 891.343	12 899.177	12 908.972
BIC	12 918.716	12 942.468	12 981.164	13 021.078	13 062.952
aBIC	12 906.006	12 913.869	12 936.678	12 960.703	12 986.689
Entropy	—	0.601	0.509	0.486	0.493
LMR-LRT(p)	—	<0.05	0.253	0.408	0.828
BLRT(p)	—	<0.001	0.468	0.416	0.988
类别概率	1	0.129/ 0.871	0.143/ 0.096/ 0.761	0.485/ 0.402/ 0.056/ 0.057	0.617/ 0.159/ 0.092/ 0.099/ 0.033

（一）中学生数学直观错误类型的潜在类别分析

表5-17的结果显示,2类别模型的 Entropy 值为0.601,均大于其他类别模型,说明分成2类效果更优,该指标尚可接受。而且,2类别模型的 AIC、BIC、aBIC 大部分都小于1类别模型、2类别模型、3类别模型和4类别模型。与此同时,2类别模型的 LMR-LRT 值、BLRT 值达到显著水平。综合考虑之后,可以认为2类别模型为最佳模型。

从图5-16可知,2类别模型中2个类别的估计条件概率显现出不同的特征。其中,对于类别1(C1),在高认知水平和非图形直观方面,其条件概率较高,且波动较大,故被命名为"高难度—图形直观错误",该类型被试所占比例为

12.9％；类别2(C2)，在中低认知水平和图形直观方面，其条件概率较低，波动也较大，故被命名为"中低难度—非图形直观错误"，该类型被试所占比例为87.1％。上述结果表明，总体上，在义务教育阶段，中学生在数学问题解决过程中更容易犯"中低难度—非图形直观错误"。

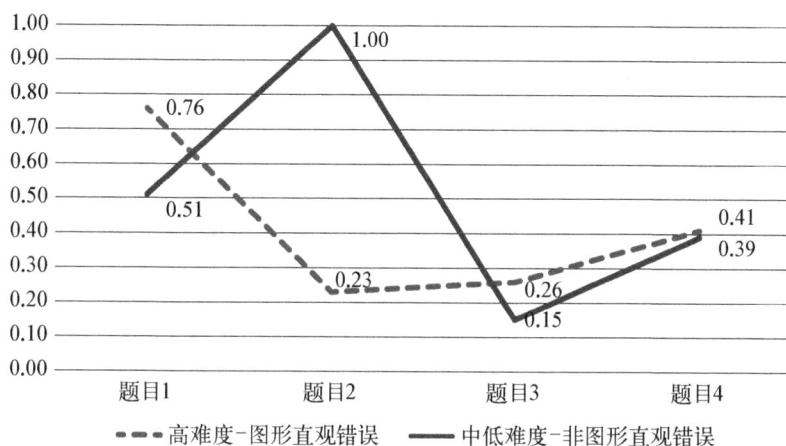

图 5-16　中学生数学直观错误类型各潜在类别的条件概率

（二）不同学生群体数学直观错误类型的差异

使用卡方检验进行不同学生群体数学直观错误类型的差异分析，表5-18显示中学生在直观错误类型上存在显著性别差异，其中女生在"高难度—图形直观错误"上的比例比男生高14.0％，但是男生在"中低难度—非图形直观错误"上的比例比女生高14.0％(Cramer'V＞0.1，$p<0.01$)。此外，中学生在直观错误类型上存在显著地域差异，其中城市中学生在"中低难度—非图形直观错误"上的占比比非城市学生高30.1％，但是非城市学生在"高难度—图形直观错误"上的占比比城市中学生高30.1％(Cramer'V＞0.1，$p<0.01$)。

表 5-18　不同学生群体数学直观错误类型的差异

学生背景		数学直观错误类型	
		高难度—图形直观错误	中低难度—非图形直观错误
性别	男	6.1％	93.9％
	女	20.1％	79.9％

学生背景		数学直观错误类型	
		高难度—图形直观错误	中低难度—非图形直观错误
地域	城市	4.9%	95.1%
	非城市	35.0%	65.0%

(三) 中学生直观错误类型与其数学学业成绩

为了考察中学生在不同直观错误类型上的数学学业表现,使用独立样本 t 检验进行分析,结果显示中学生在这一方面存在显著差异($t = -3.311, p < 0.01$),其中犯"中低难度—非图形直观错误"的中学生的数学学业成绩($M_{C2} = 490.32$)比犯"高难度—图形直观错误"的中学生($M_{C1} = 479.85$)高 10.5 分左右,约 0.15 个标准差。

(四) 中学生数学直观错误成因分析

如前所述,为考察不同背景中学生数学直观错误类型与各影响因素之间的关系,本研究先将"数学直观错误类型"视作一个二分类变量("高难度—图形直观错误"和"中低难度—非图形直观错误"),所以采用二元 Logistic 回归模型分析数学直观经验与信念、可视化表征方式以及数学焦虑等对学生经历各类数学直观错误的影响。其中,中学生在数学问题解决过程中犯高难度—图形直观错误概率的估计模型为:

$$P = \frac{\exp(b_0 + b_1 X_1 + b_2 X_2 + \cdots + b_i X_i)}{1 + \exp(b_0 + b_1 X_1 + b_2 X_2 + \cdots + b_i X_i)}$$

从模型角度出发,若因变量表示为 y,则常令 $y = 1$ 表示"高难度—图形直观错误",$y = 0$ 表示"中低难度—非图形直观错误",本书中将"学生犯高难度—图形直观错误"记为 1,否则用 0 表示。P 表示学生犯"高难度—图形直观错误"的概率,X_i 表示影响学生犯这一类错误的第 i 个解释变量,b_i 为解释变量 X_i 的系数,反映该变量对学生"高难度—图形直观错误"影响的方向及程度。学生犯"高难度—图形直观错误"和犯"中低难度—非图形直观错误"的概率比值为事件发生的机会比率(Odds Ration),反映 X_i 每改变一个单位所引起的事件发生比变化的倍数(结果见表 5 - 19)。

表 5－19　各因素对不同背景学生群体数学直观错误类型
影响的二元 Logistic 回归估计结果

		男　生	女　生	城市学生	非城市学生
自变量	数学直观经验与信念	−0.002 (0.998)	0.053 (1.055)	0.025 (1.025)	0.202* (1.223)
	可视化表征方式	−0.257* (0.774)	0.086 (1.089)	−0.068 (0.934)	0.096 (1.101)
	问题解决毅力	−0.035 (0.966)	−1.111 (0.895)	−0.027 (0.973)	−0.044 (0.957)
	数学焦虑	0.114 (1.121)	0.015 (1.015)	−0.055 (0.947)	0.203* (1.225)
常量		−2.241*** (0.106)	−1.529*** (0.217)	−2.624*** (0.073)	−2.168*** (0.114)
Omnibus 检验的卡方		13.045*	3.503	1.022	21.716***
Hosmer-Lemeshow 检验的 P 值		0.558	0.172	0.916	0.222
负二对数似然比		1 093.726	2 278.862	1 334.567	1 595.420
Nagelkerke R 方		0.015	0.002	0.001	0.024

注：模型中，括号外数字为偏回归系数 β，括号内数字为优势比率（OR 值）；***、** 和 * 分别表明通过 0.001、0.01 和 0.05 水平的显著性检验。

　　由表 5－19 可知，由自变量和控制变量构成的回归模型中，只有男生组和非城市学生组的 Omnibus 检验的 P 值<0.05，达到显著性水平，说明这两个模型有意义。并且，两个模型的 Hosmer-Lemeshow 检验 P 值均>0.05，说明模型的拟合优度较为理想。此外，就关联强度而言，非城市学生组模型的 Nagelkerke 关联强度指标值高于男生组，说明该回归模型整体的解释力较高。具体研究发现如下：一方面，可视化表征方式影响男生犯"高难度—图形直观错误"，并且其影响是显著负向的（$\beta=-0.257$，OR=0.774），其中可视化表征方式每增加 1 个单位，男生犯"高难度—图形直观错误"的概率下降 22.6%。另一方面，数学直观经验与信念和数学焦虑会影响非城市学生犯"高难度—图形直观错误"，并且它们的影响是显著正向的（$\beta=0.202$，OR=1.223；$\beta=0.203$，OR=1.225），其中数

189

学直观经验与信念每增加1个单位,非城市学生犯"高难度—图形直观错误"的概率增加22.3%。相比之下,数学焦虑每增加1个单位,非城市学生犯"高难度—图形直观错误"的概率增加22.5%。

第五节 小 结

在国际学业比较背景下,数学直观素养成为中学生的重要的数学能力之一。中学生数学直观素养的测评研究对于培养创新思维、适应现实生活需求和提高竞争力具有重要意义。通过实施相应的教学策略,可以有效提升中学生的数学直观素养,为他们的学习和未来职业发展奠定坚实基础。本章基于2018年中国基础教育质量协同创新中心开展的"区域教育质量健康体检"项目,并利用依托该项目研发中学生数学直观素养测评框架和测评工具,最终就测试数据进行了较为系统的定量实证研究。本章的实证研究主要由五部分组成:第一部分为中学生数学直观素养现状以及不同群体的异质性表现;第二部分为中学生数学直观素养分维度表现及不同群体的异质性表现;第三部分是中学生数学直观素养影响因素表现以及不同群体的异质性表现;第四部分是不同层次数学直观素养影响因素对中学生数学问题解决表现的影响机制,即综合探究直观经验与信念、可视化表征方式、问题解决毅力等因素对中学生数学直观素养表现的预测作用;第五部分为中学生在数学直观问题解决过程中所犯错误的类型差异。最终得出如下五个主要发现。

第一个发现,中学生数学直观素养总体表现处于中等偏下水平,并且经济发展水平越高的地区,学生数学直观素养的表现相对越好。此外,中学生数学直观素养表现不存在统计意义上的性别差异,但留守与非留守学生数学直观素养表现存在显著差异。与此同时,学生数学直观素养表现存在显著地域差异和一定的校际差异。

首先,在总体表现上,所测地区中学生数学直观素养处于中等偏下水平,仅有45%的学生数学直观素养表现达到了平均水平,约80%学生的数学直观素养表现处在400分到600分之间。同时,经济相对发达的地级市Z的学生数学直观素养表现明显好于经济欠发达的县级市P的中学生,说明地区经济发展水平影响学校办学条件进而影响学生的学业水平,即经济发展水平越高的地区,学生数学直观素养的表现越好。

其次,在性别差异上,男生和女生表现没有统计意义上的显著差别,但是男生表现总体略优于女生,说明男生在数学直观素养的养成方面并不具有先天优势,可能是样本选择的结果。进一步分析发现,对于城市学校来说,男生数学直观素养表现始终优于女生,而县镇和农村的男生数学直观素养表现都弱于女生。

再次,留守与非留守学生数学直观素养表现存在显著差异,留守学生总体表现要明显弱于非留守学生。并且,城市和县镇的留守学生的数学直观素养表现都弱于非留守学生,而农村留守学生数学直观素养表现要略优于非留守学生。当前,尽管这种差异实际参考意义并不大,但教学中仍需引起重视,尤其是要关注留守学生等相对弱势群体的学习心理状况,以提升他们的数学学习韧性。

最后,在地区差异和校际差异方面,所测地区学生数学直观素养表现存在显著地域差异。城市学生表现明显优于县镇,县镇学生表现优于农村。可见,城乡二元结构对义务教育中学数学的影响依然明显。此外,不同学校之间学生表现也会出现一定的差距,施测地区的 86 所学校的学生数学直观素养表现出明显的校间差异,51%的学校女生数学直观素养表现优于男生,且有 43%的学校非留守生数学直观素养表现好于留守学生。

第二个发现,对比直观素养各分维度表现来看,中学生在非图形直观领域、生活情境以及水平 2 上表现最佳。具体到不同群体上,学生在图形直观形式维度表现存在性别差异,而在非图形直观形式维度表现不存在性别差异。相比之下,留守与非留守学生在各依托形式维度表现都存在差异。同时,中学生数学直观素养的依托形式维度表现存在显著地域差异和一定的校际差异。在认知水平维度,中学生表现不存在显著性别差异,但留守与非留守学生在认知水平维度表现都存在差异。同时,中学生数学直观素养的认知水平维度表现同样存在显著地域差异和一定的校际差异。在问题情境维度,学生数学直观素养的生活情境和科学情境表现存在性别差异,而在数学情境表现不存在性别差异。不同的是,留守与非留守学生的问题情境维度表现都存在差异。同时,不同地域与不同学校学生表现与第一个发现的结论相一致。

第一,就所测地区整体而言,从依托形式来看,学生在图形直观形式方面表现优于非图形直观形式;从情境维度来看,学生在生活情境表现好于科学情境表现,科学情境表现也优于数学情境表现;从认知水平来看,学生在水平 2 的表现要高于水平 1 和水平 3。上述结果表明课程教学中越重视的内容(如几何或图形直观、生活情境以及迁移水平的直观认知),越能激发学生的学习动力,进而影响他们最终的数学学业表现。

第二,具体到依托形式上,男女生在非图形直观形式方面表现非常接近,而在图形直观形式方面,男生表现总体略优于女生,但从统计功效上来看也不具有实际意义。并且,无论是图形直观形式还是非图形直观形式,城市学生的表现都明显优于县镇,县镇学生表现好于农村。进一步分析发现,城市男生在图形直观形式方面和非图形直观形式方面的表现始终优于女生,而县镇和农村的男生在各依托形式维度表现都弱于女生。另外,城市和县镇的留守学生在图形直观形式方面和非图形直观形式方面的表现都弱于非留守学生,反而农村留守学生在图形直观形式方面和非图形直观形式方面表现要优于非留守学生。此外,施测地区所有学校的学生数学直观素养的依托形式维度表现出明显的校间差异,45%的学校女生在图形直观形式方面表现优于男生,而仅有41%的学校非留守生在图形直观形式方面表现好于留守学生;56%的学校女生在非图形直观形式方面表现优于男生,有36%的学校非留守生在非图形直观形式方面表现好于留守学生。

第三,在认知水平方面,所测地区学生在水平1、水平2和水平3的都不存在性别差异,只有男生在水平1、水平2和水平3的表现总体略优于女生。相形之下,留守与非留守学生在认知水平维度表现都存在差异,并且留守学生在各个认知水平上的表现都要弱于非留守学生。同时,学生数学直观素养的认知水平维度表现存在显著地域差异,城市学生的表现总是明显优于县镇,县镇学生表现好于农村。进一步分析发现,对于城市学校来说,男生在认知水平分维度表现始终优于女生,而县镇和农村的男生在认知水平维度表现都弱于女生。另外,城市和县镇的留守学生在认知水平表现都弱于非留守学生,反而农村留守学生在认知水平维度表现要优于非留守学生。此外,从学校层面来看,本次施测地区的86所学校的学生数学直观素养的认知水平维度表现出明显的校间差异。

最后,在问题情境维度,男女生在数学情境表现非常接近,而在生活情境和科学情境上,男生表现总体略优于女生,但从统计功效上来看不具有实际意义;而对于留守群体来说,留守与非留守学生的问题情境维度表现都存在差异。尽管都是小效应,但无论处在何种问题情境,留守学生总体表现都要弱于非留守学生。与此同时,无论是何种问题情境,城市学生的表现都明显优于县镇,县镇学生表现好于农村。进一步分析发现,对于城市学校来说,男生在情境维度表现始终优于女生,而县镇和农村的男生在情境维度表现上都弱于女生。另外,城市和县镇的留守学生在情境维度表现上都弱于非留守学生,而农村留守学生在生活情境上的表现要优于非留守学生。此外,本次施测地区的 86 所学校的学生数学直观素养的问题情境维度表现出明显的校间差异。

第三个发现,对于数学直观素养的学生层面影响因素来说,数学直观经验与信念出现频率最高,问题解决毅力次之,其次是可视化表征方式,数学焦虑最低。具体到不同学生群体,学生的直观经验与信念、问题解决毅力以及数学焦虑等方面都存在性别差异,而在可视化表征方式方面不存在性别差异。从留守背景来说,留守与非留守学生的各影响因素表现都存在差异。相形之下,在地域差异方面,不同地域学生的直观经验与信念、可视化表征方式、问题解决毅力和数学焦虑都存在显著差异。此外,从学校层面来看,本次施测地区的所有学校的学生数学直观素养的学生层影响因素上表现出明显的校间差异。值得关注的是,数学直观素养的学校层面影响因素总体表现良好,不同地区教师直观教学表现存在显著差异,但不同性别教师表现没有实际差别。

第一,在学生层面数学直观素养影响因素的整体表现上,所测地区的学生总体数学直观经验与信念较高,约有 82.2%,而使用可视化表征方式的频率并不高,仅有 35.1%,约有 52% 的学生在解决数学直观问题时的毅力较强,且仍有 28.9% 的学生存在数学焦虑。

第二,在群体差异方面,男女生使用可视化表征方式的频率非常接近,而男生的问题解决毅力明显高于女生,但女生的直观经验与信念略高于男生,且学习数学更为焦虑,从统计功效上来看这些差异也不具有实际意义。而对比留守群体来说,非留守与留守学生的各影响因素表现都存在差异。尽管都是小效应,但非留守学生总体比留守学生直观经验与信念和问题解决毅力更强,更倾向于使用可视化表征方式,但留守学生的数学焦虑感也更高。

第三,在地域差异上,城市学生的表现比县镇和农村学生直观经验与信念以及问题解决毅力更强,且更倾向于使用可视化表征方式,但数学焦虑感相对也更低。深入分析发现,对于城市学校来说,男生比女生问题解决毅力更强,且更倾向于使用可视化表征方式,但女生数学直观经验与信念相对更强,数学焦虑感也更高;县镇与农村学校的男生比女生问题解决毅力更强,但女生数学直观经验与信念相对更高,且更倾向于使用可视化表征方式,学习数学也更有焦虑感。另外,城市和县镇学校的留守学生数学焦虑感要略高于非留守学生,但农村学校的留守学生与非留守学生数学焦虑感并无差异。无论城市、县镇或是农村,非留守学生总是比留守学生问题解决毅力和直观经验与信念更强,且更倾向于使用可视化表征方式。

第四,在校际差异方面,66%的学校女生在直观经验与信念方面表现高于男生,仅有40%的学校非留守生在直观经验与信念表现高于留守学生;49%的学校女生在可视化表征方式方面表现优于男生,43%的学校非留守生在可视化表征方式方面表现好于留守学生;22%的学校女生在问题解决毅力方面表现高于男生,44%的学校非留守生在问题解决毅力方面表现高于留守学生;87%的学校女生在数学焦虑方面表现高于男生,50%的学校非留守生在数学焦虑方面表现高于留守学生。

最后,相比于学生层面影响因素,88.3%的教师经常使用直观教学方式,说明大部分教师充分认识到了直观教学的重要意义。但是,所测地区教师的直观教学方式不存在性别差异,仅表现为女教师比男教师使用直观教学方式的频率要略高一些。同时,教师的直观教学方式存在显著地域差异,城市教师使用直观教学方式的频率比县镇和农村教师更高。此外,从学校层面来看,本次施测地区的所有学校的教师在数学直观素养的学校层面影响因素上也表现出一定的校间差异,62%的学校女教师在使用直观教学方式方面的频率高于男教师;99%的城市学校教师使用直观教学方式的频率高于县镇学校和农村学校教师,但仍有1%的城市学校教师使用直观教学方式的频率低于县镇和农村学校教师。

第四个发现,在学生层面,直观经验与信念、可视化表征方式和问题解决毅力都能显著地正向预测学生的数学直观素养表现,而数学焦虑则对学生数学直观素养表现有负向预测作用,并且问题解决毅力和数学焦虑的影响更大。而在学校层面,尽管直观教学方式对数学直观素养表现的正向预测作用并不显著,但实际教学中始终不可忽视其重要影响。

首先,当前造成学生数学直观素养表现差异有23.6%来自学校间的差异,说明中学生数学直观素养表现的校际差异有很大的改善空间。这也与前面的分析结论互相印证。因此,未来可以考虑为薄弱学校提升其办学条件和办学质量。

其次,城乡教育资源配置不均是导致学生数学表现的主要因素,远远超出了学生家庭和个人背景的影响。其中,性别和留守等学生层背景变量对其数学直观素养影响很小,并且男生和非留守学生的表现更高一些。相比之下,地域等学校层背景变量对学校平均数学直观素养表现有很大影响。

再次,在中学生数学直观素养表现的学生层面影响因素中,问题解决毅力和数学焦虑分别发挥的积极作用和消极作用更大。另一方面,学生的直观经验与信念以及使用可视化表征方式的频率对其数学问题解决的积极影响也不容忽视。

最后,在中学生数学直观素养表现的学校层面影响因素中,直观教学方式的预测作用并不显著,说明直观教学方式并不依赖学校环境,但仍需继续重视它对学生数学直观素养表现的重要影响。

第五个发现,中学生在数学问题解决过程的错误作答表现呈现出明显的分类特征,主要分为"高难度—图形直观错误"和"中低难度—非图形直观错误"两种。其中,女生和非城市学生倾向于犯"高难度—图形直观错误",而男生和城市中学生倾向于犯"中低难度—非图形直观错误"。同时,"高难度—图形直观错误"对中学生数学直观素养的消极影响更大。此外,前述各因素对中学生数学直观错误表现类型的影响机制中,只有男生组和非城市学生组模型具有实际意义。

首先,在非图形直观形式方面,不少学生还不能有效感知各种情境中数字特征和数的意义,还有些学生甚至怀疑自己的生活和常识经验,从而无法从这些具体的背景中展开复杂思维的层次分析;而在图形直观形式方面,一部分学生仍无法了解不同图形间的内在关系以及转述图中给定的逻辑信息,还有一部分学生则不能利用给定的图形发现相应的数量关系。

其次,中学生在数学问题解决过程的错误表现呈现出两类典型特征。一是"高难度—图形直观错误",该类型被试所占比例为12.9%;二是"中低难度—非图形直观错误",该类型被试所占比例为87.1%。并且,对比其消极影响来看,犯"高难度—图形直观错误"的中学生数学学业成绩低于犯"中低难度—非图形直观错误"的中学生。

再次,在群体差异和地域差异方面,女生在"高难度—图形直观错误"上的比例比男生高14.0%,但是男生在"中低难度—非图形直观错误"上的比例比女生高14.0%;城市中学生在"中低难度—非图形直观错误"上的占比比非城市学生高30.1%,但是非城市学生在"高难度—图形直观错误"上的占比比城市中学生高30.1%。

最后,在中学生数学直观错误类型的影响机制中,可视化表征方式负向影响男生犯"高难度—图形直观错误",可视化表征方式每增加1个单位,男生犯"高难度—图形直观错误"的概率下降 22.6%。另一方面,数学直观经验与信念和数学焦虑会正向影响非城市学生犯"高难度—图形直观错误"的概率,数学直观经验与信念每增加 1 个单位,非城市学生犯"高难度—图形直观错误"的概率增加 22.3%。相较而言,数学焦虑每增加 1 个单位,学生犯"高难度—图形直观错误"的概率增加 22.5%。

第六章

中学生数学直观素养测评经验
总结与研究展望

对于数学教育来说,科学规范的测评研究一直有待学术界积极尝试。本书把国际学业比较作为理论视野,以现代教育测评理论与方法为支撑,同时立足本土数学教育实践,基于义务教育中学数学课程标准开展关于直观素养的大规模教育评价,为数学教育领域开展规模化的数学教育测评研究提供了范例。具体而言,本书广泛吸收国内外教育测评经验,积极依托国内区域教育质量监测项目,同时遵循大规模教育测评的一般流程及规范,使用项目反应理论等现代测试手段来保障整个测评工具的质量和实现学生能力特质的获取,并且在评价框架完善上更加注重测评要素的优化、测试工具结构的调整和测试结果的系统解释。本章起到承上启下的作用,一方面,系统总结中学生数学直观素养测评经验,为课堂教学领域的数学直观素养的培育提供行动指南;另一方面,找出现有研究的局限与不足,为个人后续研究的完善指明方向。

第一节　中学生数学直观素养测评发现与特色

在国际测评经验和大规模教育测评流程的指引下,依托区域大规模数学教育监测平台优势,对学生数学直观素养进行科学系统地评估。一方面,以多学科理论为基础,进一步厘清了数学直观素养的内涵与特征,从而构建适合中国本土的中学生数学直观素养测评框架。另一方面,将各种现代教育测评与研究方法进行融合,相应地研发了中学生数学直观素养测评工具,同时在统计分析辅助下,挖掘了中学生数学直观素养整体表现和分维度表现特征以及影响因素的预测作用。同时,还深入探究了学生数学直观问题解决中所犯的认知错误。总体上,与同类研究相比,本章进一步总结出以下几点发现和研究特色。

一、研究结论与发现

(一) 数学直观素养测评框架相对稳定、可操作性强

本书主要通过多轮专家评定以及结合对以往数学直观研究文献的梳理,最终构建了数学直观素养的测评框架,包含直观的依托形式、情境和认知水平等三个维度。整体而言,本书中的测评框架可操作性较强,并且可根据测评框架进一步细化,即将依托形式分为图形直观和非图形直观形式;认知水平分为水平1、水平2和水平3,并且3个水平依次递进;直观情境按照与学生日常生活的距离分为生活情境、数学情境和科学情境,然后结合课标的内容要求研发考察数学直观素养表现的测试工具。更重要的是,当前基于多维 Rasch 模型的数学直观素养大规模测评的结果显示试题与模型的匹配度较好,表明从依托形式、情境和认知过程这三个方面去考查学生数学直观素养表现更加精确,也进一步说明本书中的测评模型相对稳定,能从不同角度了解学生数学问题解决的过程。

事实上,测评框架合理性不仅需要科学的测量方法,还要依靠严谨的研究设计。国外大规模教育测评经验也表明,设计能力评价框架的关键在于确定其概念中的核心元素和范围,并且尽可能从不同角度或维度去研发相关题本以覆盖这些元素,以便能够全面刻画出学生成功解决数学问题过程中所运用的相关数学能力[1]。整体而言,本书中的设计思路也是基本参照上述研究的一些经验标准和原则,希望通过依托形式、情境和认知水平这三个维度的命题设计,最终能够很好地描述学生的数学直观素养表现。

(二) 数学直观素养测评工具的质量整体科学可信

在教育测评研究中,只有科学可信并且有效的测评工具才能保证收集到的数据准确反映测评对象的真实水平。而且,整个研发流程的每个环节都会影响到其他环节,只有每个环节都操作规范,才能确保测试工具科学可信[2]。本书从整个测评流程到数据分析环节都严格遵循教育测量与评价的标准和规范,尽力做到客观真实。自原始题目命制以来多次进行修改和预测试,先后进行了小样本访谈、第一轮小样本预测试和第二轮大样本预测试,并根据试题的难度、区分度和项目信息函数等指标以及专家意见对试题进行修订,最终通过了专家评分

---

① Stacey K, Turner R. The Evolution and Key Concepts of the PISA Mathematics Frameworks[M]// Assessing Mathematical Literacy. Berlin: Springer International Publishing, 2015.
② 张丽.研发测评工具是评价过程的关键一环[J].湖北教育(综合资讯),2016(6):68-69.

一致性分析后才确定了正测试题。对于问卷开发方面,首先通过文献梳理并结合专家审核确定了基本维度,然后通过改编和自编问卷题项,同样也是先后经过访谈和预测试,然后根据问卷信度、效度(内容效度和结构效度)和修正指数等指标并结合专家意见对题目进行修改。测试结果表明,单维和多维 Rasch 模型的运算结果都显示整体工具信度良好且所有测试题的拟合指数都符合测量学标准;学生问卷和教师问卷的三次测试分析亦表明数学直观素养影响因素问卷总体信效度良好。这些结果也进一步佐证了当前整个数学直观素养测评工具的质量是科学可信的。

总体上,整个测评工具的开发流程相对标准规范,并能始终按照测评框架的要求系统地研发、施测、分析试题和问卷等测试工具。为了成功实现对数学直观素养的诊断和评估,书中还重点关注一些关键环节,如多学科领域专家的咨询、教育测评新技术的应用以及数据分析法的选择等,这些环节的实施使得最终的测评工具更加科学有效。

(三) 八年级学生数学直观素养整体表现和分维度表现存在群体差异

通过对调查地区学生的数学直观素养的测试结果进行分析发现,八年级学生数学直观素养的整体表现和分维度表现存在一定的群体差异。具体表现为:经济发展水平越高的地区,学生数学直观素养的整体表现相对越好;留守学生数学直观素养整体表现要明显弱于非留守学生;城市学生数学直观素养表现明显优于县镇学生,县镇学生的表现也好于农村学生。尽管,学生数学直观素养表现不存在明显性别差异,但男生表现总体略优于女生。另外,从分维度表现来看,八年级学生在数学直观素养的依托形式、认知水平维度上的表现不存在性别差异,而在生活情境和科学情境存在微弱差异,即男生表现略优于女生。与整体表现类似,学生在依托形式、认知水平以及情境这三个维度的表现上都存在显著城乡差异和留守差异,即城市学生表现好于县镇和农村学生,留守生表现明显弱于非留守生。

上述结果也进一步说明,地方经济发展水平对学生的学业成就存在一定的正向促进作用[①]。经济发展水平越高的地方,学生的数学直观素养表现也更具优势。此外,男女生尽管在生理特征和学习心理上有所不同,但并没有造成两性数学直观素养表现的差异。相较而言,留守生与非留守生、城镇学生与农村学生

---

① 程跟锁,李耀青,安雪慧.地方经济发展水平与学生学业发展关系研究[J].上海教育科研,2009(2):7-9.

之间数学直观素养的表现差距显著。面对具有明显教育优势的城镇学生,农村学生的数学直观素养整体表现和分维度表现往往都处于不利地位。而作为社会转型期形成的特殊群体,留守学生的数学直观素养表现也不容乐观。通常留守学生会因受心理压力和学业焦虑等消极作用的影响,致使整体的数学直观素养表现和分维度表现相对薄弱。

(四)八年级学生数学直观素养整体表现和分维度表现存在校间差异

研究发现,八年级学生数学直观素养的总体表现和分维度表现还存在一定的校间差异。从施测地区的 86 所学校的学生数学直观素养测试结果来看,51% 的学校女生数学直观整体素养表现优于男生,43% 的学校非留守生数学直观素养整体表现好于留守学生。另外,从分维度表现来看,相较于图形直观形式,多数学校女生在非图形直观形式方面表现优于男生,更多学校的非留守生在图形直观形式方面表现好于留守学生;相对于水平 2 和水平 3 来说,更多学校女生在水平 1 表现优于男生,且这些学校的非留守生在水平 1 表现好于留守学生;在情境维度方面,多数学校女生在数学情境表现比生活情境和科学情境表现更具性别优势,但更多学校的非留守生在生活情境和科学情境表现好于留守学生。

其实,不少研究都已指出中学生的数学学业成就和某些数学核心能力的表现存在校间差异[1][2]。从现实情况来看,学校之间的教育资源的配置不均以及生源背景和环境的差异可能是造成学生数学直观素养出现校间差异的重要原因,并且这种差距在具有城乡、留守等背景的学校表现得更为明显[3]。

(五)数学直观素养影响因素的预测作用明显

数学直观素养的养成离不开直观认知,而这一过程受到不同层面因素的影响,其中学生层面涉及直观经验与信念、可视化表征方式、问题解决毅力和数学焦虑等因素,教师层面主要包括直观教学方式。为此,本书通过分层线性模型综合考察了不同层面因素对数学直观素养表现的预测作用,数据分析的结果表明:在学生层面,直观经验与信念、可视化表征方式和问题解决毅力都能显著正向预测学生

① 刘坚,张丹,綦春霞,等.大陆地区义务教育数学学业状况及影响因素研究[J].全球教育展望,2014,43(12):44-57.
② 徐斌艳,朱雁,鲍建生,等.我国八年级学生数学学科核心能力水平调查与分析[J].全球教育展望,2015,44(11):57-67.
③ Sophie M, Reynolds K J, Eunro L, et al. The Impact of School Climate and School Identification on Academic Achievement:Multilevel Modeling with Student and Teacher Data [J]. Frontiers in Psychology, 2017(8):2069.

的数学直观素养表现,而数学焦虑则对学生数学直观素养表现有负向预测作用,并且问题解决毅力和数学焦虑的影响更大;而在学校层面,尽管直观教学方式对数学直观素养表现的正向预测作用并不显著,但不可忽视其重要影响。

实际上,已有文献也表明这些因素一直影响和制约着数学直观认知的形成和塑造[①]。个人累积的经验是直观认知的基本来源,并且由经验塑造成的稳定信念,最终促进数学直观素养的发展。随着学生问题解决毅力的持续增加,直观信念随之加强,数学直观认知也会更加稳固。可视化表征方式则是获取数学直观性知识的重要来源,它会加速知识理解和直观认知的进程。教师的直观教学引导也是促进学生形成直观思维并纠正直观偏见的重要力量。此外,数学焦虑等消极因素还会在直观认知的不同阶段阻碍数学问题解决,从而制约学生数学直观素养的表现。

(六) 数学直观素养测试中学生典型错误作答具有分类特征

为了构建具有稳定可操作性的数学直观素养测评框架,本书先后进行三次不同规模的考察学生数学直观素养的测试。通过分析学生的典型作答发现,被试的错误表现呈现出明显的分类特征:在非图形直观形式方面,不少学生还不能有效感知各种情境中数字特征和数的意义,还有些学生甚至怀疑自己的生活和常识经验,从而无法从这些具体的背景中展开复杂思维的层次分析;而在图形直观形式方面,一部分学生仍无法了解不同图形间的内在关系(基本属性)以及转述图中给定的逻辑信息,还有一部分学生则不能利用给定的图形发现相应的数量关系,从而出现了各种错误。进一步分析学生群体的内部异质性发现,八年级学生总体上更容易犯"中低难度—非图形直观错误",同时男生和非城市中学生容易犯"高难度—图形直观错误",并且图形直观错误对学生整体数学学业成绩的负面影响更大一些。另一方面,可视化表征方式显著负向影响男生犯"高难度—图形直观错误"的概率,同时数学直观经验与信念和数学焦虑会显著正向影响非城市学生犯"高难度—图形直观错误"的概率。

上述结果充分表明,几何或图形直观一直是义务教育中学数学课程中强调的重点,师生对于非图形依托形式方面的数学直观的重视则明显不足,所以学生总体上更加熟悉数形结合的思维方式,从而对非图形图象方面的把握相对较弱,进而容易犯"中低难度—非图形直观错误"。当然,按照课程标准的要求,本次监

---

① Fischbein E. Intuition in Science and Mathematics[M].Dordrecht:Springer Netherlands,2002.

测中对图形直观领域知识点的考察比重相对更高,所以这类错误对学生整体数学学业成绩的负面影响更大。相比之下,非图形直观形式方面的问题主要考察学生能否利用相对具体、易被普遍接受的思维背景来直接感知与认识数学对象,但不少学生仍无法把握这种"具体"的直观形式。值得注意的是,男生和非城市中学生容易犯"高难度—图形直观错误",尤其是男生视觉表征能力不足,在面对诸如从具体图形中转化数量关系等问题上依然存在障碍。与此同时,直观信念中的偏见以及问题解决时的数学焦虑也一直干扰着非城市中学生在图形直观方面的表现。以上这些都是今后直观教学中特别要关注的地方。

二、研究的特色

大规模教育评价已成为国内外教育研究与实践领域广泛关注的主题。尤其是对数学教育来说,科学规范的测评研究更有待学者们积极尝试。本书的特色与创新之处主要体现在如下两个方面:一是理论上的创新,将数学直观素养内涵扩展至非图形领域,进而搭建相对宽泛的中学生数学直观素养的测评框架,与此同时,综合经典测试理论和项目反应理论,实现直观素养的科学测量与描述分析;二是,改进研究方法,对学生数学直观素养影响因素作用机制进行多层次的探索,以突破传统回归分析的局限。此外,以个体为中心,用潜在类别分析的方法深入挖掘学生数学问题解决过程中的直观错误类型。

(一) 构建八年级学生数学直观素养的测评框架

本书在文献梳理和参考国际测评经验的基础上对学生数学直观素养这项核心能力实施测评,并结合多次专家评定和讨论最终构建了测评框架,也通过一系列严谨、规范的测试流程研发出适合检测我国中学八年级学生数学直观素养的测评工具。总体上,本书测评框架适合于区域大规模数学教育测评,测试工具也符合义务教育阶段数学课标的内容要求,但框架本身并不完全依从课标,特别是能从依托形式和问题情境等视角去综合考察学生在不同维度下运用数学直观能力解决问题的表现。

(二) 分析八年级学生数学直观素养表现的主要特征

数学直观素养作为数学学科核心能力的必要成分,其重要价值在整个中学数学教育过程都有所体现,当前不少研究也针对学生的直观素养展开调查,但多数是集中于数学直观领域的表现研究,更多是侧重于直观能力与其他核心能力之间的联系和融合,而很少触及数学直观内部结构的分析。对此,本书为了更加细致地刻画学生数学直观素养的表现,重点搭建了相对稳定的测评框架,从依托形式、情境和认知水平这三个方面去全面分析学生的数学直观素养表现,并且结合了多个背景变量来多方考察不同群体和不同地域的八年级学生数学直观素养的差异表现。此外,书中还着重分析了大规模数学直观素养测试中学生典型错误,以便更加客观地掌握八年级学生数学直观素养表现的主要特征。

(三)考察不同层面数学直观素养影响因素的预测作用

长期以来,我国义务教育阶段缺乏系统的、基于课程标准的数学核心能力测评,一些调查更多是关注某些领域数学能力的表现和解题策略的运用,很少会考虑相关影响因素的作用;还有些研究虽然关注到了影响因素,但只是通过多元线性回归分析的方法来探讨影响学生能力表现的个体与学校层面因素,从而导致估计结果的偏误。对此,本书为了解决嵌套数据的分层影响,采用多层线性模型,将低层回归方程的截距与斜率设定为高层变量的函数,从而将两层数据链接起来,即以学生层变量和学校层变量来综合考察不同影响因素对学生数学直观素养的预测作用,希望更加准确地解释学生数学直观素养表现的校间差异。

(四)挖掘不同群体中学生数学直观错误的类型差异

变量为中心的方法与被试(个体)为中心的方法一直是当前心理学、教育学、管理学等社科研究领域量化方法的两种主流取向。两者各有特点,并相互补充,为我们更加全面和客观地认识研究对象提供了不同的视角。在中学生数学直观错误类型的划分上,通常会依赖学生的得分表现(如计分编码类型)来进行判断,这种从变量水平上对样本总体进行分析的方法虽然在一定程度上反映了共性问题,但不能充分考虑样本间的个体差异。因为即使是同一组学生群体,其内部仍然存在很大的异质性。为此,本书为了弥补变量为中心方法的不足,使用潜在类别分析方法,重点探讨中学生直观错误类型和其对数学学业表现的影响以及自身相关影响因素,先考虑中学生群体可能存在的异质性,将他们分成若干子群体后再探讨其共性,从而减少误差、提高精确性,最终获取适合本次调查样本的中学生数学直观错误的类型。

第二节　中学生数学直观素养测评启示与展望

本书旨在探讨国际比较视野下中学生数学直观素养测评研究的重要性,并分析其测试表现、影响作用和教学策略。围绕国际比较视野下中学生数学直观素养测评研究,根据国内外数学直观素养研究文献,先后确定数学直观素养内涵和测评要素以及直观素养测评框架和测评工具,进而探究中学生数学直观素养总体表现和分维度特征、影响因素的干预作用以及直观错误类型。根据上述研究结论,尝试提出如下研究启示与展望。

一、研究启示

(一) 重视数学教育测评工具的质量构建

数学教育测评一般都涉及两个关键问题,即"评什么"和"怎么评"。而"如何评价"直接指向的是测评工具的研发,测评工具的科学性、可信性、有效性直接决定了收集到的数据能否反映测评对象的真实水平。因此,整个测评工具的质量构建是教育测评过程的重中之重。和国际上主流的教育评价项目一样,本书主要也是采用学业成就和能力测验以及问卷等工具,并辅之以必要的访谈。作为大规模教育调查,研究依托了一支专业化的教育测评研发队伍。在框架搭建初期,大量阅读国内外数学直观研究的经典文献,并结合国内外大规模数学测评经验构建理想模型,然后对理想模型先后进行了三次不同的专家咨询评定,再根据意见逐次修改以达到操作层面。接下来,严格按照测评框架从多个评价维度命制数学直观素养的测试题以及根据文献梳理出的结果(自编和改编)开发直观素养的影响因素问卷。具体来说,同时对试题和问卷(教师问卷和学生问卷)进行两轮预测试和学生小样本访谈,然后根据数据分析结果和专家咨询意见修改测试工具。特别地,还在正测前根据专家对试题的评分者一致性进行重新组卷以及对第二轮修改问卷的内容效度进行评分。以上的这些评价措施,最终保证了整个测评工具的质量。

(二) 关注特殊群体数学直观素养的表现差异和情感需求

当前在城市化进程中形成了两类特殊群体,即留守生和非留守生,他们各自的数学学业表现亦时常受到全社会的关注。非留守学生在数学学业表现上常常占有明显优势,而留守生表现整体薄弱。已有研究表明,与非留守学生相比,留守学生存在高比例的抑郁和焦虑等心理症状,且心理成长状况较差[①]。还有一些研究发现,与非留守儿童相比,留守儿童学习习惯较差,学习兴趣不高,学业心

---

① 崔丽娟.留守儿童心理发展及其影响因素研究[J].上海教育科研,2009(4):36-38.

理状况较差①②。此次调查结果也显示,数学直观素养作为一种影响整体数学学业成就的重要核心能力,其表现水平和影响因素都存在着明显的群体差异。具体来说,留守学生的整体表现要明显弱于非留守学生,而城市和县镇学校的留守学生数学焦虑感要高于非留守学生,这也进一步佐证了以上的一些结论。此外,从地域来看,城市和县镇的留守学生的数学直观素养表现都弱于非留守学生,而农村留守学生数学直观素养表现要略高于非留守学生。这也表明,某些研究和媒体的报道一定程度上夸大了留守的消极作用。但不可忽视的是,留守儿童由于父母长期不在身边,确实很容易产生孤独感和学业焦虑③。因此,教育教学中应更加关注留守学生群体的数学直观表现和情感需求,生活老师和班主任需要经常与他们沟通交流,帮助其缓解数学焦虑,以增强学习动机和问题解决的毅力。对留守学生群体而言,教学还应注重因材施教,积极开展区别性的教学训练,如可以采取不同引导方式教授可视化表征策略,以兼顾男女生各自倾向的学习风格。另外,特别是对于农村留守学生,学校和社会更应公平对待,避免因个体标签化而加剧留守的负面影响。

(三) 促进学校数学直观素养的均衡发展,缩小校间差距

根据一些国际测评项目如 PISA 等项目的校间差异分析显示,OECD 的校间学业差异平均水平为 37%。而像芬兰、挪威、冰岛、瑞典等国家学生的学业发展则比较均衡,校间学业差异平均水平在 10% 以下④。本研究数据分析指出,造成所测地区八年级学生数学直观素养表现差异的原因有 23.6% 来自学校间的差异,说明未来学校间数学直观素养的均衡仍有较大的改善空间。结合当前的调查结果,未来校间差距的缩小可从以下方面进行努力:如加大对农村学校和留守学校的公共教育资源的配置,包括优质师资的引入和办学水平的提升;重点关注农村留守生等弱势群体的数学直观学习方法,善于利用直观教学引导来及时纠正他们的认知偏见。此外,各类学校还应重视内部环境的建设,积极改善人际氛围和学习氛围,增强学生对学校的适应性。

(四) 充分挖掘直观素养影响因素的潜在价值

总体来说,学校间数学直观素养表现差异影响因素众多且较为复杂,而分层

① 马艳琳,阳德华.对初中"留守儿童"学习习惯现状的调查研究[J].当代文化与教育研究,2007(3):83-85.
② 周宗奎,等.农村留守儿童心理发展与教育问题[J].华中师范大学学报(社会科学版),2005(3):73-79.
③ 申继亮,胡心怡,刘霞等.留守儿童歧视知觉特点及与主观幸福感的关系[J].河南大学学报(社会科学版),2009(6):117-212.
④ 占盛丽.从个人和学校视角看家庭社会经济地位对学生学业成绩的影响:国际学生评估项目(PISA)的启示[J].上海教育科研,2009(12):10-12.

线性模型的结果表明,以性别、留守、直观经验与信念、可视化表征方式、问题解决毅力及数学焦虑为代表的学生层变量,和以地域、教师直观教学方式为代表的学校层变量共同作用,造成了数学直观素养表现的差异。在学生层面,学生个体学习心理变量(直观经验与信念、问题解决毅力和数学焦虑)比直观性知识的获取方式(可视化表征方式)对学生的数学直观素养表现的预测作用更大。而在学校层面,教师的直观教学方式对学校数学直观素养的平均表现影响也很大。也就是说,相较于知识的获取来说,学习的内在驱动力对直观素养表现的积极影响更为显著,如拥有稳定的直观经验与信念、坚韧持久的毅力以及相对微弱的数学焦虑。此外,教师的直观教学引导的重要作用也是不可或缺的因素。因此,要充分挖掘直观素养影响因素的潜在价值。对于初中数学而言,提高学生的数学直观素养表现水平和质量,首要的是增进他们的问题解决毅力和直观经验与信念,教师还应鼓励学生多使用可视化表征方式并积极帮助他们缓解数学焦虑。而学校层面则需要让教师对直观教学的促进作用更加重视。相信在学生方面和学校层面的共同努力下,最终会促进学生数学直观素养的健康发展和长远进步。

(五)加强直观教学引导,帮助学生克服各种直观错误

无论是几何直观还是空间想象相关的特别实践,它们在很大程度上都由个体经验所塑造,而直观的经验起源和作用也解释了学生长期存在的直观偏见。直观偏见一旦形成就异常顽固,只有在教学中不断地引发学生认知冲突才能逐步更正错误观念,增强正确观念。结合本书中的直观错误类型的分析,在未来的数学教学中可以通过以下方式予以引导:帮助学生尽快熟悉非图形直观领域的数学问题情境,例如引导学生在熟悉情境中把握数的相对大小关系、感受数的意义,初步建立起数感和估算能力;鼓励学生利用生活和常识经验中的具体背景,并充分发挥思维直观的层次性;增强学生数学归纳和探索的积极性,使之成为一种稳定的心理习惯;此外,在学生相对熟悉的图形直观领域也要因人而异,如多鼓励男生使用可视化表征方式,让他们在图形或图表的视觉感知下自然地进行逻辑和理性思考,以加深他们对几何和空间的理解;对于非城市学生,更应帮助他们及时纠正直观偏见,同时适度调节自身的数学焦虑感。

二、研究不足与展望

(一)重视现代信息技术的测评应用

本书开展的大规模数学直观素养测试可以用数学学科素养表现评价提供一

种较为实际的行动方案,但总体来说,数学学科素养较为内蕴,实际中仅通过纸笔测试题和问卷调查来获取其真实结果还不够完整。事实上,当前 PISA 采用的"人机交互"测评方式,已为核心素养这类高阶技能的测量提供了新的评价策略。因此,今后在直观素养等数学核心能力的评价中可以加强现代信息技术的测评应用,如使用新一代生成式人工智能技术辅助教育测评的各个环节,以增加学生在数学问题解决过程中表现的真实性,进而实现对数学素养的全方位测量。

(二) 重点关注调查样本的代表性

整体上,在教育研究领域,本书中的被试样本容量已属于大规模数据的调查范畴。而不容忽视的是,尽管被试来源于我国中部地区两万六千多名学生和两百九十多名教师,但数据的选择并非覆盖全国范围内学生的随机取样,仅是中部地区的两个城市样本。由于缺少东西部地区学生的参与,测试的最终结论的推广还存在一定区域局限性。另一方面,八年级虽然是初中承上启下的关键阶段,但是中学各年级学生数学直观素养表现可能会存在差异。鉴于本书的主要目的是侧重于测评框架和工具的开发,故无法兼顾取样问题,后续的研究可以把重点放在样本的代表性上,如增加各年级学生被试以及扩充东西部地区学校样本。

(三) 相应实施测试结果的追踪式调查

本书通过标准测试和问卷调查等手段获得了学生的数学直观素养的表现以及影响因素的作用机制,尽管从问卷调查上得到了一些佐证和补充,但这些结论往往过于表象,难以发现直观错误以及影响因素表现的内部原因。故此,未来的深入研究可以跟踪调查那些曾经参与测试的被试群体,如设计以探索直观错误原因的访谈提纲以及开发评价影响因素作用的量纲,从深层次角度挖掘学生数学直观学习和教师直观教学的误区,最终为数学课程教学改革提供更加有指导性的建议。

(四) 注重开展教师问卷的深层访谈

任何一项测评研究都力求尽善尽美,但出于实践条件的限制或多或少会存在一些不足之处。本书中的问卷设计流程也尽力从科学、规范等角度去保障测试工具的质量,如严格按照教育测量学的标准检查试题和问卷的信效度以及合理性。在学生问卷开发方面,测试过程组织了学生参与式访谈,更加详细地了解了被试对直观影响因素的真实看法。而遗憾的是,教师问卷虽然也历经三次测试(小样本预测试、大样本预测试和正测)的调整,但终究没有进行教师访谈。虽然从多次测试的结果数据来看,教师问卷的信效度(包括内容效度)指标满足了测量学的基本要求,但不可忽视的是,如果问卷题目本身的表述不适合教师群体的思维特征,那么作答的结果就有可能"掩盖"部分调查真相,所以后续的研究还会对教师群体就教师问卷内容进行访谈,以求进一步完善教师问卷。

(五)补充完善测评框架的专家咨询

数学核心能力或素养评价的关键在于开发一套适合我国数学课程标准的显性的、可测的测评框架,而测评框架的构建始终离不开细致规范的设计和多学科领域专家的咨询。尽管本书构建的框架也历经了三轮专家评定,最终从依托形式、情境和认知水平等三个维度搭建了八年级学生数学直观素养的测评框架。但不可忽视的是,具有不同知识经验背景的专家评定群体往往会对各评价维度要素的理解有偏差,而对这些核心要素的内涵和范围的细致界定也会影响测评框架的构建。实际上,此框架的主要咨询对象都是来自数学教育、心理学等相关领域的专家学者,而缺乏一线数学教育工作者的参与。因此,后续研究会就测评框架深入访谈一线教师和教研员关于对学生数学直观素养评价要素的行为表现特征的理解,以进一步完善当前的测评框架。

三、研究建议

首先,可以考虑建立国际学业标准,如建立国际标准的数学直观素养评估体系,通过统一的测评要求和标准,实现国际比较,促进数学教育信息交流和合作。其次,创新教育教学模式,通过借鉴其他国家和地区成功的教学模式,改善本国的数学教学方式。引进多元化的教学方法,培养学生直观理解数学概念的能力。再次,加强数学教育师资培训,提高教师的教学能力,加强师资培训,使教师能够更好地教授数学直观素养相关知识和技能。最后,引入实践环节,结合实际问题(如糖水加糖变甜等生活实例),培养学生解决实际问题的能力。通过实践操练,让学生能够更深刻地理解数学概念和掌握解决问题的方法。

附　录

附录一　第一轮预测试学生访谈提纲

　　本次访谈意在了解测试题目在难度、情境设置、表述等方面的情况,主要根据学生解答题目过程中的表现及其描述进行判断。访谈中每组访谈者负责六名学生,对应一套试卷,在学生做题同时进行访谈(3人从前往后做,另3人从后往前做,保证所有题目都被问到),访谈始终保证录音,访谈负责人需要在访谈过程中记录相关重要信息,记录在访谈表中。除了试卷之外,还有访谈问卷,可以根据学生的作答情况,让作答的同学读问卷,找到困惑的地方以便及时记录。

　　在访谈过程中,访谈者主要注意搜集以下信息:

　　① 题目表述是否清楚、流畅;

　　② 在一些设置背景的题目中是否存在难以理解的概念或情境;

　　③ 有图象的题目中图是否清晰,如不清晰的话,哪里不清晰;

　　④ 题目难度如何,学生阅读过题目后是否有解题思路,能否辨认出考察的知识点以及主要利用什么知识去解决问题;

　　⑤ 在选择题中,记录学生算出正确答案的方法(如是否采用排除法等);

　　⑥ 一定要注意全程录音,详尽记录学生的反馈信息。

　　每组试卷和问卷的负责人在访谈结束之后提交访谈记录表和录音文件。

附表 1-1　访谈分配情况

题　　本	负责人	具体访谈对象分配
A 卷＋学生问卷	何＊＊	第一组(6 人)
B 卷＋学生问卷	徐＊＊	第二组(6 人)
C 卷＋学生问卷	曹＊	第三组(6 人)

（续表）

题　本	负责人	具体访谈对象分配
D卷＋学生问卷	张＊	第四组（6人）
E卷＋学生问卷	路＊	第五组（6人）
F卷＋学生问卷	何＊	第六组（6人）

附录二　中学生数学直观素养试题的测试维度评定工作说明

本研究为测试中学生数学直观素养表现情况，现需要对测试题进行维度标定，请根据您对测评框架的理解，结合自身的科研、教学经验判断测试题在各个维度上的具体类型。

试题标定说明：

① 每一道试题首先判断是否是数学直观素养测试题，然后再判定在各个维度上所属类型；

② 数学问题解决往往是基于多个基本直观能力同时作用的结果，例如图形直观和数感等，在标定题目时我们认为以该题所考察的最主要的直观能力为基准；

③ 完成下列《中学生数学直观素养测试工具维度标定表》。如果该题不适合测试学生的数学直观素养，可以用黄色填充标示。

附表 2-1　中学生数学直观素养测试工具维度标定表

题号	依托形式		情　境			认知水平		
	图形直观形式	非图形直观形式	数学情境	科学情境	生活情境	水平1	水平2	水平3
1	√			√			√	
2								
3		√			√			√
4	√			√		√		

测评框架说明如下。

数学直观素养：本研究界定的数学直观素养较为宽泛，主要是基于 PISA 等代表性国际测评项目中数学能力的概念框架，对已有数学直观研究文献进行梳理，从可操作性层面出发，把数学直观素养定义为个人在不同数学问题情境下依托各类直观形式直接感知数学对象本质的能力，这里数学直观形式主要包括非图形直观形式和图形直观形式。并且，当前的测评主要通过依托形式、情境和认知水平等三个维度来具体刻画学生数学直观素养表现。

依托形式：与其他素养或核心能力不同，数学直观的形成过程不仅包含图形表征还依靠思维的层次性。此外，已有文献指出直观背景不仅是实物、图表、图象，还可以是与现实世界密切相关的现实背景和思维模式。特别是在初中阶段，数学直观主要依托利用图形图象以及数感、原始思维等思维的层次性等展开分析，以成功实现特定内容领域的问题解决。因此，本研究可将数学直观的依托形式主要分为非图形直观形式和图形直观形式两种。其中，非图形直观形式是指借助于相对具体、易被普遍接受的思维背景来进行直接感知与认识数学对象的直观形式，而图形直观形式是借助于见到的或者想到的几何图形形象来直接感知与认识数学对象的直观形式。

直观情境：数学问题背景是近些年在数学教育研究中比较关注的话题，而当前数学素养评价对学生解决实际问题提出了新的要求，特别是随着国际大型测试的传入，情境视角逐渐受到重视，一些更具有现实背景、更加真实的测试题目也引起了大家的关注。关于问题情境方面，主要参考了 PISA 的测评框架，它是问题所处的个体在现实世界的一部分，主要强调两点：一是情境与个体利益相关；二是情境与问题紧密相连。并且，从与学生距离最近的生活情境到最远的数学情境的认知，学生的熟悉程度逐渐降低，但认知与理解的要求在逐步加深。

认知水平：数学直观和想象力一样不是瞬间就能获得，而是随时根据背景知识和专业特长进行认知调节，因此直观的认知过程存在思维水平问题。事实上，数学直观并非没有逻辑，它的本质在于发现，而非全演绎式结构。波利亚也指出数学的这两个侧面，即具有双重逻辑结构。直观的认知发展过程同时也是逻辑思维逐渐严密化的过程，普雷梅格就曾指出数学直观化过程交织着逻辑理性。本研究在结合数学直观问题解决过程、范希尔几何思维模型以及霍弗尔直观化理论的基础上，最终形成三级直观认知水平，分别为水平 1（理解水平）、水平 2(迁移水平)和水平 3(探索水平),三个水平依次递进。其中,水平 1 主要是指能够直接感知视觉图象、模式或数字符号,如识别物体或图形中几何特征等;水平 2 是指能够通过辨别、理解和分析具体直观形式来解决问题,如利用函数图象分析运动轨迹、利用具体生活背景展开复杂思维的层次分析;水平 3 则是指能够通过归纳、猜想等非形式化逻辑方式发现解决问题的思路,如使用归纳、类比等方式探索图形、数字或数量关系规律。

附录三 中学生数学直观素养测试题(部分)

1. 一艘轮船在同一航线上往返于甲、乙两地。已知轮船在静水中的速度为 18 km/h,水流速度为 8 km/h,轮船先从甲地顺水航行到乙地,在乙地停留一段时间后,又从乙地逆水航行返回到甲地。设轮船从甲地出发后所用时间为 t(h),航行的路程为 s(km),则 s 与 t 的函数图象大致是(   )。

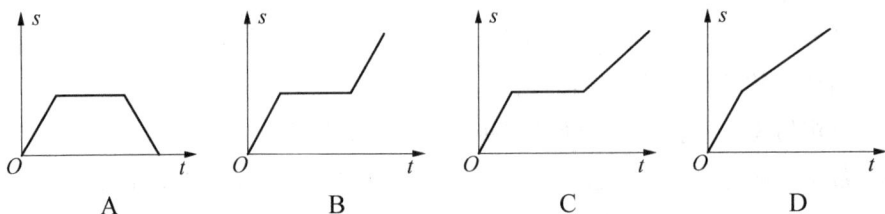

A   B   C   D

2. 已知一列数前 5 个数依次为:$1,\dfrac{3}{4},\dfrac{5}{9},\dfrac{7}{16},\dfrac{9}{25},\cdots$,如果按照这个规律进行下去,则第 n 个数可以表示为(   )。

A. $\dfrac{2n-1}{n^2}$ B. $\dfrac{2n-1}{3n-2}$ C. $\dfrac{2n+1}{n^2}$ D. $\dfrac{2n+1}{3n-2}$

3. 一杯糖水重 b g,其中含糖 a g。几分钟后往糖水中加入 m g 糖,经搅拌后完全溶解。那么下面哪个选项能正确表示加糖前后糖水浓度的大小关系?(   )

A. $\dfrac{a+m}{b+m}>\dfrac{a}{b}$ B. $\dfrac{a+m}{b+m}<\dfrac{a}{b}$ C. $\dfrac{b+m}{a+m}>\dfrac{b}{a}$ D. $\dfrac{b+m}{a+m}<\dfrac{b}{a}$

4. 画糖人转盘分成 12 等份,顾客转动转盘,指针停在哪个图案上,师傅就画哪个图案,若停在分界线上则重新转动。小欣从附图 3-1 所示的位置按顺时针方向转动转盘,若想得到一只狗,转动的角度可以是(   )。

附图 3-1　题 4 示意图

A. 20°　　　　　　B. 40°　　　　　　C. 60°　　　　　　D. 80°

5. 如附图 3-2，从 A 大学出发，先向正南行驶 1 km，再向正东行驶 5.5 km，最后再向正南行驶 3.5 km，可以到达 B 大学。请你估算，A 大学到 B 大学的直线距离约为(　　)。

附图 3-2　题 5 示意图

A. 6 km　　　　　B. 7 km　　　　　C. 9 km　　　　　D. 10 km

6. 如附图 3-3,长方形 $ABCD$ 的边 AD 长为 2,AB 长为 1,如附图 3-3 所示,点 A 在数轴上的 -1 处,以 A 点为圆心,AC 长为半径画弧,交数轴于点 E。则点 E 表示的实数是( )。

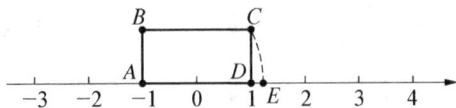

附图 3-3　题 6 示意图

A. $\sqrt{3}-1$　　　　B. $\sqrt{5}-2$　　　　C. $\sqrt{5}-1$　　　　D. $\sqrt{5}$

7. 如附图 3-4,A 型纸片为边长为 a 的正方形,B 型纸片为长为 b、宽为 a 的矩形,C 型纸片为边长为 b 的正方形($a\neq b$)。

(1)小何拿了 1 张 A 型纸片,1 张 C 型纸片,2 张 B 型纸片,并将这 4 张纸片没有重叠地拼成了一个正方形,示意图如下,请根据该示意图写出一个等式 _____。

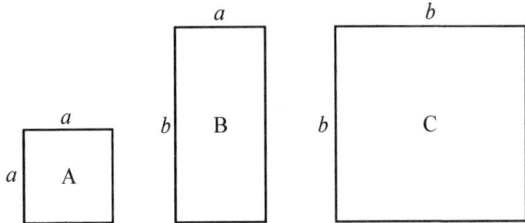

附图 3-4　题 7 示意图(a)　　　附图 3-5　题 7 示意图(b)

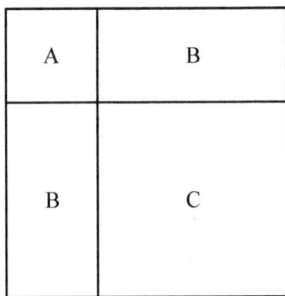

(2)小曹拿了 1 张 A 型纸片,4 张 C 型纸片,若干张 B 型纸片。若他将这些纸片没有重叠地拼成了一个正方形,请问小曹需要几张 B 型纸片? 请你结合画图进行说明。

(3)小曹拿了 1 张 A 型纸片,3 张 C 型纸片,若干张 B 型纸片。若他将这些纸片没有重叠地拼成了一个矩形,请问小曹需要几张 B 型纸片? 请你结合画图进行说明。

8. 阅读下面的材料:

(1)聪聪在数学课外小组活动中遇到这样一个问题:

如附图 3-6,在网格中,点 A、B、C、D、E、F 均为格点,求 $\angle A + \angle E$ 的度数。

聪聪是这样解决问题的:如附图 3-7,在网格中调整 $\triangle DEF$ 的位置,使得点 E 与点 A 重合,再连接 BD。请你写出 $\angle A + \angle E$ 的值,并证明。

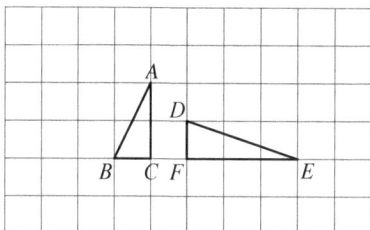

附图 3-6　题 8 示意图(a)

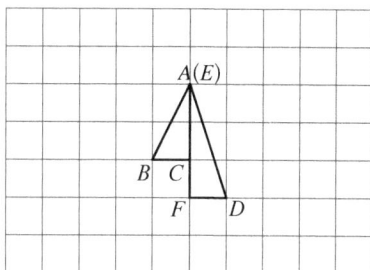

附图 3-7　题 8 示意图(b)

(2)请参考聪聪思考问题的方法解决问题:

如附图 3-8,在网格中,点 A、B、C、D、E、F 均为格点,求 $\angle A - \angle F$ 的度数。请你在附图 3-9 中通过作图,解决该问题。

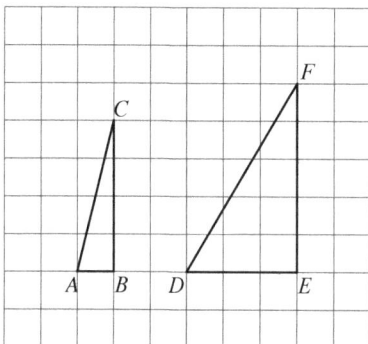

附图 3-8　题 8 示意图(c)

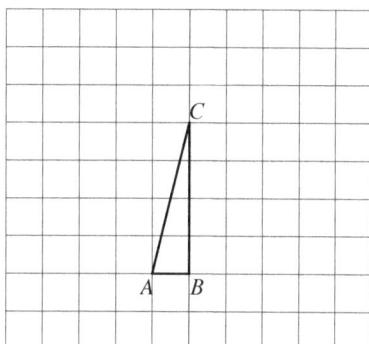

附图 3-9　题 8 示意图(d)

附录四　中学生数学直观素养影响因素的学生问卷

一、背景信息

请在符合的情况后面画"✓"

1. 学号:

2. 性别：　　　□男　　　　　□女

3. 学制类型：① 小学，② 初级中学，③ 完全中学，④ 九年一贯制学校，⑤ 十二年一贯制学校，⑥ 其他

4. 学校所处地域：① 城市，② 县镇，③ 农村

5. 寄宿生：① 是，② 否

6. 独生子女：① 是，② 否

7. 学校性质：① 公办，② 民办

8. 是否单亲：① 是，② 否

二、问题

你对以下问题的看法如何？

直观经验与信念	非常不同意	不同意	不确定	同意	非常同意
1. 负数乘以负数一定是正数	(1)	(2)	(3)	(4)	(5)
2. 两点确定一条直线	(1)	(2)	(3)	(4)	(5)
3. 如果 A=B, B=C,则 A=C	(1)	(2)	(3)	(4)	(5)
4. 糖水加糖后一定变甜	(1)	(2)	(3)	(4)	(5)

在你的数学课中,这些事情有发生的频率？

可视化表征方式	从不	很少	有时	经常	频繁
5. 当遇到形如 $\mid x-4 \mid > 5$ 等不等式问题时,我会尝试通过数轴来探究其几何意义	(1)	(2)	(3)	(4)	(5)
6. 当遇到形如 $(2a+b)(a+b)$ 等多项式乘积问题时,我会尝试构造几何图形的面积来解决问题	(1)	(2)	(3)	(4)	(5)
7. 当遇到求解一次函数表达式等类似问题时,我会尝试通过绘制图象来分析问题	(1)	(2)	(3)	(4)	(5)
8. 当遇到诸如图形的折叠与展开等问题时,我会尝试通过图形的几何性质来解决问题	(1)	(2)	(3)	(4)	(5)

你对以下问题的看法如何?

问题解决毅力	非常 不同意	不同意	不确定	同意	非常 同意
9. 当遇到数学问题时,我会很容易放弃	(1)	(2)	(3)	(4)	(5)
10. 我会尽量回避数学难题	(1)	(2)	(3)	(4)	(5)
11. 我会坚持完成数学问题,直到完美为止	(1)	(2)	(3)	(4)	(5)
12. 遇到数学问题时,我完成的会比我预期得 要多	(1)	(2)	(3)	(4)	(5)

你对以下问题的看法如何?

数　学　焦　虑	非常 不同意	不同意	不确定	同意	非常 同意
13. 我常担心数学课会很难	(1)	(2)	(3)	(4)	(5)
14. 当我要做数学任务时,我会很紧张	(1)	(2)	(3)	(4)	(5)
15. 解数学问题时,我会很紧张	(1)	(2)	(3)	(4)	(5)
16. 解数学问题时,我觉得很无助	(1)	(2)	(3)	(4)	(5)

附录五　中学数学教师问卷(部分)

本问卷拟收集数学教师对数学教学的认识,旨在改进中学数学教学。非常感谢您的参与!

一、背景信息

请在符合的情况画"√"

1. 性别:　□男　　　　□女

2. 教龄:　□小于 5 年　　□5 年~15 年　　　□15 年以上

3. 最高学历：□专科　□本科　□硕士　□博士　□其他

4. 每周课时：□少于 5 节　□6～15 节　□16～25 节　□26 节以上

5. 本学期,您教几个班的数学课?

① 1 个　② 2 个　③ 3 个　④ 4 个　⑤ 5 个

⑥ 6 个　⑦ 7 个　⑧ 8 个　⑨ 9 个　⑩ 10 个及以上

6. 您是：□专职数学教师　　□本校兼职数学教师

二、基本问题

在你的数学课中,这些事情经常发生吗?

直观教学方式	从不	很少	有时	经常	频繁
1. 当遇到形如 $\mid x-4\mid >5$ 等不等式问题时,我会引导学生通过数轴来探究几何意义	(1)	(2)	(3)	(4)	(5)
2. 当遇到形如 $(2a+b)(a+b)$ 等多项式乘积问题时,我会引导学生尝试构造几何图形的面积来解决问题	(1)	(2)	(3)	(4)	(5)
3. 当遇到求解一次函数表达式等类似问题时,我会提示学生通过绘制图象来分析问题	(1)	(2)	(3)	(4)	(5)
4. 当遇到诸如图形的折叠与展开等问题时,我会提醒学生通过图形的几何性质来解决问题	(1)	(2)	(3)	(4)	(5)
5. 当遇到诸如糖水加糖变甜等问题时,我会引导学生结合生活经验来探索不等式的性质	(1)	(2)	(3)	(4)	(5)
6. 当遇到诸如概率基本性质等问题时,我会在教学中使用掷硬币等实例加深学生对其理解	(1)	(2)	(3)	(4)	(5)
7. 当遇到诸如探索平方差公式等问题时,我会引导学生尝试写出几组结果来逐步归纳出规律	(1)	(2)	(3)	(4)	(5)

谢谢你的参与!

附录六　测评框架评定专家名单

附表 6‑1　第一轮评定专家名单

学　校	姓　名	专业职务	研究方向
北京师范大学	张＊＊	教　授	数学教育心理学
北京师范大学	綦＊＊	教　授	数学教育测评
北京师范大学	余＊＊	博士生	数学教育
北京师范大学	曹＊＊	博士生	数学教育

附表 6‑2　第二轮评定专家名单

学　校	姓　名	专业职务	研究方向
香港大学	梁＊＊	教　授	数学教育测评
华东师范大学	朱＊＊	副教授	数学教育国际比较
首都师范大学	刘＊＊	教　授	数学教育
北京师范大学	张＊＊	教　授	数学教育心理学
东华大学	徐＊＊	教　授	数学史与数学教育

附表 6‑3　第三轮评定专家名单

学　校	姓　名	专业职务	研究方向
首都师范大学	王＊＊	副教授	数学教育测评
北京教育学院	白＊＊	副教授	数学教育
吉林师范大学	郝＊＊	讲　师	数学教育测评
北京师范大学	綦＊＊	教　授	数学教育测评

附录七　问卷内容效度评定专家名单

附表 7-1　问卷内容效度评定专家名单

序　号	单　位	姓　名	身　份
1	北京师范大学	张＊＊	数学教育博士
2	北京师范大学	曹＊＊	数学教育博士
3	北京师范大学	何＊＊	数学教育博士
4	北京师范大学	余＊＊	数学教育博士
5	北京师范大学	吴＊＊	数学教育博士
6	北京教育学院	白＊＊	数学教育博士

附录八　试题测试维度标定人员名单

附表 8-1　试题测试维度标定人员名单

序　号	单　位	姓　名
1	北京师范大学	张＊
2	北京师范大学	张＊＊
3	北京师范大学	曹＊＊
4	北京师范大学	刘＊＊
5	北京师范大学	何＊＊

参考文献

中文文献

［1］白金.数学直觉与合情推理对教学的意义及作用［J］.林区教学,2010(6)：37-38.

［2］鲍建生.数学学习的心理基础与过程［M］.上海：上海教育出版社,2008.

［3］边玉芳,梁丽婵.基础教育质量监测的工具研发［M］.北京：北京师范大学出版社,2015.

［4］波利亚.数学与猜想(第一、二卷)［M］.李心灿,译.北京：科学出版社,1984.

［5］波利亚.怎样解题［M］.徐泓,冯承天,译.上海：上海科技教育出版社,2002.

［6］曹一鸣,刘晓婷,郭衎.数学学科能力及其表现研究［J］.教育学报,2016,12(4)：73-78.

［7］陈慧,袁珠.PISA：一个国际性的学生评价项目［J］.外国中小学教育,2008(8)：53-58.

［8］陈瑾.区域调研考试的导向简析［J］.四川教育,2011(10)：42-43.

［9］程跟锁,李耀青,安雪慧.地方经济发展水平与学生学业发展关系研究［J］.上海教育科研,2009(2)：7-9.

［10］崔丽娟.留守儿童心理发展及其影响因素研究［J］.上海教育科研,2009(4)：36-38.

［11］崔峦.基础教育课程改革的背景及其主要精神［J］.小学青年教师,2002,(6)：4-6.

［12］杜佩璟.中学生几何直观能力研究［D］.沈阳：辽宁师范大学,2009.

［13］杜宵丰,恣孟蔚,黄迪.八年级学生数学能力测评及教学建议：基于八万名学生几何典型错例分析［J］.教育测量与评价(理论版),2014(12)：35-39.

［14］杜宵丰,周达.我国八年级学生几何直观能力水平及发展建议［J］.教育测量与评价,2018(2)：40-45.

［15］弗赖登塔尔.数学教育再探：在中国的讲学［M］.刘意竹,杨刚,等译.上海：上海教育出版社,1999.

［16］福勒.调查问卷的设计与评估［M］.蒋逸民,译.重庆：重庆大学出版社,2010.

［17］傅嬴芳.数学直观的认知分析及对教学的启示［D］.南京：南京师范大学,2009.

［18］傅勇.初中数学试卷的命制技巧与方法［J］.考试周刊,2013(8)：4-4.

［19］顾泠沅.45年：一项数学教改实验［J］.华东师范大学学报(教育科学版),2022,40(4)：103-116.

［20］顾秀松,薛敏.PISA研究概述及其启示［J］.科技信息,2011(8)：102.

［21］郭思乐.数学教学中的直观［J］.课程·教材·教法,1986(5)：40-42.

［22］韩璐.八年级学生数学推理技能现状的测试研究［D］.北京：北京师范大学,2017.

［23］郝连明,恣孟蔚,黄迪.八年级学生图形与几何学习情况的区域质量监测［J］.教育测量与评价(理论版),2015(7)：30-34.

［24］何声清,綦春霞.数学学优生和后进生学习表现及其影响因素的差异研究：基于我国6

221

个地区的大规模测试[J].教育科学研究,2018(3):54-60.

[25] 何声清,綦春霞.我国八年级学生几何推理能力实证研究:基于 Z 市的大规模测试[J].宁波大学学报(教育科学版),2017,39(6):118-123.

[26] 侯杰泰,温忠麟,成子娟.结构方程模型及其应用[M].北京:经济科学出版社,2004.

[27] 侯燕燕,李勉,张丹慧.区域教育质量影响因素监测工具的研发[J].中国考试,2018(6):6.

[28] 胡典顺.数学素养研究综述[J].课程·教材·教法,2010,30(12):50-54.

[29] 胡显勇.GT 在作文评分误差控制中的初步应用[J].心理科学,1994(2):82-88.

[30] 黄邦杰.《全日制普通高级中学数学教学大纲(试验修订版)》特点分析及思考[J].课程教材教学研究(中教研究),2001(8):11-15.

[31] 黄华.从 PISA 数学素养测试对国内数学教学的启示:PISA 数学素养测试与上海市初中毕业统一学业考试数学测试之比较[J].上海教育科研,2010(5):8-11.

[32] 康叶钦,李曼丽,李越.基础教育阶段学生学业成就评价体系的国际比较[J].外国中小学教育,2013(5):7.

[33] 克莱因.古今数学思想 4[M].邓东皋,译.上海:上海科学技术出版社,1979.

[34] 克鲁捷茨基.中小学生数学能力[M].李伯黍,等译.上海教育出版社,1983.

[35] 孔企平.西方数学教育中"numeracy"理论初探[J].全球教育展望,2001(4):6,56-59.

[36] 雷新勇,周群.试题命制的理论和技术(一)[J].考试研究,2008(1):85-96.

[37] 雷新勇,周群.试题命制的理论和技术(二)[J].考试研究,2008(2):91-105.

[38] 李久亮.Rasch 模型在中国应用研究回顾[J].广东外语外贸大学学报,2016,27(2):73-78.

[39] 李勉,张岳,张平平.国际基础教育质量监测评价结果应用的经验与启示[J].外国中小学教育,2017(5):1-7.

[40] 李娜,赵京波,曹一鸣.基于 PISA2021 数学素养的数学推理与问题解决[J].课程·教材·教法,2020,40(04):131-137.

[41] 李伟明,严芳.概化理论中的模型选择、数据解释和指标比较:评刘远我等的两篇论文[J].心理学报,2001,33(5):84-87.

[42] 李筱菊,桂诗春,李崴.MET 试题的设计与中学英语教学(上)[J].中小学英语教学与研究,1990(1):56-60.

[43] 林崇德.智力发展与数学学习[M].北京:中国轻工业出版社,2011.

[44] 吝孟蔚,綦春霞.我国八年级学生几何思维水平实证研究[J].教育测量与评价,2018(2):46-51.

[45] 刘丹,杨玉东,贺真真.教学目标测量的分类学基础:青浦实验的新世纪行动之五[J].上海教育科研,2007(11):39-42.

[46] 刘坚,张丹,綦春霞,等.大陆地区义务教育数学学业状况及影响因素研究[J].全球教育展望,2014,43(12):44-57.

[47] 刘磊明.国际大规模教育评价的逻辑反思[J].教育研究,2020,41(01):75-85.

[48] 刘鹏飞.义务教育数学课程学段划分研究[D].长春:东北师范大学,2015.

[49] 刘锡园.数学直观我见[J].数学教育学报,1998(1):49-52.

[50] 刘晓婷.教师数学教学知识与小学生数学学科能力表现及其相关性研究[D].北京:北京师范大学,2016.

[51] 刘远我,张厚粲.概化理论在作文评分中的应用研究[J].心理学报,1998,30(2)：211-218.

[52] 鲁毓婷.全球化背景下的学生学业成就比较研究：TIMSS 和 PISA[J].考试研究,2007(3)：78-94.

[53] 路红,綦春霞.我国八年级学生数学运算能力实证研究[J].教育测量与评价,2018(2)：52-57.

[54] 马艳琳,阳德华.对初中"留守儿童"学习习惯现状的调查研究[J].当代文化与教育研究,2007(3)：83-85.

[55] 梅松竹.PISA 2012 数学素养精熟度水平评价研究[J].教育测量与评价(理论版),2014(3)：25-30.

[56] 皮亚杰.教育科学与儿童心理学[M].杜一雄,钱心婷,译.北京：教育科学出版社,2018.

[57] 漆书青,戴海崎,丁树良.现代教育与心理测量学原理[M].南昌：江西教育出版社,1998.

[58] 綦春霞,何声清.基于"智慧学伴"的数学学科能力诊断及提升研究.中国电化教育,2019(01)：41-47.

[59] 綦春霞,张新颜,王瑞霖.八年级学生数学学业水平的现状及其影响因素研究：以三地测试为例[J].教育学报,2015(2)：88-92.

[60] 全美数学教师理事会.美国学校数学教育的原则和标准[M].蔡金法,等译.北京：人民教育出版社,2004.

[61] 上海教育科研青浦实验研究所,上海教科院教师发展研究中心.关于数学教学目标因素分析的数据报告[J].教育发展研究,2007(15)：78-83.

[62] 申继亮,胡心怡,刘霞等.留守儿童歧视知觉特点及与主观幸福感的关系[J].河南大学学报(社会科学版),2009(6)：117-212.

[63] 沈南山.基于 IRT 模型的数学学业成就水平测试分析[J].安徽师范大学学报(人文社会科学版),2012,40(1)：67-73.

[64] 石琳.基于 IRT 的民族地区数学学业成就水平对比研究：以甘肃甘南、新疆巴州、广西宜州三地为例[J].中央民族大学学报(自然科学版),2013(s1)：17-22.

[65] 石晓玉,林静.PISA 问卷设计新趋向：基于 PISA2021 问卷框架的分析研究[J].上海教育科研,2020(07)：55-59.

[66] 史静铮,莫显昆,孙振球.量表编制中内容效度指数的应用[J].中南大学学报(医学版),2012,37(2)：152-155.

[67] 史宁中.数学思想概论(第1辑：数量与数量关系的抽象)[M].长春：东北师范大学出版社,2008.

[68] 宋思思.初中生几何直观能力的调查研究[D].上海：华东师范大学,2017.

[69] 苏红.美国基础教育学业质量评价：体系、机制与启示[J].世界教育信息,2012(5)：40-43.

[70] 孙继红,杨晓江,岳松.OECD 的人力资本观、测量指标及启示[J].辽宁教育研究,2008(12)：4.

[71] 檀慧玲.新时代我国基础教育质量监测的向度转变[J].教育研究,2018,39(6)：7.

[72] 唐乃明.浅谈如何培养学生的数学符号意识[J].小学数学教育,2015(24)：38-39.

[73] 王鼎.TIMSS 和 PISA 数学测评分析框架比较分析[J].全球教育展望,2017(6)：20-34.

[74] 王鼎.国际大规模数学测评研究[D].上海：上海师范大学,2016.

[75] 王光明,张楠,周九诗.高中生数学素养的操作定义[J].课程·教材·教法,2016(7):50-55.

[76] 王尚志,胡凤娟.理解把握数学课程中的核心概念(一):《义务教育数学课程标准(2011年版)》解析之三[J].小学数学教育,2012(Z2):8-11.

[77] 王少非.国家义务教育质量监测:一个模型构想[J].教育发展研究,2006(5):5-9.

[78] 王燕春.基础教育质量监测学科工具研发的思考[J].上海教育评估研究,2017(2):15-19.

[79] 王燕春.省级基础教育质量监测学科工具研发初探[J].时代教育,2016(12):33.

[80] 王烨晖,张岳,杨涛,等.义务教育数学相关因素监测工具研发的探索与思考[J].数学教育学报,2018,27(5):8-12.

[81] 王祎,綦春霞.八年级学生几何探索水平的区域质量监测[J].教育测量与评价(理论版),2015(7):35-39.

[82] 魏银银.国外义务教育均衡发展监测制度研究[D].西安:陕西师范大学,2016.

[83] 吴杰.数学错误的教育心理学分析[C]//全国高师会数学教育研究会2006年学术年会论文集.2006.

[84] 吴静.CTT、IRT和GT三种测验理论之比较[J].黑龙江教育学院学报,2008,27(12):77-78.

[85] 希尔伯特,康福森.直观几何[M].王联芳,译.北京:高等教育出版社,1959.

[86] 肖远军.教育评价原理及应用[M].杭州:浙江大学出版社,2005.

[87] 谢利民,卢宏.为明天的世界而学习:PISA视野下数学素养测试特点分析[J].外国中小学教育,2008(5):12-16.

[88] 辛涛.深化教育评价改革促进育人方式转变[J].中国考试,2021(2):4-6.

[89] 徐斌艳,朱雁,鲍建生,等.我国八年级学生数学学科核心能力水平调查与分析[J].全球教育展望,2015,44(11):57-67.

[90] 徐斌艳.数学学科核心能力研究[J].全球教育展望,2013,42(6):67-74.

[91] 徐德同,钱云祥.基于质量监测的初中学生直观想象发展状况的调查研究[J].数学教育学报,2017,26(1):22-24.

[92] 徐利治,郑毓信.数学抽象方法与抽象度分析法[M].南京:江苏教育出版社,1990.

[93] 徐利治.谈谈我的一些数学治学经验[J].数学通报,2000(5):1-4.

[94] 徐文彬,喻平."数感"及其形成与发展[C]//全国高师会数学教育研究会2006年学术年会论文集.2006.

[95] 徐柱柱,綦春霞.初中生数学问题解决能力及影响因素的调查研究:以河北省S市八年级学生为例[J].教育测量与评价,2018(7):41-46,56.

[96] 徐柱柱,张迪,綦春霞.初中生数学学科素养测评的实证研究:以北京市T区八年级为例[J].教育测量与评价,2019(1):53-58.

[97] 徐柱柱.初中生数学直观素养的实证研究与启示:基于湖南省Z市八年级的数学学业监测[J].教育测量与评价,2019(12):26-33.

[98] 徐柱柱.基于Rasch模型的数学直观素养测验质量分析[J].理科考试研究,2023,30(16):21-25.

[99] 徐柱柱.美国NAEP 2019数学能力评价体系研究[J].比较教育学报,2021(1):85-97.

[100] 徐柱柱.中小学生数学直观素养测评框架的构建与思考[J].教育测量与评价,2024 (04):50-61.

[101] 许世红.两类教育测评的碰撞与启示:参加 PISA 2015 试测数学阅卷编码的思考[J]. 广东教育(综合版),2015(3):31-35.

[102] 闫成海,杜文久,宋乃庆,等.高考数学中考试评价的研究:基于 CTT 与 IRT 的实证比 较[J].华东师范大学学报(教育科学版),2014,32(3):10-18.

[103] 严芳.用多元概化理论(MGT)分析国家公务员录用面试中的评分者信度[D].上海:华 东师范大学,2002.

[104] 晏子.心理科学领域内的客观测量:Rasch 模型之特点及发展趋势[J].心理科学进展, 2010,18(8):1298-1305.

[105] 杨涛,李曙光,姜宇.国际基础教育质量监测实践与经验[M].北京:北京师范大学出版 社,2015.

[106] 杨鲜燕.高中生数学直观能力的调查研究[D].扬州:扬州大学,2012.

[107] 杨玉东,刘丹.教学目标测量的依据和工具:青浦实验的新世纪行动之三[J].上海教育 科研,2007(10):43-46.

[108] 袁作兴.领悟数学[M].长沙:中南大学出版社,2014.

[109] 曾小平,田河.国际数学与科学教育评价新动向:例析 TIMSS 2023 的主要特点[J].基 础教育课程,2020,(17):67-71.

[110] 占盛丽.从个人和学校视角看家庭社会经济地位对学生学业成绩的影响:国际学生评 估项目(PISA)的启示[J].上海教育科研,2009(12):10-12.

[111] 张传燧,邹群霞.学生核心素养及其培养的国际比较研究[J].课程·教材·教法,2017, 37(3):37-44,36.

[112] 张奠宙,鲍建生,徐斌艳.数学教育研究导引(二)[M].南京:江苏教育出版社,2013.

[113] 张广祥,李文林.形式符号运算的认识论价值[J].数学教育学报,2007,16(4):5-8.

[114] 张广祥,张奠宙.代数教学中的模式直观[J].数学教育学报,2006(1):1-4.

[115] 张和平,裴昌根,宋乃庆.小学生几何直观能力测评模型的构建探究[J].数学教育学报, 2017,26(5):5.

[116] 张珈华.数学素养相关指标之研究[D].台北:台湾师范大学,2018.

[117] 张雷,侯杰泰,何伟杰,等.普通话测试的录音评分可行性、信度及经济效率[J].心理学 报,2001,33(2):97-103.

[118] 张雷,雷雳,郭伯良.多层线性模型应用[M].北京:教育科学出版社,2005.

[119] 张丽.研发测评工具是评价过程的关键一环[J].湖北教育(综合资讯),2016(6): 68-69.

[120] 张林静.国际基础教育质量监测述评[J].石家庄学院学报,2012,14(4):87-91.

[121] 张路遥,李晓翔.毅力人格与数学成绩之间的关系以及学习行为投入的中介作用:以 PISA 2012 中国上海数据为例[J].心理学探新,2022,42(02):185-192.

[122] 张侨平.西方国家数学教育中的数学素养:比较与展望[J].全球教育展望,2017(3): 32-35.

[123] 张岳,刘晓玫.大规模学业测评项目中教师因素的测量与启示[J].外国中小学教育, 2016(10):50-57.

[124] 赵德成.内容效度：一个不容忽视的问题[J].语文建设,2006(9)：62－64.

[125] 郑义富.关于数学课程标准中描述结果目标动词的辨析[J].数学学习与研究,2013
(24)：86－87.

[126] 郑毓信,张心珉.数学直觉的性质与数学直觉能力的培养[J].松辽学刊,1991(3)：
73－77.

[127] 中华人民共和国教育部.教育部关于推进中小学教育质量综合评价改革的意见[Z].教
基[2013]2号.2013－06－03.

[128] 中华人民共和国教育部.普通高中数学课程标准(2017年版)[M].北京：人民教育出版
社,2018.

[129] 中华人民共和国教育部.普通高中数学课程标准[M].北京：人民教育出版社,2003.

[130] 中华人民共和国教育部.义务教育数学课程标准(2011年版)[M].北京：北京师范大学
出版社,2012.

[131] 中华人民共和国教育部.义务教育数学课程标准(2022年版)[M].北京：北京师范大学
出版社,2022.

[132] 周超.八年级学生数学认知水平的检测与相关分析[D].上海：华东师范大学,2009.

[133] 周达.国际大规模测试数学学业水平描述框架之比较及启示[J].教育测量与评价,2017
(4)：23－27.

[134] 周红.美国国家教育进展评估(NAEP)体系的产生与发展[J].外国教育研究,2005(2)：
77－80.

[135] 周宗奎,等.农村留守儿童心理发展与教育问题[J].华中师范大学学报(社会科学版),
2005(1)：73－79.

[136] 朱德全.教育测量学[M].北京：中国人民大学出版社,2016.

[137] 邹学红,周钧.小学高年级学生数学错误分析过程研究[J].教学与管理,2021(30)：4.

英文文献

[1] Allen M J, Yen W M. Introduction to Measurement Theory[M]. Long Grove, IL：
Waveland Press, 2002.

[2] Allinson C W, Hayes J. The Cognitive Style Index：A Measure of Intuition-Analysis for
Organizational Research[J]. Journal of Management Studies, 1996, 33(1)：17.

[3] Andersen E B. Georg Rasch[M]. Atlanta, Georgia：American Cancer Society, 2005.

[4] Anderson C M, Freeman K A, Scotti J R. Evaluation of the Generalizability (Reliability
and Validity) of Analog Functional Assessment Methodology[J]. Behavior Therapy,
1999, 30(1)：31－50.

[5] Anderson L W, Krathwohl D R, Airasian P W, et al. A Taxonomy for Learning,
Teaching, and Assessing：A Revision of Bloom's Taxonomy of Educational
Objectives[M]. New York：Longman, 2001.

[6] Arcavi A. The Role of Visual Representations in the Learning of Mathematics[J].
Educational Studies in Mathematics, 2003, 52(3)：215－241.

[7] Atkinson M, Violato C. Neuroticism and Coping with Anger：The Trans-situational
Consistency of Coping Responses[J]. Personality & Individual Differences, 1994, 17

(6): 769 - 782.

[8] Benner D G. Baker Encyclopedia of Psychology[M]. Grand Rapids, MI: Baker Book House, 1985.

[9] Ben-Zeev T, Star J. Intuitive Mathematics: Theoretical and Educational Implications [M]//Understanding and Teaching the Intuitive Mind: Student and Teacher Learning. Mahwah: Lawrence Erlbaum, 2001.

[10] Berenguer I A, Sánchez A G, Noguerol Y S. The Formation Process of the Value of Perseverance in Mathematical Problems Solving[J]. Didasc, 2012, 3(4): 69 - 82.

[11] Bergson H. Creative Evolution[M].London: Macmillan & Co. Ltd., 1954.

[12] Beth E W, Piaget J. Mathematical Epistemology and Psychology[M]. Dordrecht: Kluwer Academic Publishers, 1974.

[13] Betz W. Intuition and Logic in Geometry[J]. Mathematics Teacher, 1909, 2(1): 3 - 31.

[14] Biggs J B, Collis K F. Evaluating the Quality of Learning: The Solo Taxonomy (Structure of the Observed Learning Outcome)[M]. New York: Academic Press, 1982.

[15] Bishop A J. Review of Research on Visualization in Mathematics Education[J]. Focus on Learning Problems in Mathematics, 1989, 11: 7 - 16.

[16] Bloom B S, Engelhart M D, Furst E J, et al. Taxonomy of Educational Objectives: The Classification of Educational Goals[M].New York: David McKay, 1956.

[17] Bobis J. Visualisation and the Development of Number Sense with Kindergarten Children [M]//Children's Number Learning: A Research Monograph of MERGA. Adelaide: AAMT, 1996.

[18] Bond T G, Fox C M. Applying the Rasch Model: Fundamental Measurement in the Human Sciences[M].New Jersey: Lawrence Erlbaum, 2007.

[19] Brennan R L. Cognitive Assessment[M]. New York: Springer US, 1994.

[20] Bruner J S. The Relevance of Education[M].London: George Allen & Unwin, 1971.

[21] Cheng Y, Chang H H, Douglas J, et al. Constraint-Weighted a-Stratification for Computerized Adaptive Testing with Nonstatistical Constraints: Balancing Measurement Efficiency and Exposure Control[J]. Educational & Psychological Measurement, 2009, 69(1): 35 - 49.

[22] Chung B M. The Taxonomy in the Republic of Korea[M]//Bloom's Taxonomy: A Forty-year Retrospective, Ninety-third Yearbook of the National Society for the Study of Education, Part II. Chicago: University of Chicago Press, 1994: 164 - 173.

[23] Common Core State Standards Initiative. Common Core State Standards for Mathematics [EB/OL].http://www.corestandards.org/assets/CCSSI_Math%20Standards.pdf.

[24] Cronbach L J, Rajaratnam N, Gleser G C. Theory of Generalizability: A Liberalization of Reliability Theory[J]. British Journal of Mathematical & Statistical Psychology, 1963, 16(2): 137 - 163.

[25] Cronbach L J. The Dependability of Behavioral Measurements: Theory of Generalizability for Scores and Profiles[M].New York: John Wiley & Sons, Inc. 1972.

[26] Davis L L. Instrument Review: Getting the Most from a Panel of Experts[J]. Applied

Nursing Research, 1992, 5(4): 194 - 197.

[27] Chudnoff E. Intuition in Mathematics [M]. Cambridge: Cambridge University Press, 2014.

[28] Embretson S E E, Hershberger S L E. The New Rules of Measurement: What Every Psychologist and Educator Should Know[M]. New Jersey: Lawrence Erlbaum, 1999.

[29] Feferman S. Mathematical Intuition vs. Mathematical Monsters[J]. Synthese, 2000 (125): 317 - 332.

[30] Fischbein E. Intuition and Proof[J]. For the Learning of Mathematics, 1982, 3(2): 9 - 2.

[31] Fischbein E. Intuition in Science and Mathematics [M]. Dordrecht: Springer Netherlands, 2002.

[32] Fischbein E. Intuition in Science and Mathematics: An Educational Approach[M]. Dordrecht: D. Reidel Publishing Company, 1987.

[33] Freudenthal H. Mathematics as an Educational Task [M]. Dordrecht: D. Reidel Publishing Company, 1973.

[34] Freudenthal H. Pupils' Achievements Internationally Compared: The IEA [J]. Educational Studies in Mathematics, 1975, 48(6): 127 - 186.

[35] Gal I, Tout D. Comparison of PIAAC and PISA Frameworks for Numeracy and Mathematical Literacy[J]. OECD Education Working Papers, 2014(102): 3 - 57.

[36] Gersten R, Chard D. Number Sense: Rethinking Arithmetic Instruction for Students with Mathematical Disabilities[J]. Journal of Special Education, 1999, 33(1): 18 - 28.

[37] Giardino V. Intuition and Visualization in Mathematical Problem Solving[J]. Topoi, 2010, 29(1): 29 - 39.

[38] Godel K. Collected Works[M]. Oxford: Oxford University Press, 1986.

[39] Godfrey C, Siddons A W. Elementary Geometry: Practical and Theoretical [M]. Cambridge: Cambridge University Press, 1903.

[40] Halberda J, Ly R, Wilmer J B, et al. Number Sense Across the Lifespan as Revealed by a Massive Internet-based Sample[C]. Proceedings of the National Academy of Sciences of the United States of America, 2012, 109(28): 11116 - 11120.

[41] Hambleton R K E, Zaal J N E. Advances in Educational and Psychological Testing: Theory and Applications [J]. Evaluation in Education & Human Services, 1991, 28: 464.

[42] Hersh R. Mathematical Intuition: Poincaré, Pólya, Dewey [J]. The Montana Mathematics Enthusiast, 2011, 8(1): 35 - 50.

[43] Hoffer A R. Geometry: A Model of the Universe[M]. Menlo park: Addison-Wesley, Inc.1979.

[44] Hoffer A. Geometry Is More Than Proof[J]. Mathematics Teacher, 1981, 74(1): 11 - 18.

[45] Huber R. Intuitive Cognition and the Formation of the Theories[M]//Intuition and the Axiomatic Method. Dordrecht: Springer Netherlands, 2006.

［46］ Silva J J D. Poincaré on Mathematical Intuition: A Phenomenological Approach to Poincaré's Philosophy of Arithmetic［J］. Philosophy Science, 1996, 1(2): 87 - 99.

［47］ Kilpatrick J, Swafford J, Findell B. Adding It Up: Helping Children Learn Mathematics ［M］.Washington, D. C., U.S.A.: National Academy Press, 2001.

［48］ Kilpatrick J. The Mathematics Teacher and Curriculum Change［J］. PNA: Rev Investigative Didact Mat, 2009(3): 107 - 121.

［49］ Kolen M J, Brennan R L. Test Equating, Scaling, and Linking: Methods and Practices ［M］. Berlin: Springer, 2004.

［50］ Kreitzer A E, Madaus G F. Empirical Investigations of the Hierarchical Structure of the Taxonomy［M］//Bloom's Taxonomy: A Forty-year Retrospective, Ninety-third Yearbook of the National Society for the Study of Education, Part II. Chicago: University of Chicago Press, 1994: 64 - 81.

［51］ Kruglanski A W, Ajzen I. Bias and Error in Human Judgment［J］.European Journal of Social Psychology, 2010, 13(1): 1 - 44.

［52］ Lange J D. Mathematical Literacy For Living From OECD-PISA Perspective［J］. Tsukuba Journal of Educational Study in Mathematics, 2006, 25: 13 - 35.

［53］ Laveault D. Modern Theories of Measurement: Problems and Issues［D］. Ottawa: University of Ottawa, 1994.

［54］ Lee G, Frisbie D A. Estimating Reliability Under a Generalizability Theory Model for Test Scores Composed of Testlets［J］. Applied Measurement in Education, 1999, 12 (3): 237 - 255.

［55］ Lee W C, Brennan R L, Kolen M J. Estimators of Conditional Scale-Score Standard Errors of Measurement: A Simulation Study［J］. Journal of Educational Measurement, 2000, 37(1): 1 - 20.

［56］ Lei P W, Wu Q. CTTITEM: SAS Macro and SPSS Syntax for Classical Item Analysis ［J］. Behavior Research Methods, 2007, 39(3): 527 - 530.

［57］ Leland W. A Validity Study on a Measure of Elementary Geometric Intuition［D］. Bloomington: Indiana University, 1971.

［58］ Lewy A, Bathory Z. The Taxonomy of Educational Objectives in Continental Europe, the Mediterranean, and the Middle East［M］//Bloom's Taxonomy: A Forty-year Retrospective, Ninety-third Yearbook of the National Society for the Study of Education, Part II. Chicago: University of Chicago Press, 1994: 146 - 163.

［59］ Liddell B J, Brown K J, Kemp A H, et al. A Direct Brainstem-Amygdala-Cortical 'Alarm' System for Subliminal Signals of Fear［J］. Neuroimage, 2005, 24 (1): 235 - 243.

［60］ Linn M C. Cognition and Distance Learning［M］. New York: John Wiley & Sons, Inc. 1996.

［61］ Littlewood J E. The Mathematician's Art of Work［J］. Mathematical Intelligencer, 1978, 1(2): 112 - 119.

［62］ Lord F M, Novick M R. Statistical Theories of Mental Test Scores［M］.Reading MA:

Addison-Welsley Publishing Company, 1968.

[63] Maddy P. Perception and Mathematical Intuition[J]. The Philosophical Review, 1980, 89(2): 163-196.

[64] Martin M O. Gregory D. Stever E S. TIMSS 1999 Technical Report[R]. Chestnut Hill, MA: TIMSS & PIRLS International Study Center, Boston College, 2000: 9.

[65] Mullis I V S. TIMSS 2011 Assessment Frameworks[R]. Chestnut Hill, MA: TIMSS & PIRLS International Study Center, Boston College, 2009: 17.

[66] Mullis I V S. TIMSS Assessment Frameworks and Specification 2003[R]. Chestnut Hill, MA: TIMSS & PIRLS International Study Center, Boston College, 2003: 9.

[67] Mullis I V S, Martin M O. TIMSS 2015 Assessment Frameworks[R]. Chestnut Hill, MA: TIMSS & PIRLS International Study Center, Boston College, 2013: 11-17.

[68] NAEP. Mathematical Abilities [EB/OL]. http://nces.ed.gov/nationsreportcard/mathematics/abilities.asp.

[69] NAEP. Mathematics Framework for the 2013 National Assessment of Educational Progress [EB/OL]. http://www.nagb.org/publications/frameworks/math-2013-framework.pdf.

[70] National Council of Teachers of Mathematics. Principles to Actions: Ensuring Mathematical Success for All[M]. Reston, VA: NCTM, 2014.

[71] NCME. National Council on Measurement in Education[EB/OL].http://www.ncme.org/ncme/NCME/Resource_Center/Glossary/NCME/Resource_Center/Glossary1. aspx?hkey=4bb87415-44dc-4088-9ed9-e8515326a061#anchorC, 2017-07-22.

[72] Niss M A, Tomas H. Competencies and Mathematical Learning: Ideas and Inspiration for the Development of Mathematics Teaching and Learning in Denmark[M]. Roskilde: Roskilde University Press, 2011.

[73] Niss M A. Mathematical Competencies and the Learning of Mathematics: The Danish KOM Project [C]//Third Mediterranean Conference on Mathematical Education. Hellenic Mathematical Society, 2003: 116-124.

[74] Niss M, Blum W, Galbraith P. Modelling and Applications in Mathematics Education [M]. New York, NY: Springer, 2007: 2-32.

[75] Presmeg N C. Research on Visualization in Learning and Teaching Mathematics[M]// Handbook of Research on the Psychology of Mathematics Education: Past, Present and Future. Rotterdam, The Netherlands: Sense Publishers, 2006: 205-235.

[76] Novick M R. The Axioms and Principal Results of Classical Test Theory[J].Journal of Mathematical Psychology, 1966(1): 1-18.

[77] OECD.PISA 2012 Assessment and Analytical Framework[EB/OL].http://www.oecd-ilibrary.org/education/pisa-2012-assessment-and-analytical-framework_9789264190511-en.pdf.

[78] OECD. The PISA 2003 Assessment Framework: Mathematics, Reading, Science and Problem Solving Knowledge and Skills[EB/OL]. http://www.oecd.org/edu/school/programme for international student assessment pisa/33694881.pdf.

[79] Olson J F, Martin M O, Mullis I V S. TIMSS 2007 Technical Report[R]. Chestnut Hill, MA: TIMSS & PIRLS International Study Center, Boston College, 2008: 19 - 20.

[80] Ormell C P. Bloom's Taxonomy and the Objectives of Education[J]. Educational Research, 1974, 17(1): 3 - 18.

[81] Parsons C. Mathematical Intuition[C]. Proceedings of the Aristotelian Society, 1980: 145 - 168.

[82] Partnership for 21st Century Skills. Framework for 21st Century Learning[EB/OL]. http://www.p21.org/overview/skills-framework, 2002 - 05 - 15/2016 - 10 - 22.

[83] Piaget J. The Psychology of Intelligence[M]. Paris: Armand Colin, 1967.

[84] Poincaré H L. The Value of Science[M]. New York: Dover Publications Inc, 1920.

[85] Polit D F, Beck C T, Owen S V. Is the CVI an Acceptable Indicator of Content Validity? Appraisal and Recommendations[J]. Research in Nursing & Health, 2010, 30 (4): 459 - 467.

[86] Presmeg N C. Prototypes, Metaphors, Metonymies and Imaginative Rationality in High School Mathematics[J].Educational Studies in Mathematics, 1992, 23(6): 595 - 610.

[87] Rasch G. Probabilistic Models for Some Intelligence and Attainment Tests[M]. Copenhagen: The Danish Pedagogical Institute, 1960.

[88] Resnick L B. Defining, Assessing, and Teaching Number Sense[C]//Establishing Foundations for Research on Number Sense and Related Topics: Report of a Conference. San Diego State University Center for Research in Mathematics and Science Education, 1989.

[89] Reuchlin M. Formalization and Realization in Natural Thought: A Hypothesis[J]. Journal of Normal and Pathological Psychology, 1973, 4: 379 - 408.

[90] Tieszen R L. Mathematical Intuition, Phenomenology and Mathematical Knowledge [M].Dordrecht: Kluwer Academic Publishers, 1989.

[91] Richardson F C, Suinn R M. The Mathematics Anxiety Rating Scale: Psychometric data [J]. Journal of Counseling Psychology, 1972, 19(6): 551 - 554.

[92] Robitaille D F, Schmidt W H, Raizen S, et al. Curriculum Frameworks for Mathematics and Science. TIMSS Monograph No. 1[M].Vancouver: Pacific Educational Press, 1993.

[93] Rost J, Carstensen C H. Multidimensional Rasch Measurement via Item Component Models and Faceted Designs[J]. Applied Psychological Measurement, 2002, 26(1): 42 - 56.`

[94] Shafer M C, Foster S. The Changing Face of Assessment[J]. Principled Practice in Mathematics & Science Education, 1997, 1(2): 1 - 8.

[95] Shepard N R. Externalization of Mental Images and the Act of Creation[M]. Visual Learning, Thinking and Communication. New York: Academic Press, 1978.

[96] Soleymani B, Rekabdar G. Structure Model of Correlation Between Cognition Learning Style (Intuitive, Analytical) and Mathematics Anxiety: The Intermediary Role of Basic

Mathematics Skills[J]. Report and Opinion, 2014(4): 26 - 28.

[97] Sophie M, Reynolds K J, Eunro L, et al. The Impact of School Climate and School Identification on Academic Achievement: Multilevel Modeling with Student and Teacher Data[J]. Frontiers in Psychology, 2017(8): 2069.

[98] Sosniak L A. The Taxonomy, Curriculum, and Their Relations [M]//Bloom's Taxonomy: A Forty-year Retrospective, Ninety-third Yearbook of the National Society for the Study of Education, Part II. Chicago: University of Chicago Press, 1994: 103 - 125.

[99] Stacey K, Turner R. Assessing Mathematical Literacy [M]. Berlin: Springer International Publishing, 2015.

[100] Stacey K, Turner R. The Evolution and Key Concepts of the PISA Mathematics Frameworks[M]//Assessing Mathematical Literacy. Berlin: Springer International Publishing, 2015.

[101] Star J R. When Not to Persevere-nuances Related to Perseverance in Mathematical Problem Solving[R]. Spencer Foundation, 2015.

[102] Steen L A. Mathematics and Democracy: The Case for Quantitative Literacy[M]. New York: Woodrow Wilson National Fellowship Foundation, 2001.

[103] Streiner D L. Starting at the Beginning: An Introduction to Coefficient Alpha and Internal Consistency[J]. Journal of Personality Assessment, 2003, 80(1): 99 - 103.

[104] Stylianou D A. On the Interaction of Visualization and Analysis: The Negotiation of a Visual Representation in Expert Problem Solving [J]. Journal of Mathematical Behavior, 2002, 21(3): 303 - 317.

[105] Suurtamm C, Thompson D R, Kim R Y, et al. Assessment in Mathematics Education [M]. Berlin: Springer International Publishing, 2016.

[106] Suzanne S. Visual Literacy in Teaching and Learning: A Literature Perspective[J]. Electronic Journal for the Integration of Technology in Education, 2002, 1(1): 10 - 19.

[107] Traub R. Classical Test Theory in Historical Perspective[J]. Educational Measurement: Issues and Practice, 2010, 16(4): 8 - 14.

[108] Treutlein P. The Geometric Demonstration Lesson as a Lower Level of a Two-level Geometric Education in Our Secondary Schools [J]. Journal of the Mathematical Association of Japan for Secondary Education, 1920(2): 1 - 9.

[109] Tristan A, Molgado D. Compendium of Taxonomies: Classifications for Learning in Educational Domains[M]. San Luis Potosi: Institute of Advanced Assessment and Engineering, 2006.

[110] Van Hiele P M. Structure and Insight: A Theory of Mathematics Education[M]. New York: Academic Press, 1986.

[111] Vanlehn K. Problem Solving and Cognitive Skill Acquisition [M]//Foundations of Cognitive Science. Cambridge, Massachusetts: MIT Press, 1989.

[112] Verhage H, Lange J D. Mathematics Education and Assessment[J]. Pythagoras, 1997, 42: 14 - 20.

[113] Vlassova A, Donkin C, Pearson J. Unconscious Information Changes Decision Accuracy But Not Confidence[C]. Proceedings of the National Academy of Sciences, 2014(111): 16214 - 16218.

[114] Webb N L. Criteria for Alignment of Expectations and Assessments in Mathematics and Science Education[J]. Academic Achievement, 1997, 1(11): 46.

[115] Webb N M, Rowley G L, Shavelson R J. Using Generalizability Theory in Counseling and Development [J]. Measurement & Evaluation in Counseling & Development, 1988, 21(2): 81 - 90.

[116] Webb N M, Shavelson R J, Kim K S, et al. Reliability (Generalizability) of Job Performance Measurements: Navy Machinist Mates[J]. Military Psychology, 1989, 1 (2): 91 - 110.

[117] Weinert F E. Concept of Competence: A Conceptual Clarification[M]//Defining and Selecting Key Competencies. Göttingen: Hogrefe & Huber, 2001: 45 - 65.

[118] Westcott M R. Toward a Contemporary Psychology of Intuition[M].New York: Holt, Rinehart and Winston, 1968.

[119] Wild K W. Intuition[M]. Cambridge: Cambridge University Press, 1938.

[120] Wittmann E. The Complementary Roles of Intuitive and Reflective Thinking in Mathematics Teaching [J]. Educational Studies in Mathematics, 1981, 12 (3): 389 - 397.

[121] Wright B D, Masters G N. Rating Scale Analysis[M]. Chicago: MESA Press, 1982.

[122] Wright B D, Stone M H. Best Test Design[M]. Chicago: MESA Press, 1979.

[123] Wright B, Panchapakesan N. A Procedure for Sample-Free Item Analysis [J]. Educational & Psychological Measurement, 1969, 29(1): 23 - 48.

[124] Yao L, Schwarz R D. A Multidimensional Partial Credit Model with Associated Item and Test Statistics: An Application to Mixed-Format Tests[J]. Applied Psychological Measurement, 2006, 30(6): 469 - 492.

[125] Yen W M, Sykes R C. A Bayesian/IRT Index of Objective Performance for Tests with Mixed Item Types1[C].annual meeting of the psychometric society, 1987: 1 - 27.

[126] Yerushalmy M, Rivera F, Chua B L, et al. Topic Study Group No. 20: Visualization in the Teaching and Learning of Mathematics [M]//Proceedings of the 13th International Congress on Mathematical Education. 2017.

[127] Zazkis R, Dautermann D J. Coordinating Visual and Analytic Strategies: A Study of Students, Understanding of the Group D4[J]. Journal for Research in Mathematics Education, 1996, 27(4): 435 - 457.

[128] Zickar M J, Russell, et al. Evaluating Two Morningness Scales with Item Response Theory[J]. Personality & Individual Differences, 2002, 33(1): 11 - 24.

索　引

后　记

　　一别匆匆,从北京师范大学博士毕业至今已有五年多之久,而这本书正是以博士论文内容为基础而进行的学术创作,主要成果也已悉数公开发表,并形成中小学数学直观素养评价的"三部曲",即"数学直观素养是什么""用什么去测数学直观素养"以及"数学直观素养测试表现及其影响因素的预测作用如何"。在时效性上,尽管因新冠疫情耽搁错过了最佳的出版时间,但如今回想起来,仍有许多理由值得再次描绘那段曾经的读博经历,也重新记录着这项研究产生的全部过程。

　　回顾博士求学生涯,首先应感谢的是我的博士生导师綦春霞老师,感谢綦老师在我读博士期间对我的包容和理解,让我从一个曾经"任性"的少年转变成合格的博士毕业生,并且很快融入师门大家庭中。在綦老师的带领下,我经历了许多对日后科研极有帮助的学术训练,让我在实际的科研实践中更加体会到数学教育的实用价值。从做中学,从做中求进步。纸上得来终觉浅,绝知此事要躬行。其实,最重要的还是在论文和研究创造方面。从选题到开题,导师都给予了极大的鼓励和肯定,也请来不少相关领域专家来给论文"把脉",让我的论文基础框架更加夯实。特别是后期论文设计和工具的修订方面都得到了綦老师和王瑞霖师姐的全力支持,不然如此庞大的教育测评流程和数据搜集工作便无法配合论文进行下去。在这里,我也将衷心感谢导师带领的八年级数学学科团队以及刘坚老师带领的区域教育质量监测中心的项目组成员,使得这项研究得以顺利完成。

　　感谢论文和研究创作过程中遇到师友们。从选题到开题再到最后成文,无时无刻离不开他们的直接或间接的帮助。感谢香港大学的梁贯成教授、首都师范大学的刘晓玫教授以及北京师范大学课程研究院张春莉教授在我论文开题期间提出的宝贵意见。感谢硕士生导师朱雁老师多次耐心地指导和建议。感谢上海数学领域的诸多教授给予的真知灼见。感谢与余瑶同学的多次论文讨论,让

237

我接触到不同的研究范式。感谢与杜宵丰博士的学术交流,让我对大规模教育测评有了更深的理解和感悟。还要感谢后期论文写作中给我提供教师问卷预测试资源的硕士同学们以及认识的多名在京教师,他们的帮助给我的测评工具修订工作带来了重要的进展,最终为整个研究的科学性提供有力保障。

感谢我的博士同门。特别感谢王瑞霖师姐的多次配合,让我的论文设计工作得以如期顺利进行。感谢白永潇师姐的专家评定工作,使得后期选用的工具更加科学化。感谢郝连明师兄的前期测评经验,让同是做测评方向的我更加深刻地体会到论文框架搭建的细节。感谢何声清师兄,他在外访学期间还帮我下载了一些论文相关文献,还有后面的试题标定工作。感谢与张迪同学的讨论,让我感受到不同的研究视野,也感谢他对学生问卷的评定工作。感谢曹辰同学的倾力帮助,让原本不善命题的我学会了很多出题的技巧,特别要感谢他帮着提供了不少参与教师问卷预测试的样本。感谢刘梦灵师妹和何涌智师弟,谢谢他们在我论文后期的试题维度和问卷内容效度方面做出的细致标定。感谢吕彩霞和刘子瑞师妹在预测试和磨题工作中的贡献和付出。感谢区域项目的两任秘书,即路红和张聪聪师妹,感谢她们的细致安排和组织,特别是后期聪聪师妹的多次协调和配合,才让整个测试过程更加顺利。在此,我再次感谢我的八年级数学团队,也就是我的博士同门。

感谢我的亲友和家人。回首十多年来的求学生涯,时时刻刻离不开父母源源不断的鼓励和支持,没有他们默默的付出就不会有我今天的收获,在此表示最由衷的感激。同时,也感谢在读博期间给予我信心和帮助的好友们,感谢他们一直以来的支持和关心。最后,再次感谢工作单位上海外国语大学对青年教师的大力扶持,正是在上外文库项目的资助下,这本书最终才得以顺利出版。